小学科学课程思维型探究的学与教的研究

天津市中小学教师继续教育中心　编

天津出版传媒集团

天津科学技术出版社

图书在版编目(CIP)数据

小学科学课程思维型探究的学与教的研究/天津市中小学教师继续教育中心编.——天津:天津科学技术出版社,2021.12

(天津市中小学"学科领航教师培养工程"团队攻坚成果系列丛书)

ISBN 978-7-5576-9786-0

Ⅰ.①小… Ⅱ.①天… Ⅲ.①科学知识-教学研究-小学 Ⅳ.①G623.62

中国版本图书馆 CIP 数据核字(2021)第 273056 号

小学科学课程思维型探究的学与教的研究

XIAOXUE KEXUE KECHENG SIWEIXING TANJIU DE XUE YU JIAO DE YANJIU

责任编辑:房 芳

责任印制:兰 毅

出版: 天津出版传媒集团
      天津科学技术出版社

地址:天津市西康路 35 号

邮编:300051

电话:(022) 23332397 (编辑室)

网址:www.tjkjcbs.com.cn

发行:新华书店经销

印刷:天津印艺通制版印刷股份有限公司

开本 710×1000 1/16 印张 19.125 字数 300 000

2021 年 12 月第 1 版第 1 次印刷

定价:128.00 元

内容摘要

    本书解析思维型科学探究的概念界定、原则策略。从学习方式的转变、教学模式的研究、思维型探究教学中的思政渗透、课程资源的开发、信息媒体的融合等方面报告研究成果。本书创新点是结合教学实际厘清思维型探究的本质，阐释"思维型探究"的模型架构。学法方面给学生提供方法指导，变"死学"为"活学"，从思维角度入手，引导学生学会思考。在教的方面指导教师真正做好思维型探究教学设计和实施。同时拓展课程资源，研发思维型教具并促进新技术与教学的深度融合。

序

　　天津市小学科学学科是继承了天津市小学自然学科优秀的传承，经历了近 20 年的积累，在一批批科学教育人的努力下，发展到今天的。作为天津市科学教育的一股中间力量，领航工程的 16 位优秀的小学科学教师、教研员成立了攻坚团队。为了延续天津科学教育的优良传统，也为了未来天津科学教育的发展，老师们各显本领，攻坚克难，结合领航工程开展教育科学研究。初期经过多次讨论，最终选定小学科学思维型探究这一关键问题，从不同维度展开探索。历经 3 年的协作，老师们分别取得阶段性成果。今天，他们将自己的研究报告汇总呈现给同行老师们，特别是刚刚入职的青年科学教师，希望本书成为辅助大家更好开展科学教学的工具。书中有对思维型探究理论的分析，从脑科学的角度证实其科学性，揭示了思维型探究的一般规律。本书还高度重视思政的学科渗透，把握正确的价值取向，树立科学的世界观，为培养学生的积极科学态度提出具体方法。在"教"与"学"这个双边活动中，重视学生的主体地位，先从学的方式转变探索了多样的途径。在教的方面，强化理性的思考和教师有效的指导。科学老师多是能工巧匠，自制学具、自制教具在思维型探究的标准下，更具有启发性、趣味性、可操作性。丰富的课程资源、科学的开发方法，都为思维型探究的顺利实施提供了保障。最新技术的研究，给思维探究开辟了新的视角和空间。书中的案例是老师们亲身的经历，总结的规律是老师们的探索发现，提出的策略是老师们的反思感悟。静心阅读，他们的经历浮现眼前，好学好用才是他们结集出版此书共同的愿望。

王万江

2021 年 8 月 21 日

目　录

第一篇

思维型探究的理论研究

小学科学课"思维型探究"设计与实施的理论研究

天津市宁河区教师发展中心　谢淑菊

摘　要：小学科学课程对培养学生的科学探究精神、提升学生的创新思维能力等多个方面都有积极作用，是培养、提升学生科学素养乃至全民科学素养的主要途径之一。新课程改革以来，提高学生的核心科学素养已经成为我国基础教育的一个重要目标，如何在小学科学教学中有效地对学生的科学素养进行培养、提升，也是科学课程改革的重中之重。"思维型探究"是本次研究选择的主题，它已经在实践中被证明能够有效提高学生的创新思维能力与科学核心素养，本论文的研究目的为分析思维型探究对课堂学习的重要影响，瞄准国家核心素养的培养目标，进行基于核心素养的小学科学课"思维型探究"设计与实施的实践研究。

　　本文结合小学科学课对该模式的教学环节做了进一步阐释：该模式主要是以"小学科学课"为基础，以学生为主体，在教学中贯穿创新思维能力的培养，鼓励学生主动探究、大胆质疑、自我解决问题，而其内在机制便是将科学思维的活动运用于整个小学科学课教学中，最大限度地调动学生的学习积极性和主动性，从而培养学生独立学习的良好习惯。

关键词：科学探究　思维型探究　科学思维

1 绪 论

1.1 研究背景

随着全球科学技术的高速发展,知识的普及度越来越高,内容上不断丰富,结构上彼此联系。全球化和数字化的知识传播要求学生具备自我学习、自我创新的能力,将学习方式由接受性、积累性的学习转变为探索性、创造性的学习,要求学生掌握思维方法,提高思维能力,具备获取和处理信息的能力以及与他人合作交流的能力[1]。思维型探究是能够综合思考,并灵活运用各种所学知识,以解决各类实际问题的能力,是各专业背景的学生都应该具备的一种能力。思维型探究的应用过程一方面在于抓住实际应用的环境条件,另一方面在于构建分解复杂问题的逻辑框架,对于思维型探究能力的培养,更为关键的是对学生自主探究能力与将所学理论进行实际应用层面的培养,而不只是为了提升学生解决不同问题的能力。

在小学阶段开设科学课程是非常重要的,有利于社会全民科学素养的整体提升。在许多教育发展水平较高、经济实力雄厚的国家中,小学科学教育的普及度和语文教育、数学教育的普及程度与设备投入度基本保持相似水平。最新颁布同时已经开始实施的《义务教育小学科学课程标准(2017 年版)》(以下简称《课程标准(2017 版)》)也强调了"思维型探究"的课程设计应用在小学科学素养培养中的重要价值[2]。《课程标准(2017 版)》的前言部分对于科学素养的内涵进行解读,同时也对小学科学课程的性质、理念和设计思路进行了规范引导。其中指出"小学科学课程是一门实践性课程,探究活动是学生学习科学的重要方式",同时将"倡导探究式学习"作为小学科学课程的基本理念[3]。在小学阶段的科学课程上融入"思维型探究"领域相关内容的教育,一方面是课标引导的课程形式趋向所在,能够帮助小学生学好科学知识,提升科学素养,更进一步,也能够帮助小学生增强认知能力,提高实践创新能力,提升思维模式,增强自身竞争力[4]。

1.2 研究意义

1.2.1 国际形势的需要

当今时代科技不断进步,为输送更多国际化的高素质人才,我们需要抓紧基础教育,从基础核心课程方面开始改革,从小提升学生的自我学习,探究创新的基本能力。《课程标准(2017版)》突出强调了对于学生科学素养的培养是小学科学课程的重要目标,"思维型探究"的实践是顺应国际形势,培养国际人才的重要基石[5-6]。

1.2.2 国家发展的需要

国民的科学素养是决定国家在国际中整体竞争力的重要因素,尤其在当今教育环境下,学生的创新能力、自主探究能力都比较薄弱,因此需要在初等教育中予以改革和发展。在科学素养教育中,进行"思维型教育"的引导实践是帮助学生从小树立自我探究观念,培养创造性思维的需要,也是为国家培养优秀创造型人才的重要任务[7]。

1.2.3 落实《课程标准(2017版)》的需要

《课程标准(2017版)》把思维能力的培养作为各种能力的核心明确提出来,同时强调了思维能力的重要地位,并在各地开展实施。但是,传统的应试教育思想仍制约着教育改革的进程,许多教师没有明确课程的特点、教学的目的,把思维作为引子,把活动作为主体,形成"探究过程热热闹闹,思维发展平平淡淡"的局面[8]。

1.2.4 改变课堂现状的需要

在学校教师之间的听课过程中,时常感觉科学课的课堂氛围和教学现状并不十分理想。在科学课上,遇到科学探究的环节,学生们的表现较为沉闷,并没有成为课堂活动的主体,像木偶人一样听老师对于活动步骤的讲解,按照老师的要求一步步操作,当问到实验操作背后的原因时,往往是迷茫的,成为自然是缺少了自我思索的过程。究其原因,一方面是教学活动的设计缺少新意,学生缺少学习热情,另一方面是教师没有参与科学概念的建构过程,而只是把书本上的知识灌输给学生。现有科学课的教学模式需要适当改变,使学生对科学课产生热情,去独自探索每一步操作背后的原因,提升学生的思维创新能力,提升科学课的趣味性、科学性,这是我们科学课堂亟待解决的问题[9]。

1.2.5 学科特点的需要

小学科学课教学面向全体学生,倡导探究式学习,保护学生的好奇心和求知欲,本课题立足小学科学教学标准,一方面结合科学课的教学实践现状,另一方面具体全面地从提出预设推论,制定思维目标,提出探究问题,进一步设计研究方案,得出结论,分析结论,展示资料等多重角度,探讨全面提升学生创新思维能力的重要方式[10]。

1.2.6 科学探究的有效工具

探究作为一种重要的学习方式,已经融入整个科学教育的课堂教学和实践过程中,但是对于探究的认识过程化、形式化、程序化是我们进一步需要实现和提升的。我们常说的"动手之前先动脑",就是强调思维训练的重要性[11]。

1.2.7 提升我区课堂教学质量的需要

我区的课堂教学质量一直处于高速发展中, 取得进一步提升的需求日益紧迫。以思维为内核,将培养创新人才这一目标融入日常课堂教学活动之中,积极开展实验教学,可以切实提高我区的课堂教学质量[12]。

1.2.8 提升我区教师自身素质的需要

我区教师的教学设计水平、教学实践能力都有待提高。我们期望通过本课题的研究能够具体落实到实际,对于提高教师的教学水平,驾驭课堂改革的能力,提升教师整体素质等方面都能够起到引领和促进作用[13]。

1.2.9 满足学生发展的需要

从最初的"满堂灌"被动学习,到浅层次的学习,到现在自主活动行为层面,教师把活动、实验设计得"太好"了,这个太好让学生太容易发现问题,它带来的负面影响是行为只是做,缺乏动脑,让学生一看、一做就是这个结果,不用动脑。学生在课堂中不是真实地参与到学习当中,我们期望通过本课题的研究,找到突破口,从思维入手,加强学生学习的真实性,不仅培养学生的探究能力,更注重学生思维能力的发展,培养学生的科学核心素养。基于此,我们提出:小学科学"思维型探究"教学设计与实施的实践研究。本课题将以学生的科学探究活动为研究内容,探究如何在思维工具的作用下，如何进行教学设计并在课堂中实施，引导学生完成科学探究任务，同时发展学生的思维能力，因此这一课题的研究具有非常重要的现实意义。

2 研究方法

2.1 文献资料法

广泛地搜集文献，阅读相关领域如教育学、教育心理学、科学教育、创造性思维等相关论著，旨在为本课题分析评价、归纳总结等具体研究提供扎实的、系统的理论支撑依据。

2.2 调查分析法

基于已有思维能力的培养研究和提出的小学科学课教学中思维能力培养的理论，本人在小学科学课探究课的教学实践，系统总结了小学科学课教学中思维能力培养的方法，给出了实践案例。

2.3 访谈法

访谈小学科学课教师在教学实践中，本土化的小学科学教学模式，为进一步建构思维型课堂教学模式提供支持。

2.4 案例分析法

由于已知国内进行小学科学课"思维型探究"课程实施的学校还相对较少，且其课程开发还不成熟，所以，本研究中案例分析法主要选择典型区域课程案例进行分析，从区域推进课程改革的角度找到科学合理的 小学科学课"思维型探究"课程开发策略。

3 研究过程

3.1 研究基础

3.1.1 科学老师要准确把握小学生的探究兴趣点

思维型科学课的教学模式要求具有逻辑性,立足于学生的探究兴趣点。因此,科学老师在教学过程中,必须要充分认识到学生的探究兴趣点,对于不同阶段的学生有针对性地采取教学活动。

第一,基于低年级(1~2年级)学生探究兴趣,进行思维型探究教学时采取引导影响式,主要目标是帮助学生学会观察,对周围现象充满好奇心和探索欲,并具有能运用观察与描述、比较与分类等方法得出结论的意识。第二,基于中年级(3-4年级)学生探究兴趣,进行思维型探究教学模式时,主要目标是帮助学生开始获取探究思维的能力,引导学生能依据证据运用分析、比较、推理、概括等方式分析结果,得出结论,对身边事物有科学的判断。第三,基于高年级(5-6年级)学生的探究兴趣,进行思维型探究教学时,主要目标是帮助学生运用已有的科学经验,基于所学的知识,运用多种方法得出科学探究的结论,并判断结论和假设是否一致,构建起学生自我探索,解决问题的综合能力。

3.1.2 小学科学课程开设基本情况

(1)课程开课年级

《课程标准(2017版)》明确提出,科学课程需要从一年级开始开展。但在实际实施过程中,仍然有相当一部分学校并没有对这一基础要求落实到位。

(2)教材使用灵活机变

教材是科学教学过程中使用的重要资源,我国幅员辽阔,在不同地域的课程教材资源均有所不同,学生对知识的接受程度也存在差异,因此教师应当参考课程标准中的建议,发挥教师的创造力,保证教材的科学性的同时对教材进行创新性的使用,灵活根据学生情况授课,在一定程度上这也十分考验教师的专业素养。

(3)课时安排遵照标准

教育部关于印发《义务教育小学科学课程标准》的通知中的第 3 条规定指出,要确保落实规定课时,小学科学课程起始年级调整为一年级,在组织修订《义务教育课程设置实验方案》前,"原则上要按照小学一、二年级每周不少于 1 课时安排课程,三至六年级的课时数保持不变"[14],科学课时安排应遵守课程标准,保证授课质量。

(4)实验室及实验仪器配备情况

实验课程在小学科学课程中是十分重要的组成部分,而实验室则是科学课程实施的重要场所承载着科学实验的重要资源,对于学生的科学素养的形成与提升有着举足轻重的作用。新课标提出建议:相关部门应当重视对科学实验室的经费投入,完整配备科学教学所需的实验器材设施,以及配备经费保障,并且要求每所学校都应该具有科学实验室,教师应充分发挥实验室的功能,利用实验室开展实验教学。

(5)科学教师

教师是课程教学实施的主体之一,师资力量水平会直接影响课程实施效果,同时影响学生学习效果。任教科学教师的学历、经验、教龄、培训情况等能从一定程度上反映该地区科学教师师资情况。

3.1.3 教学活动中分阶段提升学生的思维能力

(1)引入新课阶段,启发学生活跃思维

教师是学生的学习向导,课堂教学是落实教学目标、传授知识重点、提升学生素养的一环,十分重要。在课堂教学中巧设悬念,以问题导向式引入新课,使学生开始就有明确的思维方向,才能在接下来的教学过程中顺利引导学生思维发展脉络。那么,如何提出问题,引入新课?首先我们可以根据教材所要学习的内容,从日常生活生产中选择观察对象,通过联系实际找准思维的开启点,引起学生兴趣,打开学生思维。

例如,在教师在组织学生开展《我们的食物安全吗》一课的教学时,可以采取如下步骤:首先,教师可以按照学生的学习水平将学生分成多个小组;然后为每个小组布置不同的任务, 可以要求 A 小组的学生进行前期网络资料与报刊资料整理,B 小组的学生搜罗身边的食品标签,C 小组的学生进行实地走访, 采访式调研,等等[15]。

任务完成后,教师可以组织每组学生派代表汇报小组的工作结果,组与组之间彼此交流,来通过这样的方式促进学生合作能力的增强。

(2)合理设计教学问题,引起学生的思维兴趣

在教学活动的开展过程中,前期问题是推动授课进行的一项关键因素,只有学生对身边现象存在疑问并好奇时,才会主动探究知识,发现知识,进一步促使自身探究思维能力的发展[16]。在开展小学科学教学活动的过程中,教师们就可以以此为基础,通过教学问题的提出调动学生的学习积极性。比如,当教师在组织学生学习课程《各种各样的岩石》时,首先引出学习动机,欣赏交流同学们带来的岩石;然后引出冲突:不同的岩石有什么特点?再进一步建构:充分利用自己的感官,观察和描述岩石并记录;选择不一样的一些分类标准,对各种岩石进行分类。最后反思交流观察究过程,等等,以此对学生形成引导作用。当学生通过自身努力,能够找出正确的答案时,不仅能够形成比较稳定的思维基础,另一方面学生也能增强自身的学习信心。

(3)拓宽科学教学资源,完善学生思维体系

在小学教学阶段,大部分教师都会将教材视为教学的基础[17]。但是,一本教材涵盖的内容是有限的,无法完全展示出科学的魅力,也无法完善学生学习思维。因此在实际教学过程中,教师们不能依赖书本,而是要优化自身的教学模式,拓展教学资源的范围,同时以此为学生的思维逻辑体系的完善提供帮助。例如,教师可以在业余时间通过线下图书馆途径进行资料查阅,或者通过线上图集在网络中观看其他教师的教学视频,择优学习,自我补充,对学生进行传授,使学生思维能力得到稳定提升。

3.1.4 以"小学科学探究为教学主线"的"科学思维"素养提升方法

(1)基于"问题情境制造"的探究引导方法

问题是学习的切入点,提出问题—解决问题是学习的基本模式,把问题放在学生所熟悉的情境之中,能够有效调动学生对问题探究的积极性,打破学生思维的平衡状态,有效提升学生科学思维的敏捷性。

例如,在《植物是"活"的吗》一课的教学中,教师可以采取预先让同学们种植物并做观察日记的方式引入教学,在课堂上鼓励学生分别对各自的植物生长日记进行交流,在此基础上,教师在课堂进行中就可以引导学生去回答"植物是'活'的

吗"。为了准确回答这个问题,还需学生再去观察自己种的植物,并结合多渠道检索来寻找这一问题的答案,从而提升学生的自主探究与思考能力。

(2)基于"理论支撑寻求"的逻辑强化方法

从外在的现象挖掘其中的内在规律是很重要的,在不断抽象概括,分析整合的过程中,逐步推导,由半定量到定量,由现象到理论,最终找出现象规律、形成结论,并在这样的过程中,一点点地提升学生的科学思维。

例如,在人教版一年级上册《用不同的物体来测量》一课的教学中,教师就可以引导学生开展动手操作类的实验活动,以此引入教学。课前,教师可预先准备好系列测量教具,如橡皮、小棒、回形针、小立方体等材料,让学生尝试通过不同的物体来测量长度,注意测量时首尾相连。在此基础上引导学生如何处理数据,当剩余的长度不足一个物体的长度时,这部分可采用"+"来记录。当学生已经了解了测量方法时,就可以采用分组形式,鼓励学生进行小组合作,测量并记录物体的长度。

(3)基于"事物本质挖掘",有效提升学生思维模式的探究方法

透过现象看本质是科学学习的重要方式,模型构建作为一种认识手段,可以将现象与本质连接,先概括后归纳,它作为有效的一种思维构建方法,对学生抓住关键要素,加深对概念系统的理解,培养头脑建模的能力,提升系统性的科学思维很有助益。

例如,在人教版小学科学二年级上《土壤——动植物的乐园》一课的教学中,教师就可以依据教学目标,让学生围绕"土壤对植物生长有什么作用"这一主题进行自主探索,引导学生根据沙土、壤土、黏土等不同土壤类型的不同特性来设计科学实验,让学生结合"不同土壤对同一植物生长的影响"这一探究问题,在周边环境中进行实地调查,并记录同一植物在不同土壤种类下生长的情况,和预先做出的植物在不同土壤条件下生长情况的预测进行对比,进而分析探索其中的奥秘。通过这样的训练,可以有效提升学生的自主探索,自主思考能力。

3.1.5 在活动中关注学生训练,提高学生的思维能力

(1)提供给学生适当的探究活动素材,提高学生的思维能力

通过教师提供适当的探究活动素材,使学生能够通过各种感官直观地理解事物。引导学生进行思维探究活动,体现思维和学习方法。比如,在《植物生长与变化》一课上,主要教学目标是让学生了解植物的生长变化。教师可以通过情境引入

让学生观察一株植物的种子形状、大小、颜色等外部特征。通过多媒体课件,学生可以观察种子的萌发、生长、开花、结实和枯萎的过程。然后让学生分组,通过放大镜观察种子的特性,让学生在组内讨论得出汇总表格,在寻求科学探索方法的同时,激发学生的思维能力。

(2)通过有序开展探究活动提高学生实践能力

在小学科学探究活动中,培养学生的实践能力是非常重要的,它不仅能使课堂气氛更加活跃,还能充分发挥学生的主观能动性,调动学生自主探索的积极性。在科学探究活动中,注意探究活动的顺序,顺利构建学生的思维逻辑体系。在观察阶段,要有条不紊地进行观察活动,使学生获取有用的信息,集中精力思考,不受外部环境的影响,为将来的知识获取提供依据。比如在"看鱼""人骨"课上,可以引导学生从外到内观察事物,发现事物的本质,使学生的思维从感性层面上升到理性层面。

总之,小学科学"思维型探究"活动对培养学生的思维能力,提高学生的探究意识起着非常重要的作用。为了提高学生的思维水平,教师应摆脱传统"活动教学"的误区,设计安排适合学生心理探究愿望的探究活动,在探究活动中注重提高学生的思维能力,提高学生的科学素养,促进学生的全面发展。

3.2 研究分析

思维型探究式的教学模式对培养学生的高层次思维能力和科学精神十分有效。在探究学习的过程中,学生不仅可以体验科学知识生产的具体过程,同时能够在此过程中潜移默化地理解科学的本质。同时,还可以培养学生谦虚、认真、理性、客观的研究态度,学会与其他同学合作完成困难的任务。该模型适用于从低年级到高年级的所有学生。它可以给低年级学生更多的指导和帮助,对中年级学生给予更多的指导和支持,给高年级学生更多的空间和鼓励,使他们能够独立完成学业,从而达到更好的教学效果。

基于现实生活中存在的问题以及解决问题的科学方法,在现实生活中形成了科学的问题解决模式。教学目标是使学生学会自我管理、合作与沟通,提高动手解决问题的能力。该模型适用于技术和工程领域的学习。相应的教学环节主要包括教师提供材料和思想、组织、协调和激励、学生制作、测试和优化模型。教学评价的重点是动手过程中遇到的问题和学生的自我管理和自我沟通能力。教师需要选择适当的主题和准备足够的材料。

思维型探究教学是根据学生在科学探究中的表现,对学生探究实践的过程和思考方式,能力进行评价,进而提供必要的支持和指导。及时评价探究结果可以帮助学生反思探究过程,帮助教师准确把握学生的探究水平,使下一步的探究性学习设计更有针对性。通过探究活动,进一步培养学生对现象的分析、综合、判断和推理能力,提升学生的批判性思维、创新思维和问题解决能力。

4 结论

4.1 "思维型探究"课程实践要针对不同年龄段的学生因材施教

小学科学课"思维型探究"设计与实施要求具有内在逻辑性,科学老师在教学过程中,必须要充分认识到学生的探究兴趣点,对于不同阶段的学生有针对性地采取教学活动,具体为:

对低年级学生,应该避免深度的灌输,而是以引导影响式为主,以帮助学生学会观察为主要目标,使学生对周围现象充满好奇心和探索欲,并帮助学生开始获取探究思维的能力,引导学生能依据证据运用分析、比较、推理、概括等方式分析结果,得出结论,对身边事物有科学的判断。

对高年级学生,应该避免呆板的、照方抓药式的探究。避免全部都是教师来确定问题,确定使用什么仪器、收集什么数据以及如何组织和利用数据。采用思维型科学探究教学模式和问题解决教学模式,尝试让学生独立进行一些研究活动,即使没有结果,也要尽量寻找时间让学生重复和修正实验。

4.2 "思维型探究"科学课程对教师的基本要求

4.2.1 教师要掌握小学科学课程的基本知识

教师要掌握小学科学课程标准,研究不同版本科学教材的编排体系。用心挖掘和体会不同版本教科书中的课程内容特点;分析教材的组织方式,包括单元内部组织,单元之间的横向联系以及不同年级相同主题单元的纵向联系;准确把握不同年龄段学生需要的科学素养,确定一节课、一个单元要培养的素养重点。研究开发性价比高的实验器材或者自制教具,运用多媒体课件。

4.2.2 教师要掌握学生已有知识和经验

实施思维型概念学习教学模式需要了解学生掌握知识的程度深浅,对学生已经形成的某些观念看法进行检验,从理解深度与准确度方面全面掌握,使思维型探究教学融入其中。此外,教师也要了解把控学生的学习兴趣和思考方式。

4.2.3 教师要掌握思维型教学模式及相应的教学策略

3 种思维型教学模式都注重问题情境的创设,所创设情境要能真正激发学生的探究兴趣,引起学生的认知冲突,这是非常关键的一步。首先,要帮助学生明确提出适合在课上探究的问题;第二,选择合适的实验材料,为保证试验成功,并对获知知识、解决问题提供一定的帮助;第三,在实验探究过程中,教师要善于引导,并组织低年龄学生进行有序的学习。此外,小学生总是会提出新奇的、出乎预料的问题,教师需要积累经验以有效地处理这类新问题。

4.2.4 教师要掌握科学学习评价知识

科学学习评价主要包括评价内容和评价方法两个方面。评价主要针对学生学习过程中的表现,教师不仅要给予过程性评价,评价也要包括科学素养的各个维度,主要遵循这 3 个原则:①由基于教材转变为基于素养,使评价内容涵盖核心科学素养的各个方面。评价时要在一定程度避开教材的具体事实性知识,考查学生在个人、学校、社会生活情境中的运用科学能力与知识解决问题的能力。②利用交互模式,运用多种评价体系,使评价的过程更加科学。"多一把评价的尺子,就多一个好学生"。小学阶段要多加强表现性评价、过程性评价。③适时制定和调整评价标准,使评价结果更加有效。评价标准是对学生在不同阶段学习表现出的水平和取得的成果的综合评述,应制定并适时调整评价标准。

4.2.5 教师要形成成熟的教学风格

为了更大程度地发挥思维型探究教学模式的效果,教师需要保持成熟稳定的教学风格,教师的教学风格与自身的学术水平和理论水平、教学热情直接相关。教师需要依靠自己的教学热情,提高自身的亲和力,来调动学生学习的积极主动性,给小学生以更加稳定、安全的学习氛围,保护低年级学生稚嫩的学习信心,并使学生更深入地进入探究和思维过程;思维型科学课教学模式的使用要求教师不断地提高理论水平,课堂上师生的对话质量直接反映师生思维互动,会潜移默化地对学生产生不同影响。

4.3 "思维型探究"科学课程的未来发展方向

根据小学生的认知特点,在思维科学教学模式的应用中,重点是帮助学生获得和积累对自然和社会现象的经验,逐步树立良好的科学态度,培养良好的科学习惯。小学生科学课程的教学内容是学习事物的外在形式和简单特征。一般采用基于思维的概念学习教学模式,丰富学生对周围事物的感知,进行简单的思维加工。抽象思维对小学生来说是非常困难的,但对抽象思考能力的培养是我们不能忽视的。例如,孩子们在观察各种材料制成的杯子后,很难总结出各种材料的优缺点,但教师可以引导他们做一些简单的总结和归纳。

教师应整体掌握小学科学的课程标准,研究不同版本科学教材的编排体系。分析教材的组织形式,包括单元内部组织、单元间横向联系、同一学科单元不同年级之间的纵向联系。准确把握科学素养水平,确定一个班、一个单位的素质培养重点。同时研究购置物美价廉的实验设备、自制教具或运用多媒体。

首先,帮助学生提出问题,问题要贴合生活,并容易通过实践得到结果;第二,尽量从日常生活中选择材料,所选材料能够直接指向科学知识点的获得,解决问题,所提供的材料应尽量保证实验的成功;第三,在研究过程中,教师要有必要的引导,善于组织学生进行有序的学习。此外,小学生总是会提出新奇的、意想不到的问题,教师需要积累经验才能有效地处理这些问题。

采用思维教学模式与传统的教学方法相比,学生的整体科学素养确实可以显著提升。但是,在科学思维和科学应用上存在着显著的差异。通过实验研究,验证了思维教学模式对提高学生科学素养的作用。

构建创新型的小学科学探究性思维教学模式框架。根据不同级段学生属性的学习目标,通过调整教学模式框架中某些具体内容,推导出基于思维的概念学习、探究、解决问题教学模式。基于思维的概念学习教学模式更适合陈述性知识。科学探究式教学的思维方式更适合程序性知识和策略性知识,适用于问题解决与工程的教学模式。

参考文献

[1]马学军,游月殿.科学思维的培养是探究教学的重要任务——从《蜻蜓与麻雀》课谈起[J].科学课,2005(03):30-31.

[2]王乃干.小学科学探究活动中如何提高学生科学思维能力[J].科学大众(科学教育),2011(06):68.

[3]李元安.充分利用信息技术资源 提高科学课堂教学效率[J].科学咨询(科技·管理),2012(01):91.

[4]林崇德,胡卫平.思维型课堂教学的理论与实践[J].北京师范大学学报(社会科学版),2010(09):92.

[5]陈超.小学科学课教学中创造性思维培养策略分析[J].新课程(小学),2016(03):111.

[6]张发启.小学科学课中学生创新思维的培养[J].新课程(小学),2017(06):247.

[7]中华人民共和国教育部.义务教育小学科学课程标准(2017年版)[S].北京:北京师范大学出版社,2017.

[8]张红霞.科学究竟是什么[M].北京:教育科学出版社,2019.

[9]金娜.科学论证的课堂实践[R].北京:北京教育学院宣武分院,2018.

[10]颜群.小学科学思维能力培养的几点策略[J].科学咨询(教育科研),2019(07):143-144.

[11]陈丽玉.核心素养背景下小学科学思维型课堂的构建[J].当代教研论丛,2019(07):89.

[12]叶卉.核心素养下小学科学思维能力培养策略[J].亚太教育,2019(05):91.

[13]郭璇娜."情境创设—启发提问"式教学模式在小学思维培养课堂的应用研究——以宁夏少数民族素质教育中科学思维培养课堂为例[J].科教导刊(中旬刊),2019(09):125-127+203.

[14]柴西琴.对探究教学的认识与思考[J].课程.教材.教法,2001(08):16-19.

[15]袁维新.科学探究教学模式的反思与批判[J].教育学报,2006(04):13-17+30.

[16]李霞.基于核心素养的小学科学思维型教学模式研究[D].西安:陕西师范大学,2018.

[17]毕田增.教学模式选择范型试析[J].教育理论与实践,1999(04):53-57.

[18]蔡清田.课程改革中素养与能力[J].教育研究月刊,2018(12):93-104.

[19]陈磊.小学科学教学模式探究[J].北京教育学院学报(自然科学版),2018(03):64-68.

[20]曹鹏飞.科学教育中概念转变研究述评[J].新西部(理论版),2018(12):119-120.

第二篇

思维型探究过程德育渗透研究

小学科学思维型探究活动中如何落实思政育人的研究

天津市东丽区金钟小学　冯宝俊

摘　要：课程思政是指以构建全员、全程、全课程育人格局的形式将各类课程与思想政治理论课同向同行，形成协同效应，把"立德树人"作为教育的根本任务的一种综合教育理念。作为一名基础教育工作者，应以党的十八大和十九大关于教育改革发展的精神为指引，落实习近平总书记在学校思想政治理论课教师座谈会上的重要讲话精神，充分发挥课堂教学在育人中的主渠道作用，站在课程思政育人的战略高度上，与思政课协同育人，实现立德树人润物无声。

本课题依托小学科学探究活动，开展"小学科学课程思政育人"的研究。课题以行动研究法为主，同时辅以问卷调查法、文献研究法，边探索边行动，通过研究、实践，解决问题，得出结论，进一步指导实践。

课题初步完成了对小学科学课程思政和小学科学探究活动思政概念的界定。研究实践中，课题组成员挖掘和提炼出小学科学课程中蕴含的思政元素，制定出小学科学探究活动思政评价量表，教学实践中教师对照思政量表对学生进行科学课程思政育人，更具指导性和针对性。

关键词：小学科学　探究活动　课程思政　思政育人　思维

1 引言

习近平总书记在全国高校思想政治会议上强调,要全力用好课堂教学这个主渠道,各类课程都要与思想政治理论课同向同行,形成协同效应。思想政治教育、通识教育以及专业教育在我国高等学校教育中未能和其他课程形成有效的育人格局和机制。中小学课程思政只停留在学科渗透上,教师没有充分领悟思政课程和课程思政的深刻含义,缺乏课程思政育人的意识和能力,尚未形成课程思政育人理念。对于小学科学课程思政无论是国外还是国内目前均是空白,大多是学科德育渗透。站在课程思政育人的战略高度上,学科渗透的育人功能明显碎片化、非系统化,不能适应新时代背景下"课程思政"所需人才的要求。因此,要依托小学科学探究活动开展课程思政育人研究,使育才和育德两者同步进行,最终实现立德树人润物无声。

1.1 课题的提出

中小学课程思政只停留在学科渗透上,教师没有充分领悟思政课程和课程思政的深刻含义,缺乏课程思政育人的意识和能力,尚未形成课程思政育人理念。遴选分析了小学问卷调查得出,老师、家长、学生对于小学科学课程思政的认识,只停留在结合课程创设某一情境对接相应的德育教育中。目前小学科学课程思政还是空白,大多是学科德育渗透。站在课程思政育人的战略高度上,学科渗透的育人功能明显碎片化、非系统化,不能适应新时代背景下"课程思政"所需人才的要求。实施课程思政育人,要以课堂教学为主渠道,有效改善目前课程思政的现状。最终将思政教育与课程教学全面融合,使育才和育德两者同步进行,做到协同育人,实现立德树人润物无声。

1.2 课题研究背景

1.2.1 国内高校课程思政研究背景

思想政治教育、通识教育以及专业教育在我国高等学校教育中未能和其他课程形成有效的育人格局和机制。应该深挖每门课程蕴涵的育人元素,让每位教师都肩负育人责任,落实课程思政,达成全程、全方位育人目标,实现立德树人润物无声。协调处理好育才与育德的关系,探索整合大学思政课程教育资源和其他专业课教育资源,使两者同向同行,做到协同育人。专业教育的实施要立足教学目标的层面进行总体设计。通过对该专业系列课程的学习,确定学生获取哪些知识和技能,将来成为怎样的人,今后从事什么行业等,追求理想成长教育与专业发展有机联系,发挥课程思政的育人功能,使学生的个人理想和社会责任感有机结合。

1.2.2 国内中小学课程思政研究背景

中小学课程思政只停留在学科渗透上,教师没有充分领悟思政课程和课程思政的深刻含义,缺乏课程思政育人的意识和能力,尚未形成课程思政育人理念。遴选分析了小学问卷调查,得出老师、家长、学生对于小学科学课程思政的认识,只停留在结合课程创设某一情境对对接相应的德育教育中。例如:爱国爱家、珍爱生命、保护环境、团结合作等教育。设计教学前,没有充分研究、深度挖掘蕴含在课程里的思政元素,缺乏力求增强育人效果的意识。

1.3 课题研究现状

国内高校已经积极探索落实课程思政的有效途径,但协同育人机制与格局还未形成;中小学课程思政只停留在学科渗透上,学科渗透的育人功能明显碎片化、非系统化。国内外的小学科学课程思政更是空白。

1.4 课题研究依据

以党的教育改革发展精神为指引,深入贯彻习近平新时代中国特色社会主义思想,贯彻落实总书记在全国高校思想政治理论课教师座谈会上的重要讲话精神,用好课堂教学这个主渠道,各类课程都要与思想政治理论课同向同行,形成协同效应,坚持不懈用习近平新时代中国特色社会主义思想铸魂育人。实践研究中,以建构主义理论、创新教育理论为主线,遵循教师主导性和学生主体性原则、科学性和思想性统一原则,依据《课程标准(2017 版)》、教材内容、学生认知规律开展实践活动。

2 课题研究目的和意义

2.1 课题研究目的

推动全体教师的教育理念从"思政课程"向"课程思政"转变,提高小学科学教师课程思政的意识和能力,树立与其他学科协同育人的观念。研读课标、与教材编者对话、根据科学学科特点,深入挖掘和提炼小学科学课程中蕴含的思政元素,有效地融入小学科学探究活动中,落实"课程思政"。促使学生在不同学段、科学课程不同领域的探究活动中,优秀品质和科学态度得以全面且进阶式地提升,最终实现全程育人、全方位育人,引领小学生明确人生目标,为其"人生观、价值观、世界观"的形成保驾护航。

2.2 课题研究意义

习近平总书记在全国高校思想政治工作会议上强调,要用好课堂教学这个主渠道,各类课程都要与思想政治理论课同向同行,形成协同效应。作为基础教育工作者,要充分发挥课堂教学在育人中的主渠道作用,自觉落实教师的育人职责。依托小学科学探究活动,着力落实"小学科学课程思政育人"的研究,可有效引领教师转变课程思政育人观念;有助于培养学生良好的科学态度、有助于学生形成正确的人生观、世界观、价值观,教导学生今后如何做人、做事;有助于为德能兼备的高素质人才奠基。

3 课题研究内容和预期创新点

3.1　课题研究内容

教师层面

(1)物质科学、生命科学、地球与宇宙、科学技术与工程是小学科学教学内容包含的4个领域。从这4个领域中,结合思政标准分别选取小学科学教材中蕴含的思政元素,承载育人功能的小学科学探究活动进行研究。

(2)因不同领域、不同章节、不同学段,思政元素、育人功能、育人达成度不同,进而确立典型的课例进行研讨,以点带面,将碎片化的育人元素重组,系统整合。

(3)确定育人元素,制定不同学段思政考察量化表。

(4)分析研究数据、整理案例,最终形成成果。

学生层面

(1)品读中外科学家的故事,找出科学家成功的因素,并归纳整理、撰写感悟成册。

(2)对照探究活动思政考察表,进行自评。

3.2　课题研究预期创新点

(1)开启小学阶段科学课程思政研究的创新尝试,由于此前研究案例较少,预计本研究将对其他学科课程思政具有重要的指导作用。

(2)以小学科学思维型探究活动为载体,将课程思政系统化地引入学科教学,有效落实习近平总书记提出的协同育人目标。

(3)充分挖掘小学科学探究活动中显性和隐性的思政元素,巧妙的融于探究活动中,有效地突破了集中生硬进行思政教育的瓶颈,在自然和谐的氛围中落实科学课程思政。

(4)小学科学教师课程思政理念得到提升,小学生科学态度端正、有理想、有追求,为正确三观的形成奠定基础。

4 课题研究思路、研究方法、技术路线和实施步骤

4.1 课题研究思路

查阅相关文献资料,对课题提出的背景、现状、内容、意义进行全面深入了解,根据课程标准、学段、学科特点、研究团队专长,选择科学有效的方法,深入开展在小学科学思维型探究活动中如何落实思政育人的研究。

首先,进行问卷调查,及时掌控研究对象对于课程思政的认知;分析整理归纳出问题所在。其次,选取具有代表性的教师参与课题研究,梳理出小学科学教材典型探究活动中的思政元素,制定思政评价量表;开展案例课研讨,学生对照思政评价量表进行评价,展开交流。教师获取评价数据后进行分析,验证评价标准的落实程度,并根据数据做出动态的调整。在研究进行中,师生随时整理撰写心得感悟。最后,总结研究成果,实现本研究的育人目标,推动小学科学课程思政的进程。

4.2 课题研究方法

4.2.1 问卷调查法

通过问卷的形式,了解师生、家长对于小学科学课程思政的真实看法,了解学生对促进科学家成功诸多因素的认知,进而辅助研究者制定可行性方案。

4.2.2 文献研究法

搜集、鉴别和整理文献,通过对文献的研究,形成对事实的科学认识的一种方法。采用文献检索法,来获取科学研究的理论基础,从他人已有的研究成果中获得有益的启发和必要的参考,明确研究方向。

4.2.3 行动研究法

由研究者和实际工作者共同参与,针对实际问题提出改进计划,并在实践中通过实施、验证和修正获得研究成果的一种研究方法。从实际问题出发,在行动中探索,边实践边改进,解决实际问题,探索新理论。

4.3　课题技术路线

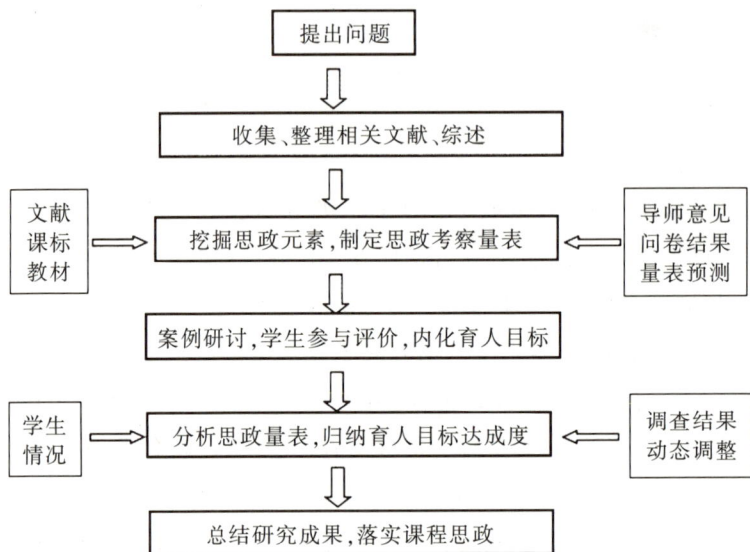

```
                    提出问题
                       ⬇
              收集、整理相关文献、综述
                       ⬇
   ┌──────┐                              ┌──────┐
   │文献  │                              │导师意见│
   │课标  │ ⟶  挖掘思政元素,制定思政考察量表  ⟵ │问卷结果│
   │教材  │                              │量表预测│
   └──────┘                              └──────┘
                       ⬇
           案例研讨、学生参与评价、内化育人目标
                       ⬇
   ┌──────┐                              ┌──────┐
   │学生  │                              │调查结果│
   │情况  │ ⟶  分析思政量表,归纳育人目标达成度 ⟵ │动态调整│
   └──────┘                              └──────┘
                       ⬇
              总结研究成果,落实课程思政
```

4.4　课题实施步骤

本研究需要实践检验,反复论证,因此我们将课题研究分3个阶段。

4.4.1 准备阶段(2019 年 9 月—2019 年 12 月)

(1)选题、成立课题组。

(2)收集、学习有关资料,分析调查当前思政教育的现状。

(3)开题论证、申报立项。

4.4.2 实施阶段(2020 年 1 月—2021 年 1 月)

(1)系统学习课程思政文献、小学课程标准等理论知识,展开基于课题背景下的教学研究。

(2)整埋教材思政元素、制定思政评价量表,内化育人目标。

(3)开展案例研讨活动,把握研究动态,适时适度调整研究方向和内容。

(4)对方案进行修改、补充、完善,实践、反思再实践,聘请专家指导,形成中期成果。

4.4.3 总结阶段(2021年2月—2021年3月)

(1)分析整理资料。

(2)课题成果汇编。

(3)研究总结、撰写结题论文,申请结题。

5 结论

5.1 初步完成小学科学课程思政和小学科学探究活动思政概念的界定

通过查阅文件、认真钻研相关理论书籍,依据课程标准以及学生年龄特点,在2位导师的帮助下,我们初步完成了小学科学课程思政和小学科学探究活动思政的概念的界定。

小学科学课程思政:从小学科学学科课程的视角,培养学生形成良好的科学品质,引领学生树立正确的"三观",教导学生学会如何做人、做事。科学品质包含科学兴趣、科学态度、科学精神、情感动机等。

小学科学探究活动思政:在小学科学思维型探究活动中有目的地对小学生进行思想道德教育,从"激发小学生的探究兴趣;养成克服困难、勇于探索、追求成功的意志品质;树立勇于表达、乐于倾听、不迷信权威、严谨务实、实事求是的意识;培养大胆质疑、多角度思考、追求创新的精神;形成乐于合作分享、尊重他人的情感和态度;树立珍爱生命、保护环境的意识和责任感"这个层面教育学生如何做人、做事。

5.2 挖掘和提炼出小学科学课程中蕴含的思政元素,制定了小学科学探究活动思政评价量表

不同学科育人功能各有侧重,小学科学课程的育人功能独具优势,依托小学科学探究活动,挖掘和提炼教材中蕴含的思政元素,在充分调研和实践研究的基础上,制定思政量表进行量化,可有效引领教师转变课程思政育人观念;有助于培养学生良好的科学态度、有助于培养学生树立正确的世界观、人生观、价值观,教

会学生在今后怎样做人、做事;有助于为培养德能兼备的高素质人才奠基。(评价量表附后)

小学科学探究活动思政评价量表

思政评价指标			等级		
维度	思政元素	具体表现	A	B	C
科学兴趣	好奇心 求知欲 有热情 主动性	1~2年级 能主动思考、积极参与。			
		3~4年级 能在主动思考、积极参与的前提下,提出需要研究的问题。			
		5~6年级 能在主动思考、积极参与的前提下,提出需要研究的有价值的科学问题。			

5.3 思政量表有效引领教师结合实践对学生进行科学课程思政,具有较强的指导性和针对性

新课标指出,科学教育不仅要注重科学知识本身,更要注重学生发展,形成优秀的科学品质。科学课堂是培养学生科学态度的主渠道,探究是科学学习的核心,在探究活动中思维的参与使探究活动更深入更有效。每一次的探究活动都是一场思维的碰撞,在思维引领下的探究活动才是发展学生核心素养、实施立德树人根本任务的重要平台。设计探究活动时,以学生思维发展为核心,对照科学思政量表进行课程思政育人,针对性和指导性更强,便于教师和学生进行量化。

课程思政教学设计案例:

案例(1):教科版小学一年级下册《我们离不开植物》

案例片段呈现:了解植物对人类的重要性。

1.植物为人类提供的好处有哪些呢?我们一起去了解一下吧。

(1)出示日用品图片:草帽、筷子、板凳、化妆品等。讨论:这些物品源于哪些植物?(出示制作草帽的视频、制作筷子的视频)

学生回答后,师生互动、生生互动交流。

(2)出示公园美景、森林、山区绿景图片,学生回答。(引导学生感悟:植物既能美化环境还能净化空气,让人类更加舒适;植物能制造氧气,供人类呼吸;植物能防风固沙,保持水土)

续表

思政评价指标			等级		
维度	思政元素	具体表现	A	B	C
科学态度	专心致志 严谨不苟 克服困难 持之以恒 理想信念 行为习惯	1~2年级　探究活动中认真参与,能在教师的指导下坚持完成;在教师的指导下摆放好探究材料。			
		3~4年级　探究活动中全神贯注,遇到困难时,能在教师的帮扶下坚持完成;有良好的探究习惯。			
		5~6年级　探究活动中全神贯注,关注细节、能自主解决,不能自主解决的再寻求同伴或教师的帮助,最终坚持完成;有良好的行为习惯。			
科学精神	实事求是 求真务实 开拓创新 理性思维 勇于探索 公正平等 团队精神 自我管控	1~2年级　探究活动中尊重事实,在教师指导下能多方位地思考和认识事物。			
		3~4年级　探究活动中尊重事实、不盲目轻信、大胆质疑,发散性地思考问题,找寻方法。			
		5~6年级　探究活动中在尊重事实的基础上,理性思考,通过推理、分析、判断、归纳得出科学的结论;意见不统一时,以事实为依据大胆质疑他人的结论;在教师指导下,全方位思考,求异创新、勇于探索,并能自我约束。			
科学情感	合作分享 尊重他人 团结友爱 珍爱生命 保护环境 责任担当 社会和谐	1~2年级　认真倾听、分享、接受他人信息、能说出自己的想法和意见;爱护动植物、意识到保护环境的重要性。			
		3~4年级　在认真倾听、分享信息的基础上,虚心接受他人的观点,完善自己的探究;团队合作中,乐于贡献自己的力量;有保护植物、保护环境的行动。			
		5~6年级　乐于接受别人的建议和意见,主动寻找错误的原因,及时修正和完善自己的观点;充分认识到交流和合作的重要性,形成集体的观点;倡导人与自然和谐相处,并积极行动;爱国、爱家、有社会担当。			

课程名称:　　授课教师:　　班级:　　时间:

(3)出示常见的中草药材等图片,介绍它们的药用功效,使学生感受植物的药用价值。你们还知道其他的中草药材吗?学生回答后,师生互动、生生互动交流。

2.植物和我们的生活联系得如此密切,你们说植物对我们重要吗?我们能离开它们吗?为什么?

案例分析:

上述案例选自教科版小学一年级下册《我们离不开植物》一课中教学设计的研讨环节,本环节的教学内容是让学生了解植物对人类的重要性。在这个简短的案例中,透过探究活动呈现的思维引领如下:

1.创设情境,激发思维。

2.思维碰撞,辩中提升。

依据一年级学生的前概念和认知特点,在学生思维的引领中还应注重提供形象化的材料,培养学生的探究能力,提升科学素养,达到思政育人目标。如:教学中借助图片和视频教学,有效地解决了一年级学生识字量少、有效注意时间短的弊端。直观、形象的图片,声情并茂的动态视频辅助教学,吸引了学生的注意力、扫清了不识字的障碍后,提高学生思维的流畅度,使学生可以专注地分析、讨论、探寻结论。

对照思政量表,结合教学内容和学生的学段特征,我们提取了以下几点对学生进行思政教育:

1.激发学生继续探究植物对人类贡献的热情。

2.养成参与、表达和倾听的良好习惯。

3.认识到植物与人类有密切的联系。

4.初步树立保护、珍惜植物资源的意识,感悟保护植物的重要性。

设计时我们摒弃了生硬的说教式思政,而是将思政元素蕴含于学生熟悉的生活情境中,巧妙地代入探究活动中,在学生亲历了思维型的探究活动后,本课的课程思政育人目标也顺势达成。开展课题研究之前,很多教师不能准确地把握思政元素,往往忽略"养成参与、表达和倾听的良好习惯"这个思政育人点。在使用了小学科学探究活动思政量表之后,教师具有了靶向设计思政育人意识和执教能力。

案例(2):教科版五年级下册《极昼和极夜的解释》

案例片段呈现:模拟公转,探究极昼、极夜的交替。

1.引导:无论地球怎样自转,北极永远是极昼,南极永远是极夜。北极有极夜现象吗？和什么有关？

2.模拟公转,采取直观演示、图示法进行解释。

1)现在老师想请你们模拟一次公转,要求从冬至、春分、夏至、秋分这4个典型节气日进行观察。

模拟时需注意什么？(课件出示)

2)分组实验,教师巡视。

3)汇报交流,引导学生修正示意图。(请学生板演示意图)

播放动态课件(公转演示图)帮助学生再现模拟公转时出现的现象,辅助修改示意图。

3.观察发现极昼和极夜现象是交替存在的。

1)仔细观察:冬至时北极极夜,而到了夏至出现了极昼,这和什么有关？

2)学生发现并小结:

冬至时:北极是极夜,南极是极昼

夏季时:北极是极昼,南极是极夜

4.观看极昼极夜视频,在太空中让学生对极昼或极夜现象有一个完整的科学解释。观看后引导学生口述科学的解释。

5.通过模拟实验、观看视频,我们最终发现极昼极夜的形成和哪些因素有关系。

归纳:极昼和极夜的形成和地球自转、公转、地轴倾斜有关。

案例分析:

模拟公转,探究极昼、极夜的交替,让学生重演人类对地球运动的探究过程。运用模拟实验、观察等方法进行推理、论证,使学生认识到极昼和极夜的产生与地球自转、公转、地轴倾斜有关,最终对极昼、极夜的形成进行系统的解释。课题研究前,如何提取这个环节的思政元素并对学生进行潜移默化的思政教育,教师们存在很大的困惑。在对照探究活动思政量表后,教师们茅塞顿开,精准地找到了相关的思政元素,并将育人目标合理地融入教学环节中,教学效果也非常理想。

探究活动中任一环节都需要理性思维,只有经历了思维的探究才能有助于提升学生的核心素养、落实课程思政育人目标。这个案例中给学生创造条件,让他们大胆猜测、设计实验方案、组内协调、亲历实验探究。学生的直观演示,再现极昼极夜现象,实验后观察用图示法记录实验现象。交流汇报时,师生、生生间的交流碰撞助推了学生对极昼极夜概念的透彻理解。交流期间当学生对示意图有疑问时,采用了观看极昼极夜的科学视频的方法进行再次验证,视频再现直观的现象,学生自我修正示意图,并得到了正确的结论。教师再次模拟,请学生对比两次实验现象,在对比冲突中感知地轴倾斜是产生极昼极夜现象的重要条件。在教师一系列的思维引领中,学生们开始积极思考、自主探究、合作交流、善于思考、理性思维,自我修正。在教师指导下,全方位思考,求异创新、勇于探索,并能自我约束;意见不统一时,以事实为依据大胆质疑他人的结论;最终在尊重事实的基础上,理性思考,通过推理、分析、判断、归纳得出科学的结论。

正是在这样一场思维型探究活动中,教师有意识地培养了学生大胆想象,勇于探究、实事求是、追求真理的科学精神;培养了学生勤奋努力、持之以恒的优秀品质;培养了学生乐于交流、团结协作的情感态度;培养了学生尊重他人劳动成果的科学态度;培养了学生多角度思考问题、大胆质疑的开拓精神。

案例(3):教科版四年级上册《声音是怎样产生的》

案例片段呈现:"身边"的声音。

师:通过学习,我们知道生活中有很多的声音。老师给大家带来了一段视频,这段视频中都有哪些声音?大家可要仔细听,我只播放一遍(播放视频)。视频中出现的是东丽区比较常见的一种民俗表演——"高跷",视频中你都听到了哪些声音?这些声音是怎样产生的呢?

学生回答,师生互动交流。

案例分析:

在身边的声音这个环节中,团队成员李老师选取带有家乡元素的民俗表演——"高跷",引导学生从中寻找声音,并请孩子们说一说这些声音是怎样产生的?视频中的这支高跷队是由当地小学生团体组建而成的,入选了东丽区的非物质文化遗产名录。教师创设的这一情境，启迪了学生思维，他们在思辨中找到了声音、大胆地表达了自己的观点，更为重要的是家乡自豪感被充分激发出来，文化自信油然而生，内心也深深地埋下了保护和传承中国文化的种子。思维是探究活动的核心，具有深刻思维的探究活动是落实课程思政育人的有效途径。

5.4　指导学生阅读科学家的故事是小学科学课程进行思政教育中行之有效的教学方法

阅读科学家的故事是学生在老师的思维引领下一项非常有意义的探究活动，是学生亲历的一场在阅读中分析、推理、提炼、归纳、概括、感悟、内化的头脑风暴，在教师设定的问题串下，学生们自主选择书目、自主选择故事、开启思维之旅，去找寻科学家成功的秘诀，树立正确的三观——人生观、世界观、价值观。

品读科学家的故事，引领学生细细品味那一页页墨香，透过一个个故事、一张张图片、一段段话语走近科学家，思考他们成功的秘诀，感悟"民族凝聚力、责任担当、使命感；克服困难、勇于探索、严谨务实、实事求是、追求创新；乐于分享、无私奉献、相互尊重；珍爱生命、保护环境、保持生态平衡"这些词语赋予的感情色彩和伟大意义。

品读科学家的故事，撰写读后感悟的活动，可内化和提升学生认知，有利于学生科学品质的形成。品读故事后，他们能意识到成功人士取得成功的秘诀绝非取胜于自身智力因素，而是取胜于良好的科学态度、正确的三观。学生撰写的读后感悟中，有的同学说："我的内心燃烧起刻苦努力、永不言败、勇攀高峰的火焰。"有的学生联系实际谈道：要做像钟南山爷爷、张颖阿姨、李文亮叔叔那样的人，要成为一名优秀工作者，为祖国做贡献；长大后要做一名军人或是消防员，保护国家人民安全、保护国家财产。

"品读科学家故事"活动的开展，使学生清楚地认识到"以谁为榜样，向谁学习，长大后要成为谁？"孩子们用朴实的话语将心中那份良好的科学态度淋漓尽致地演绎出来，虽然青涩，但未来可期。

指导学生阅读科学家的故事活动，引领学生树立了应该具备"怎样的品质、养成怎样的道德情操"的意识，确定了今后如何做人、做事的方向。指导学生阅读科学家的故事活动是小学科学课程进行思政教育中行之有效的教学方法。通过品读科学家的故事,同学们了解了更多的科学家,科学家们的亲身经历和人生感悟给了学生积极的影响和良好的示范,学生感悟到科技兴国的重要性;在品读过程中学生们受到了熏陶,良好科学品质于无形中逐渐形成,国家认同感也逐渐培养起来。

6 展望

立德树人是教育的根本任务。坚守课堂,牢记学科思政育人,让思政育人在科学课堂生根发芽,是每个科学教师必须要高度重视的。通过本次课题研究,推动了教师从"思政课程"向"课程思政"转变,树立了对学生进行课程思政的意识;课题组成员的研究水平有所提高,完成了德育精品课、思政论文、全区课程思政的经验交流,实践活动被天津市东丽区教育系统宣传推广;学生撰写的读科学家的故事感悟在校内交流、展示。

今后,我们将在本次课题研究的基础上,在课程思政育人的道路上继续研究,争取做到几下几点:

1.小学科学课程思政概念界定更加精准。

2.课题组成员的理论水平虽有提升,但还需要在继续深入研读相关书目和后期实践中,有质的飞跃。

3.思政量表的制定后期可根据不同学段学生的发展进行更全面地修改,使思政育人量化更加具体。

课程思政是落实学科思政教育的重要载体,科学探究活动是落实思政育人的主渠道。"少年强则国强",身为基础教育工作者,我们一定要牢记立德树人的根本任务,确保思政育人在科学课堂"随风潜入夜,润物细无声"。

参考文献

[1]张霞,刘扬玉.社会主义核心价值观融入幼专教学工作的探讨[J].品位经典,2020(04):49-50.

[2]葛晓慧.浅谈美国的思想政治教育及影响[J].才智,2019(05):180-181.

[3]罗瑞长.美国学校思想政治教育的特点及对我国的启示[J].吉林省教育学院学报,2010,26(04):9-10.

[4]中华人民共和国教育部.义务教育小学科学课程标准[S].北京:北京师范大学出版社,2017.

[5]朱美虹.提升专业教师思政育人的意识和能力,促使专业课程与思政课程协同育人[J].当代教育实践与教学研究,2017(12):153.

[6]陈红军,刘秀,卿湘东,汲长艳,刘鑫.有机化学"课程思政"研究[J].智库时代,2019(45):193+195.

[7]高云瑾.初中化学探究活动中科学品质的培养[J].天津市教科院学报,2003(03):87-88.

在小学科学教学中开展学生间互动活动促进情智教育的实践与研究

天津市南开区中营小学　张凌云

摘　要:课堂不仅是教师向学生传授科学知识的地方,它更是培养学生热爱科学精神,提高探究科学能力,帮助学生整体素质全面发展、健康成长的园地。课堂教学不仅要让学生学习知识,让知识有量的储备,更要、让学生掌握学习方法和学习能力,这才是最重要的。

把课堂还给学生,就是落实党的"教育以人为本"的方针政策,这是教育的大方向。只有学生的学习兴趣浓厚,学习热情积极,学习动力高涨,有了主动参与意识,课堂才能真正属于学生,学生才能真正成为课堂教学中的主体,学生才能在收获知识的同时又锻炼了能力,让素质教育融于整个教学过程中,春雨润物细无声。

科学课的性质是知识与实践应用的结合,科学课的教材内容与学生日常生活贴得近,使得课堂教学中的互动尤为重要。以师生互动调动学生的学习热情求知欲望,开发学生内心的潜质,让他们迸发、释放,有了生生互动的诉求,才会有团队意识、合作精神,才能共同分享科学带来的快乐与魅力。课堂教学中成功的生生互动是培养学生学科学、爱科学、用科学的强力助推器。

然而生生互动是一个系统的教育工程。它是学生学习的成长过程,是有着客观科学规律的,它是一个循序渐进的过程。生生互动必须从每一个学生做起。教师要充分认识不同年龄组学生心理特质和认知能力,要精心把握好每一课的教材内涵,精准地运用好课堂上的教具与教学空间。从每一个学生开始,调动他的学习热情,开发他的潜质,激发他的思维,鼓励他的奇思妙想,让他产生强烈的交流冲动和自信意识。当每一个学生都能心潮澎湃时,师生互动才能顺畅,学生互动探究科学的热烈局面才能自然形成。生生互动是培养学生学科学、用科学的能力,也是教育以学生为本的最好界定与标准。

关键词:小学科学　生生互动　探究式教学　系统工程

1 引言

百年大计,教育为本。教育是立国之根本,强国之基石,富国之力量。党和国家历来十分重视教育事业的发展,毛泽东同志在 20 世纪 50 年代的《关于正确处理人民内部矛盾的问题》中就谆谆教诲所有教育工作者:"我们的教育方针应该使受教育者在德育、智育、体育几方面都得到发展,成为有社会主义觉悟的、有文化的劳动者。"明确提出了教育工作的方向是"教育与生产劳动相结合"。正是在党的教育方针正确指引下,一代又一代莘莘学子胸怀祖国,以极大的热忱,用自己学到的知识服务于国家,用自己学到的技能建设国家,他们把自己的一切奉献给国家,承前启后,不息不止,使得社会主义祖国逐渐地繁荣富强。

时代在进步,中国在前进。今天,全国各族人民紧密团结在以习近平同志为核心的党中央周围,众志成城,为实现中华民族伟大复兴的中国梦而拼搏奋斗,教育事业与教育工作者必须与时俱进。习近平同志在党的十九大报告中指出:"建设教育强国是中华民族伟大复兴的基础工程,必须把教育事业放在优先位置,加快教育现代化,办好人民满意的教育。"这是新时期党的教育方针,也是新时代教育工作者的奋进目标。教育的宗旨是答疑解惑、传授知识、育心育德育人,这是教师的天职。党和国家把教育事业放在优先位置上,教师就要勇于承担起历史赋予的光荣使命,做中华民族伟大复兴的先行者。在"深化教育改革"中先思先行,尝试对教学思想与教学方式的推陈出新,让教学课堂更贴近时代,贴近生活实际。教师必须拓宽思路,不断探究,不断求新,充分运用网络时代科技资源,才能在"加快教育现代化"中与时俱进,用新思维、新教法去授课,让学生用新理念、新方式去学习知识、运用知识,成为与时俱进的劳动者。"教育是基础工程",小学期间的学习更是基础工程的根基。正因为小学是人一生中系统学习和在学习中成长的起点,教师更需要在网络信息发达的高科技时代,充分考虑到小学生年龄、生理、心理、性格等客观因素,用更新颖、更先进、更贴近时代、更切合生活实际应用的多重教学方式,让小学生从人生系统学习的起点就开始为优秀的学习品质的形成,科学地运用学习的知识技能奠定良好的基础。这是时代赋予教师的历史责任。

2 研究方法

本项目采用的研究方法:观察法、文献法、案例分析法、实验法、调查法。

3 研究过程

3.1 项目研究内容

(1)探究式科学教育符合学生实际需要。
(2)生生互动是探究式科学教育中的重要组成部分。
(3)教师在探究式生生互动中的重要作用。
(4)科学探究实验中的生生互动。

3.2 项目研究过程

3.2.1 准备阶段

(1)查阅书籍资料,寻找课题的理论依据和同类研究的现状,努力收集与本课题相关的理论材料。

(2)召开课题研究会议,讨论、论证课题方案的可行性,初步制定研究方案,明确研究思路,落实研究任务。

(3)围绕课题展开调查活动,加深对研究对象的发展特点和实际情况的了解。

(4)组织课题研究校本专题研讨活动。

(5)撰写开题报告,研讨实验方案,完成开题计划。

3.2.2 实施阶段

(1)充分谦虚地借鉴他人的研究经验,结合研究对象的多样性,在其基础上找到合适的研究方法。

(2)理论结合实际,学以致用,在课堂上实践探索,第一时间内总结经验教训。

(3)将研究成果编写成报告。

3.2.3 总结阶段

(1)验证课题研究成果是否有效,并将其运用到实际教学中去,使教育教学质量得到显著提高。

(2)对照课题方案进行全面总结,整理资料,分析反思,完成各项成果资料汇编工作,撰写结题报告。

3.3 项目研究分析

3.3.1 探究式科学教育符合学生实际需要

启发式教学思想广泛应用于各级学校的课堂教学中,尤其是在小学,由于学生年龄、生理、心理、性格等客观因素所局限,启发式教学原则更是受到极大重视。然而小学各学科的特点不同,有的学科比较感性具体,有的学科比较理性抽象,还有的学科入门后才能乐在其中,趣味无穷。教师根据不同学科的各种特性选择与学生年龄、能力相匹配的教学方式,才能有效地让学生在教师课堂教学过程中既学到新知识,又收获学习的新方法和新技能,达到事半功倍的教学效果。

教育学家凯洛夫说:"教育的本质和作用是从人类社会的实际需要中产生。"教育必须与社会的实际需要相结合,必须与社会的进步、科学技术的高速发展相结合才能彰显教育的意义。学生能不能把自己课堂上学到的知识与生活实际相联系,并能在生活实际中逐步掌握运用知识的技能,同时在运用实践中巩固记忆理解知识,甚至有了新发现、新感受,产生新疑惑、萌生新质疑,这应该成为课堂教学追求的目标。

科学课的教材像是一部自然科学的百科全书,既独具特色、自成一系又最贴近生活、贴近实际。学生们每天就生活在科学的世界里,他们生活中的各种实际需求无不与科学息息相关。很多科学现象他们看得见,感受得到却近在咫尺摸不到,远在天边而不知其所以然,诸如声、光、电、云、星……还有很多科学常识或现象,学生们看得见摸得到有感受却不知其所以然,诸如花卉、草木、蜂蝶、昆虫、水、土……这些与学生们每天生活朝夕相伴的自然现象和真实感受,无不饱含科学常识和系统的相互关联的科学知识。现实生活中科技网络发达,各种信息纷繁复杂,这些零星、碎片式的信息让学生对科学知识的认识或一知半解,或心存疑惑,或不知从何说起。尽管如此,这些信息对于学生们的认识理解运用终究是会起到一定作用的。教师必须把这些零散碎片式的信息归纳整理,根据不同年龄的学生特点,结合教材内容与生活中的实际情况,引导学生认识基本的科学知识,激发学生对比较系统科学知识的追求愿望和兴趣,与学生一起共同学习,帮助学生自己解开一个个的"为什么",鼓励学生再发现更多的"为什么"。科学是需要探索的,探究式的科学教育不仅是教学的指导思想和核心,更是培养学生热爱科学、敬畏科学、探索科学的一种精神。

3.3.2 生生互动是探究式科学教育中的重要组成部分

瑞吉欧教育体系十分强调教育要"更重视孩子在学习中的主动作用",探究式科学教育思想就是采用不同的教学方式,让学生在学习科学过程中最大限度地发挥主动作用[1]。探究式的生生互动是调动学生学习热情,积极参与学习,展示个人技能,融入课堂教学,发挥主动作用最好的一种方式,生生互动可以培养学生在探究的过程中将自己与集体融汇在一起学习的团队意识和严谨不苟、实事求是的科学精神。生生互动过程中,每个学生的特长和技能都可以得到充分展示,学生的思维在互动碰撞中交流会对探究的科学问题产生共鸣,极大激发学生探究科学知识的兴趣和热情。试一试,做一做,亲身感受一下的强烈愿望油然而生。正是他们之前思维撞击产生火花,让他们有了灵感,有了共识,有了做的动力,也让他们意识到一个完美的科学实验或科学成果、科学发现必须凝聚集体智慧,团队合作,才能共同分享"学中做""做中发现"的劳动成就感和享受科学知识能与实际生活相结合所带来的幸福感。

探究式的生生互动最能让学生体会科学知识在生活实际中应用的快乐,也最能体现"教育与生产劳动相结合"的教育方针,学生们在思维交流,动手合作的"做中学""学中发现"感受到学科学的乐趣和魅力,他们主动学习,参与意识同步形成一种学习态度、学习习惯和学习动力。探究式生生互动教学方式让课堂有了朝气,教室的空间会随着"做中发现"而变大了,学生的眼界会开阔,思维会跳跃,交流会更迫切,动脑动手能力会得到更多的锻炼,学生学习科学、热爱科学、立志科研的积极性和热情会更持久、更主动。探究式的科学教育思想符合时代发展,探究式生生互动符合学生成长的科学规律,它可以全方位培养学生学习能力,可以培养学生发现问题、分析问题能力,还可以培养学生推理解决问题能力,更可以培养学生与时俱进、学会综合运用信息为科学服务能力。探究式科学教育与生生互动探究教学方式培养的是一种科学精神,它伴随学生的 6 年小学学习生涯和成长,所以它是一种教学思维模式的系统工程,不可能一蹴而就,必须充分重视和尊重学生低、中、高 3 个年级阶段的客观因素,步步为营、层层递进、逐步提升,让学生循序渐进地用科学方式学习科学,运用科学、热爱科学、快乐成长。

教师在探究式教育生生互动教学方式中,必须根据不同年级学生特性,根据不同教材内容,尊重科学规律,把握好"动"与"互"的相对关系,让生生互动发挥最大的功效,培养和激发学生学习科学、探究科学的热情和兴趣,培养学生与时俱进科学发展的思想观念,这才是教师推行探究式生生互动教学方式的初衷。

3.3.3 教师在探究式生生互动中的重要作用

科学教育中的生生互动必须是探究式的,让孩子们体验到一种自己亲身参与掌握知识的感受。这个感受就是主动学习的热情和积极性,唤起学生特有的对知识的兴趣,要让每一个学生都能迸发对科学学习的热情和对未知的探究兴趣,并萌生自己参与互动的愿望。教师必须有序地做好做细课堂上对学生的引领,调动和组织等具体工作,才能让学生真正分享到生生互动的探究学习是一种"福利和幸福"。

教师引领学生探究科学的过程,首先是一个师生互动过程,它是生生互动的基础。教师就是一个拿着手电筒寻求知识的排头兵,带领学生们在路上在探索中前行。教师要善于把课堂需探究的科学课题与网络上相关的碎片式零散信息串接在一起让学生感到问题的亲和感,不感觉陌生;还要把问题与学生实际生活中常见现象联系在一起让学生感受到科学在身边,每天都离不开对科学的需要;更要运用好多媒体智能工具让课题既有较大活动空间又有由此及彼举一反三纵深区间,使学生"探"性盎然,好奇心浓厚,有寻知求识"究"的诉求和想亲身体验感受"动"的愿望。

(1)教师是探究式生生互动课堂的引导者。在探究式生生互动的课堂上,教师要改变传统教学模式中只是传播者的角色,要转换成为与学生共同学习知识的引导者,教师还要充分运用生生互动的优势与特点调动激发学生学习热情和探究科学的积极性,成为学生学习的促进者。一堂课,教师和学生共处一个学习环境,首先是营造亲近祥和的学习氛围,只有师生互动和谐了,教师的探究引导才会引起学生关注,才能调动学生学习的兴趣和热情,只有每一个学生都有了学习热情和主动性,才会产生生生互动的动力。教师在引导学生探究的互动过程中要充分尊重每一个学生的人格,教师只是启发点拨,而把更多的话语权交给学生,鼓励学生见仁见智各抒己见,教师要真诚客观地赞扬每一个学生认识事物、分析问题的独特性与个人魅力展示,让师生互动在探究学习交流中气氛快乐融洽,这样可以为生生互动中的思维交集产生碰撞奠定基础[2]。最重要的是,在探究过程中的师生互动,学生是重视开心快乐的,他们会接纳教师成为知心的好朋友。每个学生都有向师性,喜欢教师就开心快乐,就有学习热情和积极性,也正因为有了良好的师生互动基础保证,才会产生更好的生生互动探究,进而激发出更好的课堂教学效果和收获更加积极的教学收益。中国古人云:"亲其师,信其道;尊其师,奉其教;敬其师,效其行"说得正是这个道理。

(2)学生是探究式生生互动的掘进者。探究式生生互动不仅让学生们在互动中学习到科学知识和掌握一些运用科学知识的能力,更是培养学生们喜欢学习科学,喜欢探究科学的兴趣与志向,更是要培养学生树立一种在科学的浩瀚海洋中寻求更多、更广、更深科学知识和科学发现勇于探究的掘进精神。

探究式生生互动先是每个学生的动,这个动是教师有目的有方法去培养学生逐步形成有学习科学知识的积极热情,有动脑思考问题,提出质疑的学习习惯以及有强烈亲身体验科学知识的诉求。当每个学生主动学习的愿望十分积极强烈时,生生互动才能撞击出火花,学生们学习和探究科学的积极性才能调动起来,兴趣和热情才能得到发挥和长久保持。每个学生都是一个世界,完全特殊的独一无二的世界,当每一个学生都能把自己特殊的独一无二的小世界向全班同学展示出来,那么许许多多小世界的交集融合后就会进入一个大家共同认识的大世界,在这个大世界里,通过探究式师生互动、生生互动逐步对学习科学知识的概念、结论或应用达成共识,学生在获得知识的同时也感受到两种互动,给课堂学习带来的愉悦心情和魅力展现。

教师必须要精心策划,教师在这个大世界里不仅要完成一堂课的教学目标,更要顺势而为积极扩展,或为巩固刚刚学到的知识,或为触类旁通的其他课题,引出新问题、新概念。再次燃起每一个特殊的独一无二的小世界的兴奋点与激情,当每一个小世界的再次碰撞交集后又会出现一个共同认知的大世界,不管是在课堂上或者是在课外的师生互动或生生互动中,学生们认识的大世界越多,迸发出的好奇心就会越强烈,探究的兴趣就会越浓,主动学习的积极性热情就会越高,他们才会在参与生生互动中触类旁通地有宽域有纵深地自觉学到更多的科学知识和应用。

为了让每个学生尽快地从自己特殊的独一无二的小世界兴趣里自觉愉悦地融入集体大世界中,自然地形成生生互动学习氛围,教师要从开始就设定课堂上的每一个环节和具体步骤,有时学生会有突发的奇思妙想或是别出心裁的想象,教师为了鼓励他们继续探讨,还要有多重既定的预案,让他们迅速融入大世界互动中。教师要善于以课堂教材为基础,把网络零散信息与生活实际中的科学现象结合起来,设置一些学生意料不到的问题或从未接触到的知识,先吸引学生的注意力,让课堂学习主题起步亮相再抛砖引玉把问题交给学生,教师们不是打开门让学生进来,给方法给答案,而要把打开门的多把钥匙交给学生,学生有了这些钥匙,大脑兴奋迅速旋转,会把遗忘了的以前学习到的知识与对信息的认识及实际生活中发现或感受统合在一起,带进自己特殊的独一无二的小世界进行分析、判断和筛选,形成自己独立的认识理解和方法。这个过程对学生个人的思维扩展,能力提升创新,增强自信,持续学习热情都是一个极大的促进,当每一个小世界都呈现出闪烁的光点时教师因势利导顺势而为地组织推动一下,生生互动的大世界自然水到渠成。这个教师引导的课堂互动大世界里师生互动和谐,学生自然兴趣盎然、增加自信。再通过生生互动的讨论探究,共同分享集体的智慧与团队合作成果。这样和谐快乐融洽的师生共同学习环境中学习到的知识或技能令学生在愉悦之中会记得牢固,最重要的是课堂每一个独一无二小世界的闪光点与充满生生互动魅力和成果的大世界水乳交融浑然一体,激发了学生学习科学的兴趣与热情,培养学生树立一种探究科学的信心和掘进前行的可贵精神。

(3)激发生生互动的合作意识。探究科学的过程是一个系统学习逐步积累科学知识的过程。积累科学知识的过程一般是由两方面组成:从发现、认识到理解这是一个方面;教师在课堂上通过引导让学生去发现问题到引发好奇心,运用多种探究方式引导学生在互动中增长认识问题解决问题能力,最后得到科学概念定义的认知,这是一个思维上的认识理解过程。另一方面则是从认识、亲身体验到理解的链接;教师在课堂上极尽所能地利用好课堂空间,引导学生在有了一定认识的基础上,通过制作实践或科学实验等方法在更大维度空间让每一个他或他们以亲身体验达到对科学概念、定义或原理的认知,这是一个与实际生活和社会应用相结合的认识理解过程。学生科学探究过程中的科学知识积累离不开思维认知的科学定义、概念、原理与通过实践应用或实验证明亲身感受而升华的深度理解这两个方面的有机结合。科学探究过程中的科学知识积累不仅仅是让学生学习科学、热爱科学,更是要培养学生在探究过程中能够通过亲身实践体验掌握运用科学知识的基本能力,毕竟科学是社会文明发展的驱动力和国家繁荣富强的生产力。因此,激发每一个学生自己动手能力,培养同学之间互动,依靠团队合作体验科学应用的价值不仅是教师在课堂教学恪守的职责,更是在培养学生探究科学知识过程中的一种尊重科学、使用科学的科学精神和科学素质教育。

中国有句俗语:"言为心声,动为脑思",客观地诠释了科学探究中生生互动的内涵和互动中两个阶段的相对关系。"言为心声"是生生互动的第一个阶段,首先是每个学生要能够对探究科学的知识存在疑惑,通过独立思维有独特判断并形成独自的理解,并能用语言描述表达内心的感受,这是每个学生对新知识认知的程序。有了这种言为心声的分享,才能激发其他学生表达心声的兴趣与注意力,才会有生生互动中思维认知的交集碰撞,教师将这些思维及碰撞迸发的火花综合、归纳、分类,因势制导地顺势而为引导学生再集中到一个或几个知识的点上,这样在有歧义有异见的互动中学习到科学知识,可以刺激学生求知欲的兴奋点。所学到的知识会有更深刻的记忆和理解,同时也为生生互动的第二个阶段实施奠定了基础。

"动为脑思"是生生互动的第二个阶段,也是探究式科学教育的教育目标。科学的特点就是它的知识就在生活实际中,科学也是生活实践应用学科。科学看得见用得着能感受到,看得见可以引起学生的好奇心和兴趣点,用得着则需要学生去试去做。科学教育"一切只是感官知觉开始",学生只有动手去做才能有体验,才能感受到科学的魅力,增强科学探究的兴趣。"儿童的智慧在他们手指上",因此让每个学生"学中做""做中学""学中说""玩中学""做中乐""乐中做",他们只有通过不同方式方法的动,才能对科学知识在生活中的应用有深刻的体验。这期间学生还能经受遭到挫折失败的磨砺而成长,更多的是他们获得的成功自信和增强了科学探究的兴趣与动力。学生为在做中取得的成就感到快乐,共同分享是他们的天性,于是做的生生互动也就水到渠成了。

如果说"言"是学生在科学探究中大脑思维条件反射下的自然表现,那么在做中学,乐中动则是学生理性思维意识支配而显示的劳动成果。当然这种"动"的能力表现是一个综合指标的考量,与学生的年龄、生理、心理、性格等客观因素息息相关,教师必须充分重视,要重视引导艺术的运用,才能让生生互动中的个性与共性来融为一体。学生才能在和谐愉悦的学习氛围中分享到生生互动的乐趣,真正感受到科学探究的"学习是一种福利和幸福"。

3.3.4 科学探究实验中的生生互动

在探究式科学教育的课堂教学中最能体现生生互动优势的莫过于实验课。首先,科学的学习内容包罗万象,犹如一部自然科学百科全书和"十万个为什么",很多科学常识或科学应用就在学生每天生活当中,他们感同身受,学科学接地气儿,很容易触动引发学生探究学习兴趣。不同项目的科学实验又让课堂教学空间利用与形式耳目一新,促使学生在课堂学习中精力更集中更兴奋。其次,课堂教学空间和教学形式的变化,让学生不再是横排纵行地相对三尺讲台听课学习,而是随着不同项目的实验组成不同的新的生生互动团队,让学生在新形式互动中把个人特长及能力与小团队集体智慧融合在一起,享受团队合作实践学习的完整过程。再次,不管什么项目实验对于学生而言都是新事物,都会引起学生新鲜好奇的兴趣,并萌生亲自试一试的好玩心理驱动意识,这就让学生从相对的听与言为心声的"静"状态转换为游移与动为脑思的"动"状态。他们想试一试的参与意识越强,想表现个人能力的愿望也越强。尽管这些都是学生的心理本能反应,但与心理驱动意识相结合就构成了探究式生生互动的客观优势。在课堂实验教学中,教师只有审时度势,依据不同实验项目特性有精准精细的不同预案,才能让生生互动的客观优势通过学生在"学中做""做中学"的科学实验中显现生生互动的优势,让学生在实验互动中分享亲身实践的快乐与成就感的同时增加团队合作意识的科学探究态度。

小学生对很多比较抽象的科学原理往往是通过科学实验才真正明白和理解了。正因为学生在实验前有试一试好玩的心理驱动,所以他们参与整个实验过程中心理是轻松无忌的,才会有在生生互动过程中的奇葩想法或奇异问题。此时教师不仅要积极肯定学生的主动学习态度,还要包容引导他们的奇思异想,因为科学实验不仅是要还原证明某个原理的科学正确,往往由于突发的奇思异想还会有新的发现和创造。况且爱因斯坦曾说学生任何"一个问题的产生通常要比它的结论得出更为重要"。很多问题的提出往往是探究的开始。教师应该意识到"当孩子们懂得质疑了,教育就成功了。因为他们掌握了逻辑思维和独立思考。"学生在生生互动热闹的情景下还能有奇思异想正是他们投入学习情景认真探究科学的态度表现,这也是课堂实验的意义所在和预期目标的一部分。

课堂上科学实验中的生生互动犹如一场实验话剧的演出,教师就是这部剧的编导、导演、剧务……要从实验策划、方案编写、学生组合表演、课堂场地有效利用、资源分配调度等诸多方面都要事无巨细地无缝衔接,才能保证实验剧演出高质量和圆满成功。在过程中既充分洋溢地释放自己的个性,又能与其他同学在生生互动过程中性格互补、特长互鉴、配合默契,兴趣盎然。教师就必须根据学生不同年级的不同类型实验里的不同项目实验,合理地分配组合学生资源。只有每个学生资源优势得到充分发挥,实验才能在生生互动中集言为心声,动为脑思的团队大智慧,在劳动合作中取得实验成果,让学生逐渐感受到科学团队合作的意义和共享成果的快乐幸福。

很显然,学生课堂上实验能力是一种综合能力的展现。学生通过实验亲身体验到探究过程,他们的观察能力、思维能力、动手能力,合作能力才能得到培养,他们的科学思想、科学方法、科学态度才能逐步形成。实验对于学生成长起着关键作用,有着特殊意义。学生的能力不会一蹴而就,而综合能力更需要学生靠平时学习、操作体验的点点滴滴日积月累才能形成。教师要把课堂实验当作循序渐进的系教统育工程,从学生入学的第一堂课做起,抓住学生低年级、中年级、高年级 3 个阶段特性,将实验综合能力的培养也相应分为 3 个阶段,低学级阶段要通过教学资源的运用,培养学生对简单科学常识的认识与观察能力,激活他们对操作实验的好奇与兴趣;中年级阶段要鼓励学生思考探究中的观察与发现,大胆表达自己的见解或提出问题,学会与同学分享、交流、切磋并在教师指导下掌握一些操作实验的技能;高年级阶段除了要培养学生掌握整个实验流程中的操作技能外,更要让他们养成生生互动探究的科学态度,懂得只有合作才能共赢的科学理念。这 3 个阶段的能力培养,层层递进、步步提高,是基础,必须打牢打实,基于学生 3 个阶段的不同特性,在完成课堂实验中学生资源的调度配制十分重要,必然因势而为有所不同。

(1)自由结合,发现潜质。低年级阶段的科学探究,课堂实验操作基本上是较少的,更多的是借助现代化教具或多媒体功能的运用引导学生认识了解些最基本的科学常识。为了让这些刚入校门,进入一个新的学习环境的小学生能学会分享这些教育资源,引导他们通过观察去发现更多的奥妙,激发他们对科学探究的好奇心和兴趣。教师可以改变课堂教学空间使之更适应教学交流,可以让学生分成若干小组,相对而坐,教师居中,让学生与教师与教学资源,距离拉近,学生可以更直观更细致地观察了解;教师也可以利用教室的纵深,让学生以组为单元,分批次地走过去更近距离去参观体验,观察发现。因为很多学生都曾经是幼儿园的小伙伴,彼此熟悉热络,所以这些以组为单元的小团队可以让学生去自由结合,可能会出现几个单元组成学生数量不均的差异,但是这不影响大局,重要的是教师之前并不了解每个学生具有什么样的资源潜质。而这样的自由结合,小伙伴们好交流,会叽叽喳喳地议论,教师不仅可以得到课堂教学效果的真实反馈,还能发现这些学生的脾气、性情及接受新事物的反应变化等个人资源信息。在接下来的课堂上,教师要有意识地在自由结合的小团队中掺"沙子",让相对不太熟悉热络的学生进入小组,除了深入地了解学生对教学效果的反馈,更要观察了解学生在新团队中相处的方式方法以充实学生资源的信息量,为实验三部曲,为实验最重要的环节,合理分配使用学生资源,全面提高他们综合能力打下基础。

(2)和谐搭配,共享成果。经过两年共同学习时光的中年级阶段的学生,他们科学知识有了一定的储备,对科学探究也有一定的认识和热情。在这个学习成长过程中,生生互动已经潜移默化在他们的意识中。同学间彼此熟悉不再陌生拘谨,他们也不会因曾经在一起而热络,在这个学习成长过程中,更多是以志趣相投而成为知己。课堂实验的团队组合还是先考虑学生内心的诉求,让他们自由选择合得来的同学做伙伴,给他们创造一个小团体内部和谐环境,便于他们精力集中去探究完成实验,教师则审时度势适时掺"沙子"扩大合作范围,增强他们与"沙子"的综合能力提高。教师尤其要关注因能力、性格或其他原因而没能进入小团队的同学,不能让他们有被遗忘的感觉而产生自卑心理,为了更好激励他们振作,尽快融入团队小集体,教师可以把自己和这些同学组成一个巡回检查组并提前告诉他们每个人对应的实验小组后再与教师一起巡视各小组实验。这些合得来谈得来小团队的实验操作水平与综合能力肯定是不相同的,实验过程反映出的问题也是不一样的。此时教师一方面针对某组的问题具体引导或支持鼓励,一方面让对应巡回组同学听仔细,然后撤下去进行整理,几个小组巡规完了,巡回组的同学也都带各自任务去准备完成了。当实验结束了,教师先各组同学进行自评结论与感受,然后各组再互评此长彼短及感受,教师可以拿着各组巡视进行整理并尽量引用里面的只言片语进行点评。点评要以保护学生探究科学的热情、态度、精神为准则,对于这次比较好比较成功的小组予以客观上的肯定,对于有所欠缺的小组除了相对肯定外更多的是鼓励,增强其自信。同时教师根据各组实验的水平和能力体现,再将巡回组同学这些"沙子"掺到适当小组中。这些"沙子"成员同学也会带着满满自信融入新集体中去,这样学生自主的和谐生生互动、教师主动地促成师生和谐互动后再促成更多和谐生生互动,学生才能在实验操作过程中增强了技能,学会了合作,懂得了包容,共享了成果,同时对他们的科学探究与成长都起到了助力推动作用。

(3)强强联手,合作共赢。科学实验的教学目标,不仅仅是让学生在教师指导下去完成一项实验。随着学习中知识点、科学概念的增多,实验难度和标准会越来越高,需要验证的范围也在不断向纵深扩展,教师要着力培养学生在实验中的特长发挥,让他们在生生互动中相互影响,锻炼他们的品质和毅力,让综合能力全方位得到提高,并逐步树立和掌握自主进行科学实验的信心与能力,这才是让学生在实验中获得的成长财富。

几年的科学探究学习与亲身体验让高年级阶段学生随意性、情绪化越来越少,他们性情基本是稳定的,思维及做事也更趋理智了。这时实验的学生资源配置,教师要直接介入,要目的性更强,必须是强强联手、合作共赢。强强联手组合不是依据学生学习成绩去评定,也不是依据学生课堂纪律去界定,更不是依据学生彼此间相处关系去分级,强强联手应该是建立在尊重科学实验客观规律基础上的科学配制。一个完整的科学实验要有明确的实验目的,要有具体的实验方法,要有进行实验的操作程序和具体步骤,还要有得到实验结果进行分析并证明科学结论正确成立的能力。为了准确地完成实验目标,强强联手建设要有与同学相处较好、威信比较高的学生,他可以是这个团队的核心或组织者;要有活泼机灵、好奇心强,对新鲜事物兴趣浓的学生,这样的特性往往观察仔细、善于发现;要有不服输、自信心强而且能直言不讳的学生,他能及时提出自己对问题的见解,出些点子或给出些建议;要有心灵手巧乐于助人的学生,他们心细,平时助人解困付出劳动,动手能力相对强些,是具体操作实验的最佳选择;由学习稳定或成绩较好的学生去归纳团队意见、书写实验报告应该是比较适宜的。这样的强强联手团队,每个学生独有的资源特长都会得到充分发挥,八仙过海各显神通,尽显强者之势。这个团队中每个强者又都是相对的弱者,犹如尺有所短寸有所长,每个同学的弱都会在实验生生互动交流协作中不知不觉地相互影响借鉴,让寸短得到充分的补充。这个实验小团队以强强联手为主,也应该包括一些资源特点不突出或性格过于内敛或平时过于活跃甚至有些调皮的学生,他们的参与不会影响到强强联系的度和量,反而团队生生互动的气场和氛围会感染他们,激发他们内心深处的自尊和争强的表现意识,如此一来,这样的强强联手会让团队中的每个同学转弱变强而且更强,都会获益匪浅,提升自己的综合能力并且逐步学会自主实验的程序,增强自由实验的兴趣与自信,这才是帮助学生在探究互动中成长,达到实验教学目标的强强联手,合作共赢。

教师只要合理组织发挥学生资源特长，配置适合的强强联手团队，课堂实验就会事半功倍[3]。由于师生互动、生生互动的融洽氛围贯穿于课堂始终，课上的时间就会充裕拉长，让各个实验团队有了自评和相互点评，在交集中相互取经促进提高学习的时机。教师也能充分集合各团队自评与团队交集进行归纳总结，并适时因势利导，引导学生深入扩展知识点，探究知识面，趁热打铁再次激励学生思维，让课堂的生生互动及时即兴地产生探究的动力。正如法国教育家朗格所言："教育最终的目的，不仅仅是传授已有的东西，而是要把人的创造力量引导出来，将生命感、价值感唤醒。"

（4）自主结盟，同享幸福。经过几年由浅及深、由常识到概念层层递进的科学学习，学生已逐渐地培养起对探究科学的情感，他们始于好奇，谐于兴趣，引于体验，综合能力得到极大的锻炼和提高。实验的类别多，项目更多，但课堂实验由于不可逆的客观原因（场地、时间、材料等）有很大局限性，比如自然态类别实验"种植黄豆"；对比类别实验"种子发芽""绿豆发芽必须有水吗"……这样性质的实验课堂的环境、时间、材料等条件显然是不具备的，教师只能借助教具、多媒体功能或演示帮助学生去认识理解。还有一些析因类别实验，实验结果是已知的，而影响实验结果的因素是未知的，如"坚硬的石头会改变模样吗"这类实验探究空间大有纵深，课堂实验也是不能满足更多需求的。还有一些定性类别实验，它要研究判断的是对象有哪些性质，判断某种物质内在是否有一些性质存在，解决"是与否""有与无"的问题，如"土壤中有没有空气""水对岩石的作用"等，这种结论定性的实验不仅需要多方面论证，探究空间大，而且更具挑战性，但是在课堂上实验只能是代表性的，不能够举一反三给学生提供更多的亲身探究体验机会。正因为实验类别多，实验目标也不尽相同，课堂又有客观局限性，所以课堂实验只能是抛砖引玉，激发学生的学习热情与动力，让他们在生生互动中逐步掌握自主实验的综合能力。很显然，课堂实验对热衷于探究科学的同学而言是远远不够的，他们需要更多在更大空间去亲身体验探究科学的魅力与享受。苏霍姆林斯基曾说："保留自由活动的时间是学生智力生活的首要条件。"教师要因势利导，激活学生内心潜在的探究热情与积极主动性，在课堂上倡导并鼓励学生充分利用课余时间去探究、去发现，既增强智力、收获知识，又丰富精神享受。

作为倡导，完全是个人自愿行为。无须刻意组织，但肯定会有志趣相投的同学、朋友自主结盟,或三人同行,或两两成队,这样团队的生生互动合作肯定是和谐默契的,他们肯定会心无旁骛全身心投入,不管最后结果如何,但肯定有收获,这就是最大成果,他们会在自主同盟里同享幸福感觉。他们充分利用业余时间,表明了一种科学态度和科学志向,这才是最令人欣慰的。为了保护好学生自觉探究学习的积极热情,教师要主动引导探究方向和目的,主动提供可行的实验项目供学生参考,提示安全注意事宜,嘱咐他们认真做好实验记录,写好实验结果报告,告诉他们这是自己成长的日记,与其他人分享也是一种幸福。石落甘泉有涟漪,学生课下自觉自主实验肯定会有连锁反应,肯定会推进师生互动、生生互动更积极的在探究的过程中发挥更大作用。

4 结论

探究式科学教育是符合学生实际需要的。科学需要探索,探究式的科学教育不仅是教学的指导思想和核心,更是培养学生热爱科学、敬畏科学、探索科学的一种精神。而生生互动是探究式科学教育中的重要组成部分。教师在探究式生生互动中起到至关重要的作用,是探究式生生互动课堂的引导者。学生是探究式生生互动的掘进者,需要激发其生生互动的合作意识。在科学探究实验中实施生生互动,很容易触动引发学生探究学习兴趣。激发潜能,促进学生增强合作意识,提高探究能力,全方面培养学生的科学素养。

一百多年前,中国近代思想教育家梁启超先生就曾寄希望于少年,他说:"少年智则国智,少年强则国强,少年进步则国进步。"少年是民族独立的基础,是国家富强的希望。今天,全国各族人民都在为实现中华民族伟大复兴的中国梦而努力拼搏奋斗,少年要承前启后,更是民族的脊梁与希望。教育与科学进步从来就是一个国家民族强盛、富强、先进的基础。小学教育是人生中第一次全面的、系统的、综合性的学习教育。少年教育时期学习行为习惯的印痕会影响他长大后的人生追求与价值观,教师必须不断学习充实自我,紧跟时代。用新时期的教育理念和教育思想指导教学,完成时代赋予的光荣使命,这就是教师的工作动力。教育家苏霍姆林斯基说:"教育不仅是一门科学,而且是一门艺术。"教育首先是人学。科学的教育,教育的艺术就是要与时俱进,适应科技发达,网络时代的要求。以人为本,把探究、发现、师生互动、生生互动不仅作为教育教学方向,更要赋予贴近时代、贴近学生的新方法新内容,使其在细微之处显宏达,无声之处触惊雷,才能让教育科学在探究改革中有新的发现新的突破,才能使教育艺术百花齐放、绚烂多彩。

参考文献

[1]崔高周.小学科学实验教学中学生探究式学习方法研究[J].学周刊,2021(11):15-16.

[2]王东金.探讨在核心素养视域下如何构建小学科学高效课堂[J].天天爱科学(教学研究),2021(05):55-56.

[3]马海琴.在小学科学课程中开展实验教学的策略研究[J].天天爱科学(教学研究),2021(01):39-40.

第三篇

思维型探究学习方式的研究

生活化教学方式在小学科学
思维型教学中的应用研究

天津市红桥区跃进里小学　　陈杰雨

摘　要：生活化学习在小学科学教学中应用的研究核心概念指向学生学习方式的呈现和利用。学生在学习过程中总是呈现被动的地位。尽管近年来根据课改的要求我们都尽量改变这一现状，也在形式上、活动上、内容上进行了较大的变革和进步，但是，在教学过程中，从教与学的出发点和教与学的方式上还是存在学生学习不够主动的问题。教师在教学活动中没有很好的策略与方法。本课题从学习的本质这一核心概念入手，分析什么是学习，从学生的学来决定教师的教。

关键词：生活化学习　科学教学　思维发展

1 研究背景

1.1 研究主题的意义

研究探索在课堂教学中如何基于生活中的学习方式，帮助学生开展主动学习；如何创设真实任务不断驱动学生开展探究式学习；如何在探究活动中整合知识进行迁移应用来解决生活中出现的问题;如何帮助学生自我修复前概念并建构正确概念的教学方法,从而形成有效的教学模式,建立高效的学习环境,培养学生主动学习的习惯,发展学生科学思维,形成学生解决实际问题的能力,为学生终身生存和发展服务。

1.2 国内外研究的现状

国际上很多文献资料阐述了学习的本质,《人是如何学习的》一书对于人的学习活动进行了长期的科学研究和论述。明显提出学习活动是人类自身本体的一种生存能力。行为主义把学习的概念定义为在刺激和反应间建立连接的过程。早期行为主义研究表明,学习是生活的一种方式,这种方式不包含思维活动,是为了生存和生活的一项基本技能。其局限性在于强调可观察的刺激条件和与这些条件相关的行为。这种倾向使它很难去研究诸如理解、推理和思考这些对教育来说极其重要的现象。随着人类研究的深入和发展,认知科学理论和新学习科学理论相继提出,其中一大特色在于强调理解性学习。新的学习科学关注认知过程。它把人类学习看作是由目标指引,积极搜寻信息和问题空间的过程,学习者带着丰富的先前知识、技能、概念、信仰和习惯进入正规教育,而这些已有知识极大地影响着他们对环境内容、环境组织和解释方式的理解。反过来,这也影响着他们记忆、推理、解决问题、获取新知识的能力。新的学习科学的特色就在于它不但强调理解性学习,也强调学习者对学习进行自我调控的重要性。以上学习理论揭示了学习的本质来源于生活,同时也是为生活进步和更好生活的一种能力。学习来源于生活也基于生活,对于前概念的展现与应用也有明确的指向。但是对于学习的本质与生活的联系并没有提供方法与策略。

在教育学界,关于教育与生活世界二者之间的关系出现了3种基本学说,分别是教育准备说、教育即生活说、生活即教育说。教育准备说认为教育应当以学生的未来生活为向导,即应当为以后成人生活做好准备。在这里,生活一词特指未来生活,教育的最大功能在于让学生学会各类生活知识,让学生更好地生活,因此能为将来生活服务的知识才是最有价值的知识。杜威对教育准备说进行了思考,在反思传统学校教育的弊端后,提出了教育即生活说。他认为学校作为特殊的载体,学校生活本质上是一种特殊形式的社会生活。教学活动不只是学习的过程,更是学生的生活过程,是学生经验的持续改变或重塑,而非为了给学生的未来生活做准备。教育即生活说有双重指向,认为教学不仅要与社会活动相结合,同时还要与学生的日常生活相结合,在教学内容和教学活动方面都要重视儿童的主体地位,努力创造真实的生活情境,引导儿童积极主动地参加活动,让儿童在潜移默化中寻找品德,掌握知识,达到儿童的生活成长和经验的改造有机统一。在杜威的理论基础上,我国著名教育学家陶行知先生从实际出发,提出了一套中国化的生活教育理论——生活即教育。他反对把教育和生活分而论之,认为二者是不可割裂的同一过程。教育寓于生活之中,也只有服务于生活,教育才能发挥最大作用。不论是教育即生活还是生活即教育,都是对教育准备说的一种反驳。坚决反对传统教学对生活的忽视,也可以说二者都主张教育与生活,是相辅相成,有机统一,缺一不可的关系。

对于科学教育,目前大多数学者虽然从不同的切入点着手,但是都认为教育和生活是相辅相成、休戚相关的。郑金周在《基于新课程的课堂教学改革》一书中提出:实现教学生活化要在认知论方面从科学领域过渡到生活实践。在教学内容的安排上要兼顾科学世界和生活世界,在教学过程中从被动接受走向互动交流转变,并强调在科学课堂教学中要着力追求生活意义。郭元祥在《生活与教育回归生活世界的基础教育论纲》一书中则列举了我国基础教育领域存在教学脱离生活的种种现象,他在分析批判这些问题及探讨其背后深层次原因的同时,也指出了教育的生活意义和生活的教育意义。

对于小学科学教学,美国下一代科学课程标准(NGSS)也发现教学脱离生活实践这一问题。他们将科学与工程实践作为重要标准,旨在将学生学习活动与生活相联系,基于生活中的问题和建设更好生活进行探究、实践、学习。国内也有对于学习与生活的论文著作。

在小学科学方面,卢慧敏博士通过问卷、访谈等方法,对教学生活化理念的实施现状和困境进行了考察,总结出了小学科学生物教学实生活化实施的关键环节和一般步骤。戴丰珍则从课堂导入、教学内容和课后练习3个方面来实施科学课堂教学生活化。通过相关文献的阅读分析可以看出他们对科学教学生活化课题的研究,基本是在理论方面的探索,对科学课程相关实证研究相对较少。虽然对体现生活化理念提出了各种方法和策略,但是没有实践支撑,方法与策略难免流于形式,大部分只是停留在创设情境和与生活实际相联系的阶段,而对于基于学习的本质设计真实任务驱动学生主动学习;基于前概念的修正和建构过程;迁移应用解决实际问题等核心方面不够关注,甚至是很少涉及。

2 核心概念界定

　　生活化学习在小学科学教学中应用的研究核心概念指向学生学习方式的呈现和利用。学生在学习过程中总是呈现被动的地位。尽管近年来根据课改的要求我们都尽量改变这一现状,也在形式上、活动上、内容上进行了较大的变革和进步。但是,在教学过程中,从教与学的出发点和教与学的方式上还是存在学生学习不够主动的问题,教师在教学活动中没有很好的策略与方法。本课题从学习的本质这一核心概念入手,分析什么是学习,从学生的学来决定教师的教。

　　学习是学生获得知识的过程,也是完善自己不断成长地经历。在人类不断进化和进步的过程中,学习是具有很重要的意义。在人类的远古时代,人类为了更好地生存不断地学习与生存相关的知识与技能。在一次次的探究和失败中总结经验,在实践中检验自己的想法和创造。发明创造打鱼捕猎的工具,驯化饲养野兽,种植并改良植物。这一切源于人类生存和生活的需求,这种学习的能力是人类与生俱来的一种生存生活技能,伴随人类的发展。它不单单是来源于生活的环境,更来源于人这个本体的生活需求。但是,我们理解的学习总是指向于在学校的学习活动,往往忽略了学习的本质。尽管我们也在不断地进行教学研究和教学理论的学习,将学校课堂的教学活动与生活实际相联系。希望能在学生的身边生活情境中开展教学,引导学生积极参与学习,并解决相应的问题。这只是局限于一个教学情境下,或者一个教学起始活动的策略,远远达不到学习本质的理解与应用。我们能够发现,生活中真正学习的本质与学校的学习活动的区别体现在学校课堂教学与学生的学习活动是相对被动的,没有任务驱动进行的,不能建立在已有前概念基础上学习活动。真实的生活中的学习活动是主动的,有真实的驱动的,需要迁移应用知识和技能去解决处理生活出现的问题,并在过程中不断完善自己的认识和修正自己的前概念的活动。

随着人类社会的不断进步,人类的学习能力和学习技能也不断发展,文字的出现更加促进学习方式的进步,从口传到文字,为学习方式的多样和传承奠定了基础。随着当今社会出现的各种媒介和学习机会,学习已经被赋予了太多的形态和样式。不断地帮助人类社会的发展与进步。为学生提供多方面多角度的学习机会的同时也渐渐忽略了学习的本质,也就是忽略了对学习本体——学习者需求的思考。为此,本课题的核心概念是围绕生活中要去解决的问题与困难的需要,引导学生进行基于自身需求来开展的学习活动。对学习的本质追根溯源,回归本真的生活。倡导学习即是生活,生活亦是学习,生活处处可学习的理念。培养学生形成学习是生活一部分的习惯,培养终身学习的能力;感受学习和生活二者不是平行的个体,是相互融合相互交汇的整体,形成生活与学习有机统一,不断丰富个人学习能力。

3 课题研究的理论依据

3.1 国家对教育与生活联系的相关文件要求

《国家中长期教育改革和发展规划纲要(2010—2020年)》提出"坚持能力为重。优化知识结构,丰富社会实践,强化能力培养。着力提高学生的学习能力、实践能力、创新能力,教育学生学会知识技能,学会动手动脑,学会生存生活,学会做人做事,促进学生主动适应社会,开创美好未来。"

《基础教育课程改革纲要》提出"完善初中升高中的考试管理制度,考试内容应加强与社会实际和学生生活经验的联系,重视考查学生分析问题、解决问题的能力,部分学科可实行开卷考试。"

3.2 小学科学课程标准中对教学与生活关系的要求

小学科学课程标准指出,"科学技术推动了生产力的发展、经济的繁荣和社会的进步,促进了人们的生产方式、生活方式和思维方式的变革。科学技术的快速发展对每一位公民的科学素养提出了新的要求。""小学科学课程是一门实践性课程。""小学科学课程把探究活动作为学生学习科学的重要方式,强调从学生熟悉的日常生活出发,通过学生亲身经历动手动脑等实践活动,了解科学探究的具体方法和技能,理解基本的科学知识,发现和提出生活实际中的简单科学问题,并尝试用科学方法和科学知识予以解决在实践中体验和积累认知世界的经验提高科学能力,培养科学态度,学习与同伴交流、交往与合作。"

3.3 学习与生活的追根溯源

现代人类学家在遗存的人类原始部落中的发现,已经以大量胜于雄辩的事实证明了人类最初的学习活动与一般的社会生活和生产活动直接融为一体。原始人关于社会生活和生产的各种观念、技能,主要是在实际社会生活和生产过程中习得的。

3.4 国际、国内对教育与生活联系的研究成果

对于教育与生活之间关系的探讨,是古今中外教育思想家不断思考的主题。亚里士多德明确提出教育的目的就在于生活实践之中,教育是为人的生活服务的。卢梭在《爱弥尔》一书中提出了通过自然教育培养"自然人"的教育思想;斯宾塞认为"教育为完备的生活做准备";罗素提出"教育要创造美好的生活";杜威提出"教育即生活"的观点;陶行知则提出"生活即教育"的思想。学者们分别基于自己所处的时代背景和任务,对教育与生活之间的关系进行深刻剖析,但他们的落脚点都是教育应适应生活。

3.5 建构主义对生活化学习的理论支持

建构主义之于知识和学习,是一个久已存在的事实,对生活化学习提供了理论支撑。建构主义认为学习者并不是把知识从外界搬到记忆中,而是以已有的经验为基础,通过与外界的相互作用来建构对知识新的理解。他们必须主动参与整个学习过程,根据自己先前的经验,与他人协商、会话、沟通,在相互质疑的过程中建构知识。

4 研究方法

4.1 文献法

搜集建构主义教育理论、人类学习理论、主动学习理论、前概念理论等相关书籍文献资料,分类阅读作为理论基础并探寻相交叉结合的理论支撑,进而寻找研究思路。

4.2 案例研究法

对已有成功优秀教学案例进行分析研究并有效借鉴,同时寻找不足,研究改进计划。

4.3 实证研究法

根据研究学习的成果进行实证研究,通过课堂教学的观察与测评搜集相关数据。以课堂教学为基础进行实践实证研究。

4.4 归纳总结法

总结出有规律的经验并归纳出相关研究成果。

5 研究过程

5.1 课题准备阶段(2019 年 12 月—2020 年 2 月)

组建课题研究小组,开展课题设计与论证,布置研究分工,搜集相关文献资料,开展自主学习。

5.2　课题启动阶段(2020 年 3 月—2020 年 6 月)

课题组召开腾讯会议,汇报自主学习成果,并布置开展搜集调查,综合优秀课例进行观察分析。总结生活化学习教学方法经验,寻找课堂教学研究实施方法。制定课题研究实施方案,组织课题组成员进行分工,明确研究目的、意义、内容、方向。

5.3　课题实施阶段(2020 年 6 月—2020 年 12 月)

设计课堂教学实践研究规划,开展课堂教学实践。观察课堂教学实录,搜集相关数据,分析、汇总、总结。根据分析结果寻找问题与不足,进一步优化教学设计方案。在此期间,课题组召开腾讯会议 3 次,讨论改进教学实施策略方法,进行反复实验,不断总结提升,寻求良好课堂教学效果,进行归纳总结。

5.4　课题总结阶段(2020 年 12 月—2021 年 3 月)

整理、归纳、分析课题研究资料,总结课题研究结果,撰写课题研究报告,形成丰富的具有科学性、系统性、实用性的研究成果,申请课题结题鉴定。

6　研究成果

通过《生活化学习在小学科学教学中应用的研究》的课题研究,我们在课堂教学效果上已经取得了明显的成效,形成了一套行之有效的课堂教学模式,总结了生活化课题的教学原则,激发学生的学习兴趣与认知冲突,使学生在学习过程中主动思考、主动探究、发展思维,提升解决问题的能力。主要体现在以下方面。

6.1　总结出了生活化教学有效的策略与方法

传统的科学教学模式比较单一,就教材讲教材,缺乏与生活中知识的联系,造成科学知识与生活相脱节,学生只是掌握科学概念,并不能将知识与生活实际联系。课题组教师通过定期课题研究课活动,大家对课题研讨、定向,从生活实际出发,挖掘身边的生活化案例,围绕不同年级与不同课型,对生活化教学模式进行研究,总结出一套切实可行的生活化教学模式和策略。建立科学知识与实际生活的桥梁,让科学知识为生活服务,有效将课堂延伸,起到了良好的效果。课题组将研究生活化教学有效的策略与方法应用于日常教学中,不论是课堂教学或者疫情期间的线上教学都获得很好的效果。课题组成员以研究结论指导课堂教学实施,多项课例、教学设计、教学案例、微课设计等获得国家级、省市级、区级教学竞赛类奖项,多项课例进行全市推广。

6.2 制定科学学科生活化教学原则

课题组分析并制定了教师教学时遵循生活化教学的 7 项原则。以生活化的情境任务贯穿教学始终,有利于课堂的层层推进,提升课堂效率。以生活中的现象聚焦为可探究的问题,帮助学生聚焦问题开展科学探究活动,保证思维的连贯性,培养学生发现问题、解决问题的能力。

6.3 提升了学生自主学习能力、发展思维能力

生活化教学优点在于从学生身边的问题着手,利用所学知识解决生活中的问题,让他们产生探究欲望,主动参与学习活动,保证学生投入学习,学生思维方式也逐步深入,发展了学生的迁移应用的高阶思维能力。

6.4 为教师提供了优质科学课堂教学实施途径

课题组教师以生活化课堂教学的实施 7 项原则为出发点进行课堂教学实践,总结并汇总出具有实操性的生活化教学方法与策略。具体详见《小学科学生活化课堂教学方法与策略》。

7 研究结论

7.1 小学科学生活化课堂教学的 8 个特征

课题组成员共同以课堂教学案例对比分析、教学设计对比分析、课堂教学效

果对比分析进行了大量成熟的获奖课、展示课、示范课等优秀课例的观察、比较。从生活化学习理念的角度观察、总结、汇总、比较、分析。

7.1.1《河流对土地的作用》教学案例对比与分析

《河流对土地的作用》是教科版小学科学五年级上册《地球表面及其变化》单元的第 7 课。本课学生的学习目标是：将河流的作用与土壤沉积实验类比，推测河流对土地的作用。通过河流的模拟实验，探究河流对土地的作用。为了达成这一学习目标，教材通过开门见山的问题——河流对土地有什么影响？引入本课，回忆土壤沉积实验形成猜想，用模拟实验验证猜想，从而得出结论。

在实际教学中，授课教师发现，由于教材的导入方式没有为学生理解问题的含义提供具体情境，学生理解起来较困难。基于生活化学习研究的理论支持，课题组授课教师将其改进为：从长江情境导入，自制了一个关于长江的微课，微课中包括长江的坡度、流速、地形地貌等信息，这些信息也是为后续的实验探究做铺垫。通过观看微课，学生会发现长江上游容易形成峡谷，中下游容易形成平原。从而聚焦问题：这是由于河流对土地产生了怎样的影响形成的？从生活实际出发，吸引学生兴趣，也符合小学生的认知与思维特点。

接下来，利用长江促进学生进一步思考：长江陡坡水流速度快，缓坡水流速度慢，那么，不同的水流速度会对两岸的土地产生什么不同的影响呢？使学生聚焦到关注水流速度与土壤运动状态之间的关系上来，采用播放视频的方式来回忆土壤沉积实验，并将这一过程与河流的作用类比，从而使学生形成猜想：河流在陡坡处流速快，会发生侵蚀作用；在缓坡处流速慢，会发生沉积作用。

然后进行河流的模拟实验，验证河流对土地的作用。实验探究完成，再次回到上课伊始的问题：为什么长江上游容易形成峡谷，中下游容易形成平原？用科学知识解释生活现象，首尾呼应的同时也使科学探究具有实际意义。为了进一步检验学生的学习效果，授课教师出示地形图并提问：长江入海口的崇明岛是如何形成的？观察崇明岛 1960 年和 1987 年的对比图，启发学生思考：崇明岛发生了什么变化？为什么？未来崇明岛会有什么变化？使学生的思维进一步深入。

本节课，将探究问题镶嵌在学生熟悉的生活情境中，从长江源头到长江尾的崇明岛，一条长江贯穿全课，保证了学生思维的连贯性，每一个探究任务都依托现实情境，借助生活实际问题推动学生思维，激发了主动探究与思考的积极性，帮助学生在头脑中形成科学概念,促进了思维的提升,同时又用本节课所学的知识解释生活中的现实问题,发展了学生的迁移能力与应用意识。

7.1.2 《轮轴的秘密》教学案例对比与分析

《轮轴的秘密》是教科版小学科学六年级上册《工具和机械》单元中的第4课。本课学生学习目标是:认识到在轮轴的轮上用力能够省力,且轮越大越省力。为了达成这一学习目标,教材从生活实际出发,从回忆使用水龙头的经历开始,将学生的注意力吸引到观察水龙头的构造上,认识到像水龙头这样的由轮子和轴固定在一起,可以转动的机械被称为轮轴。接着以水龙头为例,通过感受拧轮和拧轴的区别,感受轮轴的作用。再通过组装实验装置,将看不见的力转化为可以计数的砝码数量,研究轮轴的作用,得出轮轴能省力的结论。最后改变轮的大小,进一步实验,得出更大轮的轮轴更省力的结论。

教材中的导入部分联系了生活实际,然而在实验部分使用的轮轴实验装置与导入部分的情境关系不大,二者衔接稍显生硬,学生在上课时容易对学习内容失去兴趣。生活化教学通过设计一个可持续研究的真实生活化问题,并将这一个问题分解成几个由易到难的小问题,引导学生解决问题的同时在头脑中建立科学概念。

基于这一设计理念,本案例设计了"如何把井中的水桶提起来"这一生活化问题,并制作了提水桶模型。借助这一模型,学生能够在改进工具的过程中将思维具象化,理解使用轮轴的意义。

授课教师将改进工具的实验分为4个阶段,第一阶段:将一根小木棒垂直插在轴上,转动小木棒带动轴转动提起重物,和直接转动轴提起重物比较,切身感受使用小木棒可以省力;第二阶段:用弹簧测力计分别测出直接提起重物和使用工具提起重物使用的力,比较两个力的大小得出使用工具可以省力的结论,同时对学生在木棒上的测量位置也不做要求,期待学生发现在木棒的不同位置提起重物时用力大小是不同的;第三阶段:使用弹簧测力计比较用长木棒和短木棒哪个更省力,得到用长木棒更省力的结论;第四阶段:利用四根木棒改进实验装置使其更便于操作。

本节课自始至终围绕如何改进提水桶的工具使其更加省力方便进行,引导学生根据自身需求改进工具,并用科学的方法研究、解决生活中的问题,从中习得科学概念,是生活化教学的典型案例。

7.1.3《斜面的作用》教学设计对比与分析

《斜面的作用》是教科版小学科学六年级上册第 1 单元《工具和机械》中第 7 课。本课学生学习目标是:利用模型完成真实任务,发现问题并实验探究斜面省力规律;通过对本课的学习,学生通过亲身体验,感受简单机械斜面能解决生活中的问题,了解社会的需求是科学技术发展的动力。为了达成这一学习目标,教材从生活实际出发,以盘山路和推油桶的照片引发学生思考 "为什么这样做?"从而聚焦斜面这一话题。随后,教材呈现典型斜面实验,学生通过实验获取数据进行分析比较,得出斜面省力的结论。

表面上看本课是从生活出发,解释生活中的现象,但是整体缺乏从生活中问题转向可研究问题的设计。在学生学习过程中思维也不连贯,典型实验和情境任务缺乏联系,学生无法将二者紧密结合进行探究与思考。生活化教学旨在课堂教学中设置真实生活化问题情境,在创设学生主动学习情境的基础上能够围绕真实任务,设计教学过程。设计探究的任务活动要有效、真实、贯穿始终,来驱动学生主动学习,保证学生投入学习。在课堂教学中帮助学生形成解决实际问题的能力,同时也将学科知识迁移应用进行实践和应用。

为实现以上课题理念,本案例设计并制作了山路山体模型。此模型中的山体能为学生创设情境,将思维具体化,帮助学生在真实任务驱动下,顺利开展探究活动。同时,模型中的山路,可以帮助学生自主设计制作、取下观察形状,帮助学生从真实任务出发,投入学习。学生的前概念从"像能推油桶这样的搭在汽车车厢上的木板是斜面,斜面能省力"到现在能在头脑中建立与变形斜面的初步联系。

学生在打开"山路"后变成斜面,这时学生会注意到斜面的不同点,进而开展探究斜面作用的典型实验。学生通过观察比较,直观发现 3 种山路形状不同。随后,利用材料的延展性,将 3 种"山路"分别平铺拉直。帮助学生发现这 3 种斜面不仅形状不同,而且长度不同,以此聚焦斜面长度与省力程度关系这一核心问题。至此,学生将生活中的发现转变为可探究的问题。思维上将抽象思维转变为开展实验探究活动的具象思维。

利用山路山体模型及探究平台,开展拉动小车实验并测量倾斜角度。通过数据分析,帮助学生得出斜面能够省力的结论和规律。

最后,斜面合并后可以绕回山体,与生活中的盘山路、螺丝钉等变形斜面建立联系。学生在本节课的学习中,不仅可以主动开展科学实践活动,提高对建立斜面模型的认识,而且能深入理解山路、螺丝钉及生活中其他变形斜面的认识。

本课是典型的生活化学习案例,教学设计考虑了学习者的需求,引导学生进行基于自身需求开展学习活动。在真实任务驱动下,在已有前概念基础上开展探究活动,学生在活动中不断地自授课教师修复前概念并建构正确的科学概念。培养学生意识到学习无处不在,问题来源于生活,学习能解释生活中的现象。

7.1.4《做一个测量纸带》教学案例对比与分析

《做一个测量纸带》是 2017 版教科版科学一年级上册《比较与测量》单元的第6 课,在这节课之前,学生们已经学习到比较要统一起点才能保证比较公平的比较的规则,也体验了用手及各种不同的物体来测量的多种测量方法,这时,一个更加简便和更加准确的测量工具的出现顺理成章,符合学生的认知规律。通过制作测量纸带,学生进一步深化对测量需要方便、准确等概念的理解。

这节课在设计的时候是先让学生自己体会带格子的纸带是如何产生的以及产生的必要性,再让学生自己制作带有格子的纸带从而体会测量工具产生的成就感,最后用自己做好的纸带带入到生活中体会测量工具改进后的优点,从生活中来到生活中去。

低年级学生正对生活的世界形成初步的印象,他们擅长发现物体的相同点和不同点,喜欢用看到的、听到的生活中的现象解释问题。所谓生活化的教学情景是指在化学小实验的实施过程中,有目的地构建的小学低年级学生能够理解的生活化场景,从而引发学生的学习兴趣与认知冲突。以 2017 版教科版科学一年级上册《做一个测量纸带》教学片断为例,分析生活化教学的应用。

案例:

教科版一年级科学《做一个测量纸带》

教学片断(一)

教师:上节课授课老师做了一个测量工具,谁能用这个工具来测量一下这个小瓶子的高度?(出示小木块)

学生操作后,得出:瓶子有 3 个多小木块的高度,用 3+表示。

教师:授课老师现在还想知道小瓶子的一圈的长度,你们谁有好方法?

学生:用纸带。

教师:你能用表示小瓶子高度的方式,表示出这个小瓶子的一圈是多长吗?

学生:拿下了用尺子测量纸带的长度。

教师:能不能不把纸带拿下来测量,就知道瓶子一圈的长度?

学生:在纸带上画小方块。

在小学科学的课堂,学生的探究活动是在教师设计的相关任务驱动下完成的,以任务驱动的方式开展教学。用之前的学过的知识,学生可以很好地完成一些物体的测量,但是对于一些不好测量的物体,原先的实验方法就很难实现。新的问题产生新的认知冲突,在新的任务的驱动下,学生会自主地想办法完成任务。对于学生来说,亲自发现问题,提出方案解决问题,完善方案,这样印象会更深刻,测量瓶子的围度这个简单的小实验比较贴近现实生活,很好地诠释了"科学来源于生活",学生体验了发现问题,解决问题的过程。

教学片断(二)

分组实验:学生在纸带上画上方格,并测量瓶子一圈的长度,得出结果——小瓶子一圈的长度为 6 个多方格,用 6+表示。

教师:为什么每一组的结果都是 6+?

学生:小格子的大小一样,制作纸带的方法一样。

教师:改进之后和改进之前有什么相同和不同?

学生:仍然用纸带测量,但是可以直接说出小瓶子一圈的长度。

教师:能用这个工具测量小花盆下面一圈的长度吗?

学生发现问题:纸带太短,没办法测量。

教师:有什么好的改进方法?

学生:把两个纸带粘在一起。

教师播放微课视频,指导学生连接纸带。

对于低年级的学生,考虑到学生的年龄特点,教师很容易采取"手把手式"教学,直接将实验方法及实验目的告知学生。或许直接播放制作纸带的视频,学生也能学会如何制作纸带,学生只是单纯的模仿动作,探究能力、思维能力并没有得到提升,这是与授课教师们的教育理念是背道而驰的。从片断二的环节中,可以看出,教师为学生搭建"脚手架",从学生的生活认知出发,在完成测量小瓶子的周长后,会提升学生的成功感,再次提出新问题——测量围度更大的花盆。

基于以上以及更多的教学案例进行比较,总结出了8项小学科学生活化课堂教学的特征。

1.创设真实情境,聚焦真实任务,紧密联系本节课所要探究的问题。

2.情境创设贯穿学习主线始终,围绕情境主线设计教学环节,利用层层推进的任务链,始终围绕主线开展课堂教学。

3.建立生活中问题与可探究问题的联系;建立探究问题与生活现象的相联系。

4.关注课堂教学活动的首尾呼应,建构的科学概念要能够解决上课伊始设置的情境问题,完成真实任务需要,能够解决生活中的实际问题。

5.创新使用教材,改编或替换不紧密联系学生实际生活的教材内容。

6.开发创新性教具,使用生活常见材料,紧贴生活实际,开展科学探究实验活动。

7.利用现代信息化技术手段,帮助学生理解探究问题的生活化现象。

8.技术与工程类课型,教师应当紧贴工程师真实工作,并行重视开展设计与制作两项内容。

7.2　开展生活化课堂教学的7项原则

课题组成员在对比分析成功优秀教学案例的基础上,依据分析报告中的分析成果,开展实施生活化科学课堂教学实践活动,分别对照七项特征结合教学效果进行对比、分析,总结为能够指导教师开展生活化课堂教学的7项原则。

7.2.1 创设真实情境,聚焦真实任务,紧密联系探究问题

(1)《空气有质量吗》一课导入环节

教师出示未充满气的皮球,提问:如果把更多的空气压缩进皮球,它会有什么变化?

学生通过掂一掂的方式,感受皮球充气后是否变重。

感受皮球质量的变化,学生分享自己的观点。

空气是否有质量呢? 我们今天一起通过实验的方法验证一下我们的猜想。

本环节选择绝大多数学生都有的生活经历,利用生活中常见的给皮球充气的活动,引发学生思考皮球有什么变化。学生根据已有的前概念"空气是有质量的",联想到皮球应该变重。再通过掂一掂,产生认知和感受的差异,引出本课研究空气是否有质量的问题。更容易吸引学生快速、主动参与课堂探究活动。

(2)《食物包装上的信息》一课探究活动

有几种不同包装的牛奶,带哪个更适合和你家人一起去长途旅行?

铝箔盒装牛奶保质期在 3~6 个月不等;纸质袋装牛奶保质期为 45 天;塑料袋装牛奶保质期为 30 天;保质期最短的是玻璃瓶和屋顶盒包装,仅 1~3 天。

它们的保质期与包装有什么关系?

如果教学中只出示牛奶图片,让学生对着图片讲说,不仅没有代入感,更忽略了本课的教学重点。本教学环节教师准备了多种牛奶制品的包装,创设长途旅行的真实生活情境,用选择食物的真实任务驱动学生观察同一种食物不同包装的保质期,聚焦本课的教学重点。

(3)《认识几种常见的岩石》一课引入环节

学校的花坛破损了,1 号岩石就是破损的一部分,我找到了 2 号岩石想要修补,这两块岩石是不是一样的?

为什么不是同一种呢?1 号岩石什么颜色?2 号呢?

除了颜色不一样,细节上还有哪些地方不一样呢?我们可以借助放大镜再来观察一下。谁可以说一说?

本课的引入环节出示学校里破损的花坛图片,要想修补花坛,我们需要找到同种的岩石。利用学生身边的情境引入,通过真实解决修补问题的任务,引导学生开展科学观察和对比岩石的特点,以此开展学习活动,使学生学习具有主动性和实际意义。

7.2.2 设计围绕情境主线、层层推进的教学环节

(1)《河流对土地作用》主要教学环节

聚焦长江地形,引出问题

学生观看长江视频并思考:长江的上游和中下游分别有什么特点?

类比沉积实验,形成猜想

长江陡坡处流速快,缓坡处流速慢。水流速度不同会对两岸的土地产生什么

不同的影响呢？

学生依据学习的土壤沉积实验进行科学推测。

讨论分析现象，得出结论

解释长江上游容易形成峡谷，中下游容易形成平原的地形成因。

在教学实践中发现，本节课为了保证学生思维的连贯性，可以将长江全线地形地貌作为情境主线贯穿全课。每一个探究活动都依托此情境，借助实际现象推动学生思维发展。同时最后用本节课所学再次解释生活中的现实问题，发展了学生的迁移应用的高阶思维能力。

(2)《认识几种常见的岩石》主要教学环节

联系生活，创设情境

学校的花坛破损了，1号岩石就是破损的一部分，我找到了2号岩石想要修补，这两块岩石是不是一样的？

为什么不是同同一种呢？1号岩石什么颜色？2号呢？

观察岩石的特点

现在你找到哪块岩石与1号岩石是同种岩石了吗？你怎么知道的？1号与3号岩石的颜色完全相同吗？

结论：颗粒特征相同，所以它们就是同一种岩石。

我们找到了和花坛一样的岩石了，可以修补花坛了，你知道他们是哪种岩石吗？

识别岩石种类

刚才有的同学说2号岩石是石灰岩，你觉得他是通过什么来判断岩石种类的？(岩石颜色)这样判断准确吗？大家看1、3号岩石的观察结果，你有什么发现？

这些岩石都是花岗岩，它们的颗粒特征相同，但是岩石的颜色不同。

说明：相同的岩石有可能有不同的颜色。

经过大家的提醒，看来我还得找一块颜色相同的岩石进行修补。

本课始终围绕修补学校花坛为主线来开展教学，要想找到相同的岩石，就要先观察岩石的特点，观察岩石的特点后，利用观察结果进行对比、分析后，识别出与花坛相同种类的岩石。这种以生活化的情境任务贯穿教学始终，有利于课堂的层层推进，让学生利用所学知识解决生活中的问题，激发学生的学习动力。

(3)《做一个测量纸带》主要教学环节

聚焦活动:无法用原测量工具测量小药瓶周长。

改进测量工具制作测量纸带,方便、准确测量小药瓶的周长。

加长测量纸带,方便、准确测量小花盆周长。

为测量纸带标记数字,方便、准确测量大花盆周长。

学生总结梳理改进过程,体会测量工具开发制作原则、目的与过程。

本课遵循生活化教学理念,设计了改进工具以测量不同物体周长的任务链,从最开始的测量小药瓶周长到测量小花盆周长,再到测量大花盆周长,用同一情境贯穿学习始终,利用真实的任务,驱动学生主动地进行探究。引导学生在一次次的解决问题、改进工具的过程中对于测量工具进行进一步地认识和学习。这样设计能够让学生明确改进测量工具的目的,更深刻地理解改进的原理。

7.2.3 建立生活中问题、探究问题、生活现象三者的联系

(1)《食物包装上的信息》观察食品包装袋信息

我们在选择食物的时候是不是要考虑安全与营养?

我们从哪里可以得到它们的信息。

我给大家准备了食品包装袋,大家找一找上面都有哪些信息呢?

这些信息,哪些是属于营养方面的;哪些是属于安全方面的呢?有没有说不清楚的呢?

我们现在每组都来观察同一饼干包装上的信息,并进行分类,咱们小组合作来填写观察记录单,一会儿我们来汇报。(学生进行观察并汇报)

购买食物是我们日常生活中常做的事情,但是学生从未认真观察也没有仔细思考过食品包装袋上的信息。本课教师创设真实的任务情境,准备常见的食物包装让学生们观察分析。依据教学活动将生活中的现象聚焦为可探究的问题,将生活中的问题与探究问题进行联系,帮助学生聚焦问题开展科学探究活动,同时思维方式也逐步深入。

(2)《各种各样的运动》探究物体运动形式

用手指比画课件出示的运动。

出示跷跷板、秋千、雨刮器、摆钟的图片,教师示范,学生动手操作。

出示玩具车运动视频,学生再次动手比画小车运动。

学生操作中发现问题:车身和车轮的运动方式不同。进而发现同一物体的不同位置,运动形式不一定相同。

本教学环节选用生活中许多常见物体的运动图片,以便将生活现象与可探究问题相联系。采用手指比画的方式来引入课题,既能引发学生思考又能激发学生学习兴趣。随后学生动手比画小汽车的运动,发现同一物体不同部分的运动形式也可能会不同。由于用手比画这种方式只能适合单一运动形式,无法描述小汽车这样的多种运动形式,进而产生如何记录复合运动形式的新任务,顺利将生活中的问题通过认知冲突转变为可探究的问题,以此学习描述物体运动的方法。

(3)《不同材料的餐具》导入环节

我们每天都做的一件事是什么?

学生回答,聚焦:吃饭。

出示小朋友用手抓饭的图片,大家平时吃饭是跟图中的小朋友一样吗?

学生回答,聚焦:吃饭——餐具。

你平时使用的餐具是什么材料的?(学生自由回答)

为什么大家使用的餐具材料不一样,不同材料的餐具有什么区别和作用呢?今天我们就来一起研究一下。

餐具是生活中必不可少、很熟悉的物品。然而学生却极少关注制作餐具的材料及这些材料的特点。了解材料的特征和应用是本课的教学目标。所以本课聚焦为什么相同餐具使用不同材料这一问题尤为重要。在本环节设计中,体现"从生活中来到生活中去"的特点,将生活中有不同材料的餐具这一现象,转化为不同材料的餐具有什么区别和作用的问题,进而开展针对不同材料特征的科学观察与分析。

7.2.4 建构的科学概念能够解释生活现象、解决生活问题

(1)《河流对土地的作用》教学环节

导入环节:学生观看长江视频并思考:长江的上游和中下游分别有什么特点?

引出问题:长江陡坡处容易形成峡谷,缓坡容易形成平原。这是由于河流对土地产生了怎样的作用?

拓展环节:学生解释:为什么长江上游容易形成峡谷,中下游容易形成平原?

在很久很久以前,是没有崇明岛这个岛屿的,你知道它是怎样形成的吗?观察

崇明岛1960年和1987年的对比图,崇明岛发生了什么变化?为什么?未来崇明岛会有什么变化?

首尾呼应,学生的回答也证明了本节课的教学目标落到了实处。为了进一步检验学生的学习效果,发展学生整合知识进行迁移解决问题的能力,我启发学生思考:崇明岛发生了什么变化?为什么?未来崇明岛会有什么变化?学生的思维逐步走向深入,利用科学概念解决问题的能力进一步增强。

(2)《影子的秘密》研讨活动

本课导入环节设置的问题是:太阳的位置和影子的变化究竟有什么样的联系?

探究环节通过模拟实验得到了影子大小、方向、长短与光源、遮挡物的关系。

研讨活动中,在探究实验结论的基础上,再次讨论太阳的位置和影子的变化之间的联系,引导学生利用本节课建构的科学概念解决生活中的实际问题。

研讨活动的设计与本课的导入环节首尾呼应,体现了生活化教学理念中建构的科学概念要解决生活中的实际问题的要求。这一设计能够让学生明确本课的学习目的,学会举一反三,利用科学知识解释生活中的现象。

(3)《月球——地球的卫星》导入与研讨设计

导入环节:创设情境,提出"月球适合人类居住吗"这个问题,引发学生的研究兴趣。

探索环节:查找、阅读、观看资料,模拟环形山等活动收集月球是否适合人类居住的证据。

研讨环节:总结月球特征,回答"月球适合人类居住吗"这个问题。

研讨活动与导入环节首尾呼应,体现了生活化教学理念中建构的科学概念要解决生活中的实际问题的要求。本课是一节资料阅读课,主要是让学生了解我们的邻居月球的特征,结构比较松散。这一设计将本课的内容穿针引线,联系起来,帮助学生明确本课的探究目的,保持探究兴趣。

7.2.5 改编或替换不紧密联系学生实际生活的教材内容

(1)《通过感官来发现》一课区别感觉与知觉

看图片中的物体说一说它们的特点。

这些特点哪些肯定是我们看到的?哪些是我们想到的?

你看到了凹凸不平想到它粗糙；你看到了有热气和水珠想到热水；我们以前吃过这样的豆包想到它有香味和甜；我们以前听过扩音器的声音想到有声音，像我们同学这样有依据的想叫推测。

本课书中出示的4幅图片分别为石头、热水、音箱、豆包。这4种物品虽然都是我们生活中常见的，但其中一些图片具有地域性，给孩子的判断带来了一些困扰。我们将书中包子形状的豆包改为贴近生活的豆包；将音箱换为学生常见的教室中的音箱；岩石更换为学校花坛的花岗岩。将教材内容贴近学生的日常生活，帮助学生贴近生活发现问题，通过贴近生活的材料来开展探究。学生的科学知识很好地与生活实际相结合，提升学生的知识迁移能力。

(2)《空气占据空间吗》实验导入

把纸巾放入水中，纸会怎样？

学生预测纸会被水浸湿。

我可以让放入水中的纸巾不被打湿，你相信吗？

演示杯子入水，杯中纸巾不湿实验。

为什么有的纸巾被水浸湿，而有的没有被水浸湿？

引导学生自己得出结论：空气占据空间。

生活中还有哪些空间被空气占据的例子？

在《空气能占据空间吗》的教学实施过程中，发现使用教材中乌鸦喝水的故事导入引导学生思考空气是否占据空间，从迁移知识与思维方面有些牵强，学习内容过于抽象，没有形象具体的现象帮助学生发现问题开展思考。学生只能被动按照教师提供的实验要求和步骤进行验证实验学习活动。学生缺少了设计实验能力培养，也无法理解实验作用与意义，不利于培养学生科学探究能力。教学中通过以上演示实验引导学生观察将杯子倒扣到水里纸团不会被水浸湿的实验现象。激发学生认知上的冲突，从而开展科学探究实验，分析水没有进入到杯子底部的原因，理解空气能够占据空间的科学概念。学生在学习过程中主动思考、主动探究、发展思维。

(3)《点亮小灯泡》一课认识小灯泡的构造

请大家观察小灯泡，它是什么结构的？

灯泡太小了，看不清楚。

出示大灯泡模型以及解剖模型。说一说灯泡的构造。

学生们小组讨论灯泡的构造。

科学探究离不开生活化的探究材料。在《点亮小灯泡》一课中的认识小灯泡构造的环节,书中给孩子们展示了一个小灯泡的平面示意图,它甚至不是实物图,但示意图和平面图本身很难让学生对灯泡结构有深刻认识,不能激发学生的具体形象思维,也就对后面教学难点的理解造成了困难。本课利用身边常见的材料制作灯泡模型,模型还原了真实灯泡的结构特点,并抓住真实灯泡的特征,把复杂的灯泡结构加以简化,方便学生找到本质的属性和规律,发展抽象思维能力。

7.2.6 开发创新性教具,紧贴生活实际,开展科学探究实验活动

(1)《骨骼、关节和肌肉》一课研究肌肉的作用

确定参与运动的肌肉及肌肉的位置。

用图片介绍上臂的肱二头肌和肱三头肌,并让学生在自己的身体上找到这两块肌肉。

用气球模拟肌肉,将两个气球连接在上肢模型的正确位置。

感受肌肉的变化。

出示学生连接好的上肢模型,引导学生思考在真实的屈臂伸臂运动中,我们的肌肉是否有变化?

引导学生思考气球如何模拟肌肉的变化。

用模型模拟肌肉的真实变化,并进行总结。

确定肌肉带动骨骼运动,即:肌肉牵引骨骼。

学生在模拟上肢运动时一般是推动模拟骨骼的木条,引导学生发现拉动气球也可以使模型手臂弯曲或伸直。

了解肌肉的作用是本课的重难点,本课选择用木条、合页和气球制作上肢模型。通过模拟实验帮助学生建构完整准确的科学概念。利用学生身边就能够找到的材料制作模型,更贴近学生的生活,学生可以将课堂学习到的方法延伸应用到生活中,为自主学习奠定基础。

(2)《河流对土地的作用》一课的实验环节

师生交流、生生交流设计实验方案。

学生实验。

提问:河流对土地产生了怎样的作用?

师生先讨论侵蚀作用,学生分别进行汇报。

你还注意到哪些现象能证明河流对土地产生了侵蚀作用?

你发现了什么证据能说明河流对土地产生了沉积作用?学生汇报3号位置的数据。

本课的实验原型,在教学中发现了一些困难,比如不利于所有学生观察实验现象、容易污染实验环境等。通过改进,制作了一体化的实验装置,这个实验装置在观察过程中,不需要学生倒水、接水,简化了学生的操作过程。学生用小尺子测量出河水流过河道后的宽度和深度,对比实验前的数据,更加严谨、科学。在河道上铺上蓝色沙子,河水流过陡坡,会带走蓝色沙子,从而证明河流对土地产生了侵蚀作用。在陡坡内部较浅的位置放入白色石子,河水流过陡坡,白色石子会露出来,便于学生从多方面看到河流侵蚀土地的过程,促进对侵蚀和沉积作用的理解,为实验后的深入讨论做铺垫,有效培养了学生的证据意识。

(3)打靶活动,探究光的反射的规律。

平面镜打靶活动。

教师出示打靶装置,引导学生思考打靶的方法。

学生分组实验,教师参与指导。

学生汇报打中靶心时光的路线图,教师板书。

白纸打靶活动。

将平面镜换成白纸,进行打靶活动。

学生汇报实验现象和推测。

学生解释现象形成结论,教师板书。

本课研究的问题是相同的光源遇到不同的物体反射现象是否相同。在平面镜打靶游戏中,重点通过引导学生交流打靶成功的经验,是利用了射入的光方向发生变化时,反射的光方向也发生改变的原理。基于平面镜的打靶游戏后,鼓励学生将平面镜换成白纸,继续探究光遇到白纸的现象。引导学生根据观察到的实验现象,分析研讨白纸是否发生了光的反射,从而梳理肯定光遇到物体都会发生光的反射现象。再次观察盒内两种物体,比较分析相同的光源,不同的现象,发现是物体表面光滑程度不同反射效果不同。

7.2.7 模拟工程师真实工作开展技术与工程类型课

(1)《制作塔台模型》

在制作时,让学生带着以下问题进行制作,将制作中的反思以及新想法及时记录在《学生活动手册》中。

问题一:对照评价表,我们认为小组建造的塔台会在哪些方面表现较好,在哪些方面会出现问题。

问题二:我们对小组建造的塔台满意吗?通过实际的搭建活动对塔台设计有什么新想法?

在制作模型时,让学生带着这两个问题进行设计与制作。像工程师那样思考、制作模型,真实的任务驱动使问题更加直观,学生在发现问题时马上记录问题—小组研讨—解决问题,这可以培养学生的科学素养。在制作过程中出现问题时学生要像工程师那样对图纸进行标记、研讨、修改,最后再实施制作,学生们体验了工程师的工作,体会建造工程的烦琐,也深刻感受到模型制作是设计环节中的内容。教学模拟真实的工程,让学生们真正像工程师一样进行工作,加深对工程的理解,激发学生主动思考探究,发展思维能力。

(2)《制作我们的小乐器》

教师举例介绍中国民族乐器排箫、象脚鼓、三弦的选材、设计、制作、发音、定音的知识。

根据本单元学到的有关声音知识,尝试设计自己的小乐器。把你的设计画在图纸上。

完成设计乐器的要求:

在弹拨、敲击、吹奏3个发声方式中任选其一。

选择生活中常见的制作材料。

选取符合自己能力,同时适合在课上完成的制作工艺。

设计可以改变音高的方法。

制作环节:

严格按照设计图纸进行制作,如有更改,要先在设计图上进行改动。

制作完成后小组内进行检测,保证发出声音和改变音高。

对于技术与工程类课型,不能上成美术课或者手工课。学生要真正像工程师那样思考、设计、制作、检验、改进,深刻到了工程的科学性与复杂性。最终通过设计和制作这两部分,学生的设计思维和实践能力相结合,把本单元已学到的科学知识运用到技术与工程中,使学生有目标有兴趣地主动学习。

以上是课题组对于分析后成果的课堂教学应用实践成果。课题组在课堂教学中从分析报告成果中的 8 项特征总结为能够指导教师开展生活化课堂教学的 7 项原则。通过长期多次的各种课型的教学实践研究与观察,总结出以上 7 项生活化课堂教学的实施原则与实施出发点。课题组总结出一套卓有成效的生活化科学课堂教学方法,能够帮助学生顺利、主动地开展科学探究活动;培养科学素养、发展科学思维。

7.3 小学科学生活化课堂教学方法与策略

7.3.1 以紧密联系核心问题的真实情境、真实任务驱动学生主动探究

(1)运用信息化技术辅助情境创设

信息化技术手段便于将不容易观察到的、距离生活较远的内容呈现在学生面前,便于学生观察、比较、发现。在小学科学课堂教学中有不可替代的作用。合理并巧妙地使用信息技术手段有助于创设情境帮助学生开展主动探究学习。

《河流对土地的作用》一课的导入环节,运用信息化技术创设了长江的情境,使学生身临其境感受到长江陡坡处流速快、缓坡处流速慢,从而引出探究问题,激发学生探究欲望。

四年级上册《食物在身体里的旅行》一课,学生用模拟实验的方法,了解了人体的消化器官及其各自的功能,但是对于食物在人体内的消化过程,不能直接观察,没有生活经验,学生只能通过资料完善自己的认识。因此,利用微课视频,演示和再现食物在人体内的消化过程,以帮助学生观察和总结人体内的消化器官及其作用,提供了有效的支持。

(2)建立有效的探究任务

有效并合理的探究任务是实现生活化学习的重要策略。真实任务、待解决的问题都是生活中经常遇到的情况。使用聚焦真实任务方法,帮助学生开展探究活动,来驱动学生主动学习,保证学生投入学习。在课堂教学中帮助学生形成解决实际问题的能力,同时也将学科知识迁移应用进行实践和应用。设计任务要注意 3

个方面：一是情境主线要与教学目标相符合；二是任务具有连贯性，驱动学生层层推进；三是任务难度略高于学生的探究基础。

在《各种各样的运动》的探究环节，情境主线为如何表示物体的运动形式？最先呈现的是单一运动，学生们发现用手指比画的方式就可以描述物体的运动形式。当出现复合运动时，新的任务需要新的探究，学生们围绕情境主线探索新的描述方式，进而引出"观察点"这个概念。

《空气有质量吗》一课，用研究打入10筒空气后皮球是否变重作为本课探究任务，学生很快就能想到用天平称一称充气后皮球是否比充气前的皮球更重这样的实验方法，大大节省了学生实验设计的时间。

《食物包装上的信息》一课的主要环节设计都运用了真实任务驱动法，在教学时出示学生经常看到的各种包装的牛奶，激发学生的兴趣，在学生的认真观察下发现不同的包装牛奶的保质期不同，创设的生活情境，让学生们选择不同的牛奶，聚焦本课教学重点，深入贯彻科学知识为生活服务的教学理念。

（3）通过实验现象与学生认知产生冲突

在《空气能占据空间吗》一课导入环节教学设计中，使用实验现象与学生认知产生冲突的方法，帮助学生开展进一步的实验探究活动，使得学生积极主动思考理解空气能够占据空间的科学概念。

7.3.2　围绕情境主线，设计有层次有逻辑的教学环节

（1）挖掘情境与学习任务的逻辑关系，精心设计探究问题

《河流对土地的作用》一课的探索环节。挖掘长江情境与"探索河流对土地的影响"中两个探究活动之间的内在逻辑关系，设计了"水流速度不同会对两岸的土地产生什么不同的影响呢""河流对土地产生了怎样的作用"两个探究问题，推动了学生思维的发展，帮助学生在头脑中形成科学概念。

《斜面的作用》一课的教学设计中，使用了围绕情境、层层推进的方法。先创设了一个运米上山的情境，然后引导学生逐步开展"设计山路""选山路""取山路""比山路""验证山路""对比分析山路"活动。山路情境贯穿始终，直到分析对比环节才把情境中的山路转化为科学中的斜面概念，使得学生在情境中经历了一个完整的探究过程，建构了斜面能省力的科学概念。

(2)统一情境法,设计同一情境中不同层次的任务

《做一个测量纸带》一课的主要环节设计都使用了统一情境法,帮助学生开展学习。帮助学生明确改进测量工具的目的,更深刻地理解改进的原理,提高了学生的科学兴趣,培养了学生的科学素养。

《认识几种常见的岩石》一课使用了统一情境法,始终围绕修补学校花坛为主线来开展教学,让学生们观察、分析岩石的特征,学会辨别岩石的简单方法,学生可以利用方法辨别生活中常见的岩石,从而找到可以修补花坛的岩石,让学生们利用所学知识解决生活中的问题,培养学生解决问题的能力。

(3)充分利用学生前概念,利用学生生活中常见事物开展学习

《找拱形》一课,在学生观察之前,要使用明确观察目的、充分利用已知事物的方法,帮助学生从观察角度、观察方法、理解分析等角度全面学习,有利于课堂教学顺利、高效开展。

《磁铁的两极》一课,使用多种方法,运用不同材料逐步探究磁铁不同部位磁力的大小,带领学生用科学的方法去研究磁铁。用质量不同的回形针、订书钉和铁粉来分别验证不同部位的磁力,证明了磁铁两极磁力最强,向中间逐渐减弱,最中间也有一点磁力。用科学严谨的方法,对学生生活中已有的磁铁知识进行补充与强化,达到了贴近生活,为生活服务,在生活中实践、成长的目标。

7.3.3 建立生活中问题、探究问题、生活现象三者的联系

(1)生活现象与可探究问题相联系

《声音是怎样传播的》的导入环节中,以最为生活化的现象——交流来创设问题情境,让学生将"相互交流"与"声音传播"联系在一起,进而引出本节课的主题"声音是怎样传播的"。从生活现象找出可探究的问题,可以更好地激活学生的学习兴趣。

《不同材料的餐具》这节课主要是学生利用多种感官观察生活中常见的材料,并能了解它们的用途。在导入环节中,我采用学生生活中常玩的一个小游戏导入,既能达到复习多种感官的用途也能激发学生的学习兴趣,进而再提出最为普遍的生活问题,由生活问题回顾生活现象,由生活现象建立探究问题,层层深入。

(2)生活中的问题与可探究问题相联系

《食物包装上的信息》一课,利用日常生活中大家关注的食品安全与食品营养

问题,让学生思考我们在购买食品时是否关注过包装上的信息。为学生准备一些食物包装,其中包括校外购买的小食品包装,让学生们关注包装上安全与营养的信息,帮助学生聚焦本课重点问题开展科学探究活动,让学生了解在生活中不同的人群要选择不同的食物,落实科学概念的同时提升学生的科学素养。

7.3.4 解释生活现象、解决生活问题

(1)采用首尾呼应的方式,解决上课伊始的问题

《河流对土地的作用》一课的拓展环节的教学设计中,回到上课伊始的探究问题,与"为什么长江上游容易形成峡谷,中下游容易形成平原"首尾呼应,学生的回答证明了本节课的教学目标落到了实处,也培养了学生解决问题的能力。

(2)思考解决生活中的实际问题

《河流对土地的作用》一课的拓展环节。提问学生崇明岛的成因,并引导学生预测崇明岛未来会有什么变化。学生本节课所学再次解释生活中的现实问题,将习得的科学概念巩固深化,思维也走向了深入,同时发展了学生的迁移能力与应用意识。

(3)科学概念与生活问题相关联

确保学生建构的科学概念能够解释生活现象、解决生活问题,教学设计中导入环节设计的问题在研究环节得到解决,在探讨环节得到解答。

《影子的秘密》一课的教学设计,使用了关联法。帮助学生展开本课的学习活动,帮助学生明确了做影子实验的目的,提高了学生的科学兴趣,培养了学生的科学态度。

《月球——地球的卫星》一课的导入与探讨环节,使用了关联法,帮助学生以研究月球是否适合人类居住为目的调研月球的特征,帮助学生明确本课的目的,保持学习兴趣,培养用调研方法解决生活中问题的能力。

7.3.5 将教材内容贴近学生生活,符合地域特征

(1)结合实际情况,以相同事物替换教材物品

《通过感官来发现》一课学生们通过各种感觉器官观察发现信息,充分挖掘生活中常见的物品替换教材中由于地域、环境影响不贴合学生生活的物品。这种贴合实际生活的替换使学生发现问题、探究问题更加顺畅,使学生的科学知识很好地与生活实际相联系,尤其是对于低年级学生,这尤为重要,能迅速提升学生理解

问题与解决问题的能力。

《点亮小灯泡》一课将书中的图片替换为生活化的探究材料。书中小灯泡替换为自制大灯泡,让学生对灯泡的结构有了更加深刻的认识。除此之外,模型还原灯泡特征,方便学生抓住本质属性。到底怎样才能点亮这个灯泡呢?激发学生兴趣的同时直指本课重难点,学生抽象思维能力得以提升。

(2)使用生活中的常见问题与现象作为教材内容

《光的反射》一课,分析生活中的光的反射现象,我们会发现不止教材中涉及的有关镜面反射的现象,而更多的是有关漫反射的现象。从生活中的这个现象出发,我对教材进行有针对性的处理。在尊重教材的基础上,进行调整和开发,形成以镜面反射的有关内容为教学重点。同时对比有关漫反射现象的教学活动,让学生在有梯度和针对性的一个个实践活动中,逐步完成教学目标,解释生活中的现象。

7.3.6 建立并使用模型,开展科学探究实验活动

(1)注重量化记录实验现象,培养学生数据分析能力

《河流对土地的作用》一课的实验环节。引导学生观察建立的模型中3个典型位置深度、宽度的变化,学生测量、记录实验数据,使探究变得更加严谨,学生的数据分析能力也得以提升。注重依托证据,引导学生从侵蚀作用和沉积作用两方面的现象进行交流,帮助学生形成科学概念,同时也在潜移默化中提高了学生的实证意识。

(2)选择生活中常见的材料制作创新型教具和模型

学生利用模型,贴近学生的实际生活,方便学生进行探究,可以更直观地观察现象,建构科学概念。

《骨骼、关节和肌肉》一课的探究肌肉的作用环节。选择木条、合页和气球等生活中常见的材料制作模型模拟真实上肢运动,学生通过模型更直观进行观察模拟,最终建构正确的科学知识。

《找拱形》一课导入环节。准备与学生生活联系紧密的物品,帮助学生开展观察圆顶形、球形的活动,使得学生观察生活中常见的物体,总结其特征,再与教材中提供的物体进行对比,最后获取新的知识。

《斜面的作用》一课,使用开发贴近学生生活的创新型教具的方法,帮助学生开展科学实验探究活动,帮助学生将生活中的发现转变为可探究的问题,思维上

将抽象思维转变为开展实验探究活动的具象思维。

《空气的热胀冷缩》一课,教师从探究茶宠能喷水的原因入手,改进生活中极为常见的塑料药瓶来制作教具,帮助学生开展探究活动,最终通过教具将喷水原因与空气热胀冷缩的性质联系起来。不仅能锻炼学生的动手操作能力,还使学生意识到平时上课用到的教具并非那么神秘,制作没有那么困难,只要留心观察开动脑筋,生活中最常见最普通的材料也能用来帮我们开展科学探究实验活动。

(3)利用教具与模型使实验现象数据化

在五年级上册《光和影》中,探究物体影子的大小与物体和光源之间距离的关系时,我开发教具,创新使用带有格子的白纸,作为屏呈现影子,以便观察和计算影子大小的具体数据,通过对数据的分析,使物体影子的大小与物体和光源之间距离的关系,更清晰明了。

7.3.7 像科学家、工程师开展工作一样开展科学课学习

(1)选取生活常见事例模拟工程师真实工作,开展生活化教学

《制作我们的小乐器》一课的教学设计。为了模拟工程师的真实工作,分别在选材、设计、发音、定音的步骤上给学生一个生活中常见的例子去参照和学习,这样能使学生在思维中构建一个乐器的雏形和基本要求。再布置详细任务,使学生在真实任务的驱动下,有目标有顺序地进行制作。任务中明确的具体要求,让学生的设计思维和实践能力结合起来,把物质科学知识运用到技术与工程中,使学生有目标有兴趣地主动学习,主动迁移应用声音的专业知识去解决制作小乐器的实际问题,最终达成生活与学习的有机统一这一目标。

(2)亲身体验科学家、工程师的工作过程

《制作塔台模型》《测试塔台模型》都使用了亲身体验法,帮助学生展开制作与测试塔台模型的活动,这种真实的任务驱动可以让学生们体验工程师的工作,像工程师那样思考,小组讨论塔台模型的建造方案,提升了学生语言表达、小组合作能力,动手建造及测试培养学生的动手动脑、反思改进能力,加深对工程的理解。

以上是课题组通过大量课堂教学实践为基础,总结汇总出的小学科学课堂生活化学习教学的策略和方法。能够为科学教师提供有参考价值、有借鉴意义的教学方法指导。通过实践,以上策略和方法能够有效提升课堂教学质量,能够帮助学生开展主动学习,教学效果明显提升。

思维型探究下以科学论证促进小学生核心概念建构的研究

天津市北辰区教师发展中心　　樊雅富

摘　要:当前科学课堂,教师过分强调对事实性知识的记忆和背诵,忽视让学生对知识的深入理解和迁移应用,因此造成学生所学的概念不系统。针对这个问题,我们课题组借助科学论证这种高阶思维能力,让学生通过科学论证不断充实、丰富概念的内涵和外延,建构科学核心概念。自21世纪以来,国内外许多学者就对这个问题进行了研究,他们发现科学论证可以帮助学生发展科学探究能力, 建构科学知识并促进科学概念的转变与理解,提升科学认识论水平,提升推理能力、批判思维能力和交流能力。但是,我们在搜索相关研究文献中发现,这些学者虽然将"科学论证"与"核心概念建构"从理论上进行架构,提供了一些模式和策略,但在两者关联点研究上,缺少更为具体的教学策略指导和丰富的案例支持。

　　因此,我们以课标为依据,先对小学3个学段的科学概念进行梳理,然后又梳理科学论证与核心概念建构的关联点,寻找它们之间的联系,最后以个案研究法和行动研究法为主,以文献分析法和调查法为辅,边实践,边探索、边检验、边完善,发现了借助这种高阶思维能力,可以让学生在科学论证中不断充实、丰富概念的内涵和外延,形成和掌握概念,进而建构科学核心概念。

关键词:研究方法　研究过程　结论

1 引言

当前科学课堂,教师过分强调对事实性知识的记忆和背诵,忽视让学生对知识的深入理解和迁移应用,因此造成学生难以对知识进行有意义的组织,所学的概念都是碎片化的、杂乱的。针对这个问题,我们课题组借助科学论证这种高阶思维能力,将教学重心从讲述事实转移到使用事实,将学习重心从识记事实转移到理解可迁移的核心概念和对更为根本的知识结构的深层理解,从而内化事实性知识,把识记的事实构成整体教给学生,让事实性知识有机内化到原有认知结构中,帮助学生建构科学知识并促进科学概念的转变与理解,进而建构科学核心概念和发展思维能力。

我们以课标为依据,先对小学 3 个学段的科学概念进行梳理,然后又梳理科学论证与核心概念建构的关联点,寻找它们之间的联系,最后以个案研究法和行动研究法为主,以文献分析法和调查法为辅,边实践、边探索、边检验、边完善,把研究与实践紧密地结合起来,边归纳,边总结。我们在研究中发现,借助科学论证可以不断充实、丰富概念的内涵和外延,帮助学生形成和建构科学核心概念。

2 研究方法

本课题以个案研究法和行动研究法为主,以文献分析法和调查法为辅。

2.1 个案研究法和行动研究法

个案研究法要求研究者主要从课堂出发,针对某一科学课程课例、某一教学阶段或者某一学生发展时期等进行个案研究最终提炼出共性的结论。

行动研究法即在教与学的过程中,边实践、边探索、边检验、边完善,把研究与实践紧密地结合起来,边归纳,边总结,最终形成一套系统的,以科学论证促进小学生核心概念建构的教学策略体系,这是本课题研究的最重要方法。

2.2 文献分析法和调查法

文献分析法作为学习理论、收集信息的主要方法,其中信息资料主要来源于教育理论书籍、报纸杂志以及网络下载的相关资料等。通过这些资料信息的分析与研究,可达到准确地界定课题研究的价值性、可行性及关键概念的内涵与外涵,并制定研究目标与实施方案的目的。

调查法主要调查本市在该课题研究之初,学生的现状、师生理解情况以及对研究过程中、研究之后的状况进行详细跟踪调查,为研究的顺利进行提供事实性依据。

3 研究过程

3.1 项目研究内容

(1)学生论证能力及核心概念的现状摸底。

(2)国内外以科学论证促进小学生核心概念建构的比较研究。

(3)促进学生论证能力及核心概念建构的教学策略的行动研究和案例研究。

3.2 项目研究过程

本课题研究分 3 个阶段实施:

第一阶段:准备阶段(2019 年 12 月至 2020 年 3 月)

第一步:文献检索,了解国内外研究现状。

3.2.1 科学论证的研究现状

21 世纪以来,科学论证已经成逐渐成为科学探究最重要的特征,成为科学教育的研究热点和有效教学策略。库恩(Kuhn)指出:论证是指利用一些证据来支持自己或反对他人意见,主张或结论的过程。图尔明(Toulmin)提出了著名的图尔明论证模型,这个模型描述了论证的基本组成成分,包括主张、数据和资料、证据、支持理论、反驳和限定词。奥斯本(Osborne)等人依据图尔明的论证模式将论证的品质区分为 5 个层次：第一层次，论证过程只包含简短的主张，第二层次，论证过程由带有数据、证据或支持的主张组成，但不包含任何反驳；第三层次，论证过程呈现一系列带有数据、证据或支持的主张，有时也呈现较为薄弱的支持性反证；第四层次，论证过程呈现一个主张及一个明确的反证，也可能同时具有一些主张或对立主张；第五层次，论证过程呈现超过一个反驳的延伸性论证[1]。

3.2.2 科学论证教学策略

科学论证教学策略可以分为 3 种类型：第一，浸入式教学策略。该教学策略将论证活动整合到学生科学实践中，让学生参与真实的实践活动，有效地促进学生学习和理解科学知识，培养学生的科学思维能力，提高学生的科学论证能力。第二，结构式教学策略。该策略主要讲述论证的结构，并要求学生将论证应用到各种科学实践活动中。第三，社会科学式教学策略。该教学策略利用社会科学性议题，让学生通过理解社会和科学的相互作用来学习科学论证[2]。

3.2.3 传统的科学论证教学现状

传统的科学论证教学是在课堂教学中进行的，教师主要关注高学业成就的学生而忽视低学业成就的学生。鉴于近年来网络的发展，以计算机为媒介来辅助学生在网络情境下参与论证活动，学生将会有更多的机会支持、评价和批判对方学生的观点，劳伦兹(Lawrenz)等人的研究发现，科学论证可以帮助学生发展科学探究能力，建构科学知识并促进科学概念的转变与理解，提升科学认识论水平，提升推理能力、批判思维能力和交流能力[3]。

3.2.4 存在的问题

科学论证即用事实证据证明猜测、观点、结论真伪的思维过程。科学课程标准指出："科学探究不能只停留在形式上，在关注学生动手的同时，更要关注学生的思维发展"。因此科学教学不能只重视动手操作，更要有理性的分析和思考；不能只关注结论的得出，更要有思维的参与和加工。科学论证是科学研究中重要的思维探究活动，是架起证据和结论之间的桥梁，缺少科学论证的科学课堂，学生的思维就像植物缺少了营养而发育不良[4]。

3.2.5 关于核心概念建构的研究

围绕核心概念来组织知识，是一种非常经济和有效的教学活动的方式。课程内容围绕核心概念组织开展,课堂教学帮助学生掌握核心概念,将有助于学生对知识的深入理解和迁移应用。小学科学课标要求教师在课堂教学中,将核心概念作为课堂教学目标之一。在确定教学目标的过程中,教师需要思考核心概念与头脑中原有概念之间的联系,以及核心概念与一般概念之间的联系。对于每一节课来说,教师还要对核心概念进行细化,将上位核心概念拆分成一系列较为具体的概念[5]。

在以往的教学中,有些教师过于关注细小琐碎的知识,强调让学生背诵记忆这些内容。考完试后,学生很容易将这些内容抛之脑后。在知识爆炸的年代,知识的累积与日俱增,要指望学生记住许多细碎的信息是不切实际且低效的。因此,学生不是需要记忆所有细枝末节的信息或孤立的事实,而是需要深入理解从大量事实中概括出来的抽象规律和原理,掌握这些基本概念和原理,并能迁移应用于新情境中,以便更好地应对未来的挑战,更加从容地面对未来的生活。核心概念的学习包括两个部分:一是必须将事实性知识置于学习者的概念框架中;二是概念被各种丰富的有代表性的事实细节展现出来。概念只有放在一定的应用情境下,才会显得生动和有意义。要帮助学生形成正确概念,必须给他们提供大量事实作为支撑。然而教师需要注意的是,教学活动绝不应停留在仅让学生记住一些事实,而是要关注通过事实抽取核心概念,理解这些囊括了某类事实总体特征和规律的东西,并以此来建构合理的概念框架,进而能够在新情境下解决实际问题。在教学过程中,教师还必须注意到学生头脑中有一些相异概念(与当今科学观念不符的概念),课堂教学活动要帮助学生修正头脑中的相应概念,建立科学概念[6]。

第二步:调查现状。

(1)制定学生和教师调查问卷,对我区10所学校进行调研,为实验的开展提供第一手资料,从而加强实验的针对性,提高实验的有效性,减少盲目性。

(2)专题培训,加强学习。定期召开培训会,以科学的理论指导课题组成员进行实践研究。

(3)资料搜集整理。及时做好研究中问题的记录,发现问题,及时解决,并做好研究问题论证。

(4)做好课题研究计划。

(5)申请立项。

第二阶段:实验研究阶段(2020 年 4 月至 2020 年 12 月)

(1)开题报告撰写。根据专家提出的建议,调整、修改、完善研究方案。

(2)制定实施计划。

(3)细化课题研究,细致分工。

(4)探索课堂教学有效的教学策略和方法,初步形成教学模式。

(5)探索模式。以说课、展示课、培训、专题讲座、课堂实践为探索模式服务。

第三阶段:总结阶段(2021 年 1 月至 2021 年 6 月)

在阶段性总结的基础上,按实验方案进行全面总结。撰写研究报告、结题报告和论文,并注意推广研究成果。同时,迎接课题的验收、评估,汇报研究成果,为课题的结题做好准备工作。

3.3 项目研究分析

在新冠肺炎疫情期间,我们课题组采用线上方式,分别于 2020 年 4 月 23 日、4 月 30 日、5 月 7 日、5 月 14 日、5 月 25 日,连续召开 5 次课题组活动,课题组每个成员都结合课题研究内容相互介绍自己的研究成果及存在的问题,通过交流进一步明确自己的研究方向。疫情缓解后,我们课题组在 2020 年 8 月份、9 月份,10 月份,结合天津市春、秋季精品课和教科版资源建设两项工作,将前期所研究的成果应用到实际课堂教学中,取得了显著成果,并将研究成果在北辰区教研会上进行推广,效果很好。

4 结 论

在教学中,用好科学论证,能将教学重心从讲述事实转移到使用事实,将学习重心从识记事实转移到理解可迁移的核心概念和对更为根本的知识结构的深层理解,从而内化事实性知识,把识记的事实构成整体教给学生,让事实性知识有机内化到原有认知结构中,帮助学生建构科学知识并促进科学概念的转变与理解,进而建构科学核心概念和发展思维能力。

4.1 围绕核心概念论证,让科学概念建构更顺畅

核心概念是位于学科中心的概念性知识,包括重要概念、原理、理论等的基本理解和解释,这些内容能够展现当代学科图景,是学科结构的主干部分[7]。小学科学课程内容包含物质科学、生命科学、地球与宇宙科学、技术与工程4个领域,从这4个领域中选择适合小学生学习的18个核心概念,其中,物质科学领域6个,地球与宇宙科学领域3个,技术与工程领域3个。因此我们应围绕核心概念选准论证点,通过论证链组织学生开展论证式探究活动,让科学概念建构更顺畅。

首先,在教学前,我们要立足于大单元,从核心概念角度来提炼论证问题即论证点;其次,设计一系列有逻辑层次的论证问题即论证链,并围绕论证链带领学生展开探索活动,寻找更多的证据来支撑观点,进而实现核心概念建构。比如教学四年级科学下册第二单元《点亮小灯泡》一课时,我们应根据本单元的科学概念"利用电来点亮一只小灯泡需要一个包括电池、导线在内的完整的闭合回路",来设计论证链:"打开手电筒的开关,小灯泡就亮了,它是怎样亮起来的""为什么打开开关就会亮起来""电流是如何通过灯丝的""电在这个简单电路中是怎样流动的呢""那些能点亮小灯泡的连接,你认为电池和小灯泡怎样连接,小灯泡才能亮起来"。如果围绕上述论证链组织学生进行论证,学生的探究思路会清晰明确,学生的概念建构会自然流畅。因此,我们应有大概念、大单元的理念,才能让我们的教学更有逻辑性、有结构性。

4.1.1 在问题处论证,让目标明确化

我们在听课时发现,在一节课的总结环节,学生往往不能准确总结本课所学内容,甚至有的学生都不知道这节课学的什么内容,这是什么原因呢? 实际上是因为学生自始至终根本就不清楚这节课研究的是什么问题,要解决什么问题。因此,教学时,教师以问题为导向,在教学的各个环节都要设计与本节课研究主题密切相关问题,并围绕这个问题进行充分预设、交流,并适时开展科学论证。这样做的目的是为了帮助学生明确本节课的学习目标,让探究方向不偏离,有利于科学概念建构。比如在《声音的强与弱》这课,在聚焦环节,教师先让学生听鼓声感受声音,然后讨论听到的这段音乐有什么变化和特点,之后请学生用身边的物体发出强弱不同的声音,并围绕"声音强弱成因"开展科学论证。当学生论证时有不同观点时,教师让

学生用皮筋、尺子、小鼓进行探究实验,通过实验来寻找支持自己观点的证据,在探究时,教师继续组织学生通过科学论证来进一步优化实验方案、分析数据、得出结论等。在此探究过程中,学生始终是围绕问题开展科学论证,在论证中他们对本节课的科学概念的认识也逐渐清晰明朗,探究欲也被充分调动起来了。

4.1.2 借助问题链论证,让活动与概念建立关联

我们在下校听课时发现,有的老师只是让学生一个一个的做活动,认为只要让学生把活动都做了就行了。其实,我们教材中的每个活动都有其目的,这些活动都是为了建构科学概念服务的,而且它们之间还存在着一定的逻辑关系。因此,教师要认真研究每个活动,理清每个活动的目的,设计好问题链,围绕问题链组织学生开展论证,帮助学生捋清活动间的内在逻辑联系,让活动与科学概念建立关联。比如在《声音的高与低》一课,在探索环节,教材安排了"敲击铝片琴""吹奏口琴"、"拨动钢尺"3个活动,这些活动的目的都是为了帮助学生建构"改变物体的振动快慢(频率)能改变音高"这个科学概念:第一个活动是敲击铝片琴,这个活动比较简单,学生能直接通过敲击和观察得出铝片琴的长短与音高的关系;第二个活动是吹奏口琴,因为学生看不到口琴内部结构,所以教师要在这个活动之前应设计好问题链:口琴为什么能发出高低不同的声音,说说你的猜测?口琴是不是与铝片琴具有一样的特点呢?你来推测一下,口琴内部是什么样的?这时,大部分学生都能依据铝片琴推测口琴的内部构造,并通过打开口琴观察,从而得出结论,这个活动是基于第一个活动的基础上进行的, 第一个活动为这个活动提供了思考的依据。第三个活动,拨动钢尺。在这个活动前,我们可以这样设计问题链:根据铝片琴和簧片发出高低不同的声音,想一想如何让钢尺发出高低不同的声音?铝片琴和口琴的发声体长短不同,也就是振动部分长短不同,那怎样改变钢尺的振动长度呢? 这个问题链意在让学生根据前两个活动进行推理,由铝片琴和口琴的发声体长短不同,而联想到改变钢尺振动部分长短可以改变音高,改变尺子伸出的长短改变钢尺振动部分长短。如果教师能根据上面的问题链组织学生开展科学论证,就能让科学概念在活动层层递进的活动中建构起来。

4.2 基于前概念论证,促科学概念建构

我们把学生在接受正式的科学概念教育之前, 对日常生活中所感知的现象,

通过长期的经验积累而形成的对事物的非本质的认识,称为前科学概念,简称前概念。学生的性别、天资、兴趣、生活环境、文化背景、民族、地区因为存在差异,对同一事物观察都会有不同的视角,对同一个问题会有不同的看法,所以会具有不同的前概念。

其实"前概念"对于大家并不陌生,很多老师也知道教学时要从学生的前概念出发,要基于前概念建构科学概念,但真正教学时,还只是停留在表层,缺乏对其"里"的研究。

4.2.1 前概念会影响科学概念的建构

有些教师常常抱怨,今天的课堂上学生太不给力了,我的问题挺简单的,为什么他们就答不上来,怎么引导也回答不到点上;这个活动我铺垫得够多了,为什么得不出我想要的结果,等等。

比如在上《声音的强与弱》《声音的高与低》《让弦发出高低不同的声音》这3课时,学生总会出现音量与音高的混淆,不能分辨出是音高还是音量在变化,而且有些学生总是坚持自己的意见,明明是音高在变化,但总是坚持说,是音量在变化。这时候会让我们的探究活动大打折扣,会影响探究进程,科学概念也无法建构了。

4.2.2 立足单元目标,定准前概念

"只见树木,不见森林",形容只看到局部,看不到整体或全部。这句话给我们教学一些启示:教学中要关注每节课中各环节间的内在联系,应站在单元及学段角度来定位本课,要具备大目标、大概念、大单元的理念。教学设计时应从单元目标入手找准前概念,从前概念出发来组织教学,更有利于前概念向核心概念的转化。比如在学习《声音》单元后4课时,我们发现学生辨音有困难,学生制作声音操作不规范,造成上述问题的主要原因是前4节课没上扎实,因为前4课的知识和能力就是后4课的前概念,前4课是后4课学习的延续和深入,没有前4课的学习基础,学生就很难学好后4课。比如第1课《听听声音》,教材要求让学生感受声音,识别音符,辨别声音高低。如果在这节课能解决好辨音问题,这就为后面学习《声音的强与弱》和《声音的高与低》这两课扫清障碍,打好基础;第2课《声音是怎样产生的》,这课通过让学生观察发现声音成因,这为后面探究音高和音量成因与

振动有关埋下认知的伏笔,如何让尺子发出自己的声音的操作也为后面继续探究做好铺垫;第4课《我们是怎样听到声音的》一课,借助轻小物体观察"鼓膜"振动,为后面用小鼓继续探究力度、振幅和音量的关系提供思考方向;第8课《制作我的小乐器》一课的学习需要学生具有《声音的强与弱》《声音的高与低》和《让弦发出高低不同的声音》学习的基础,这3课可以说是第8课学习的前概念。

4.2.3 在认知冲突处论证,促前概念向科学概念转化

认知冲突是指认知发展过程中原有认知结构与现实情境不符时在心理上所产生的矛盾或冲突。没有认知冲突就没有学习的发生,更不可能有思维的发展。

如在教科版四年级《声音的高与低》一课,在做"用钢尺制造高低不同的声音"这个活动时,教师让学生思考"如何让钢尺发出高低不同的声音",有的学生认为与力度有关,有的学生认为与振动长度有关,他们各持己见,而且都能说出自己的理由,这时就产生了认知冲突。如何让学生达成共识呢?这时,教师先让学生依据铝片琴和口琴如何发出高低不同的声音,来推测钢尺发声规律,并围绕这两种不同的观点,让学生用已有的知识和经验来展开论证,当学生还是不能说服对方时,教师组织学生用尺子进行实验,让学生分别做"改变力度"和"改变振动长度"实验,继续寻找新的证据来支持自己的观点。这时开展科学论证,有以下好处:①能让学生对音高与音量的形成原因有更清晰的认识;②能进一步区分音高和音量;③培养学生说话有理有据,培养实证意识;④能改变学生之前错误或不完善认识,让学生达成共识,理解科学概念。

4.3 借助论证让探究落地,促科学概念建构

教学的核心是思维,学生的学习需要思考,没有思考的学习如无源之水。学生活动只是科学探究的外在形式,而科学思维才是探究的灵魂。就科学探究而言,动手固然重要,科学的理性思考亦不可缺。"动手"与"深思"犹如"鸟之两翼、车之双轮",必须同等关注,比翼双飞[8]。只有将学生的思维活动贯穿探究活动的始终,学生的探究能力才会快速提升。科学论证是科学学科核心素养中科学思维与创新的一个要素,它是一种高阶思维能力,它的提出不仅将科学探究本质明示化、显性化,能体现出科学探究的本质与内涵,让科学探究真正落地生根,有助于科学概念的建构。

4.3.1 论证实验设计,让实验方案趋于完善

有的教师轻视实验方案设计,一般都是通过多种方式的铺垫带着孩子一步一步进行设计或者直接出示实验步骤,认为这样做省时、省力,而实质上这是剥夺了孩子独立思考、解决问题的权利,长此以往学生就丧失了创新思维。因此,我们可以将科学论证融入实验设计中,可以通过"科学论证会"活动来完善我们的实验方案。比如:在四年级上册《让小车运动起来》一课,在探究小车运动快慢与拉力大小有何关系时,我以"如何公平实验"为主题,设计了 8 个论证点,开展了科学论证会,让学生在论证过程中逐步完善了实验方案。8 个论证点如下:

(1)如果用更大的力拉动小车,小车的运动速度有什么变化?

(2)怎样知道谁运动的速度快呢?我们学校每年都要召开运动会,在运动会的百米赛跑中,怎样判断谁的速度快呢? 为什么呢?

(3)如果参考百米赛跑的规则,我们怎样保证路程一样呢?(应该设定起点和终点)

(4)怎样记录时间?(用秒表计时,小车车头从起点出发时按下秒表开始计时,车头到达终点时停止计时,记下秒表的读数)

(5)怎样挂垫圈呢?(先往挂钩上一个一个的增加,直到小车运动起来开始计时,并记录本次所用时间)

(6)第二次实验应该挂多少个垫圈?(在原来的基础上直接增加 3 个垫圈,并记录时间)

(7)为什么这次不是一个一个增加呢?(增加一个可能速度变化不明显,时间没有区分)

(8)怎样才能保证我们的数据比较科学呢?(严格遵守规则,每次实验做 3 次求平均值)

4.3.2 多角度论证数据,培养推理能力

教学中,教师应组织学生从横向与纵向角度对数据进行充分论证,在论证中建立数据与结论之间的关系,围绕数据展开论证,既能让学生学会一些数据的分析方法,也能进一步培养学生的实证意识。教师可以先收集全班同学的数据,然后让学生通过论证横向数据,发现现象背后存在的自然规律,之后再纵向论证数据,

让孩子懂得这个规律是普遍存在的。再有,统计完全班数据后,我们经常会发现个别小组的数据与其他小组数据存在不同,这时候教师千万不能忽视不管,应让孩子动脑思考、认真论证这组异常数据出现的原因,是属于操作不严谨,还是实验方案设计有问题,还是其他问题。

4.3.3 学会因果论证,提升推理能力

在听课时发现,学生观察思考之后不会表达。其实,这是与教师没有组织学生进行科学论证有一定的关系。因此,建议教师可以给孩子一些因果关系提示语,让他们从事物间存在的因果关系开展论证。这样做既能保证学生论证方向不偏离,又能训练学生有根据表述能力,还能提升学生推理能力。如:我推断……,因为………;如果……,就……;我认为……,因为……;我预测……,因为……;我们是怎样做的;观察到……的现象,说明了……;我同意……,因为……;我不同意……,因为……;我质疑……,因为……;我补充……,因为……;观察到……的现象,说明了……;我的观点是……,因为……。

4.3.4 观察时论证,促方法习得

观察是获得感性材料的重要途径,是科学探究的一种基本方法,它通常包括以下方面:①多感官观察。运用多种感官去感受现实的世界,包括视觉、听觉、触觉、味觉、嗅觉等。②按顺序观察。观察动态变化的事物要按时间顺序;观察静态或比较分散事物,可按空间顺序,从上到下或由远及近或从整体到局部有层次观察。③用工具观察。可采用一些测量工具进行观察,如放大镜、显微镜、尺子等。④有目的、有计划观察。只有目的明确、目标清楚,观察才能抓住重点,注意力才能集中到观察对象。⑤强调观察要深入和细致。⑥观察时要有思考。不断地用观察的结果来检验自己原来的设想,来进行推论,不断地探究。⑦观察是探究的一个环节,要和学生的语言发展以及其他能力的培养结合起来。⑧观察时要有记录,观察后有交流。因此说,观察活动是一项严谨的科学探究活动,在学生观察时开展科学论证,利于学生习得观察方法,养成科学观察习惯。

如在教学《蚂蚁》这课时,教师可以先让学生在记录本上画一只蚂蚁,在学生画完简图时,教师可以抽取好、中、差3张图画,让学生把三幅图对比,并围绕"你认为谁画得好""好在哪里""为什么不好""如何才会更好"等问题开展集体论证。

论证后,学生就明白了自己简图画得差的原因了,是因为自己缺乏认真地观察,这时学生就会带着浓厚兴趣,有序、认真观察,并认真修改自己画的简图,在画图中进一步加强对蚂蚁的认识,进而逐步建构昆虫的概念。再有,在《种子的萌发》《动物的卵》等课,都可以采用科学论证+观察+简图的模式来组织学生进行观察活动。

4.3.5 用好论证,促质疑批判能力提升

科学论证是个人引用数据或资料来支持自己或反驳他人论点的过程。科学论证能力是以科学知识为中介,积极面对问题,对所获得的数据进行解释说明,提出自己的论点,反思自己和别人论点的不足并提出反论点,同时能反驳他人的质疑和批判的高级思维能力。教师引导学生开展科学论证,可提升学生科学认识水平、推理能力、批判思维能力和交流能力提升。

比如在三年级《水珠从哪里来》这课,当学生发现盛冰的玻璃杯外壁有小水珠,让学生两次猜测水珠形成与什么有关时,学生会猜测到水蒸气遇冷会凝结成水,我们不妨这样处理:

师:你怎么知道是遇冷凝结成的?

生:杯里有冰,使杯壁很凉。

师:你怎么知道是水蒸气呢?哪里的水蒸气?

生:空气中的水蒸气。

师:为什么是空气中的水蒸气遇冷凝结成的?

生:因为小水珠在杯壁外面。

师:刚才大家普遍认为是空气中的水蒸气遇到冷的杯壁,因此在杯壁外形成的小水滴。这是我们一些人的猜测,到底是不是这样的呢,有没有不同的想法呢?下面我们围绕以下这7个问题来开展全班论证:我的问题是什么?我怎样才能回答我的问题?我观察到了什么?我的主张是什么?我的证据是什么?我的主张和别人相比如何?我的主张是如何变化的?

4.4 借助论证建模,促科学概念建构

模型建构作为一种认识手段和思维方式,是学生根据问题和情境,在对客观事物抽象和概括的基础上建构易于研究的、能反映事物本质特征和共同属性的理想模型、理想过程、理想实验和科学概念的过程。模型建构有助于学生抓住事物的

关键要素,加深对概念、过程和系统的理解,形成系统思维[9]。比如在《日食和月食》这课,我们让学生在感知的基础上,在所提供信息的基础上,开展科学论证活动,能帮助学生在头脑中形成有一定解释力的宇宙的结构模型,进而建构与宇宙相关的科学概念。

4.4.1 原认知+论证,产生新想法

如在《日食和月食》这课可以这样设计:

师:我们先欣赏一下天文奇观,判断是哪种天文现象?

学生看日食发生视频,之后猜测是日食现象并阐述原因。

师:刚才大家都猜测是日食现象,到底是不是呢?通过后面的学习再下结论。

师:请大家观察一下日食发生的过程图,看有什么发现?

学生观察汇报日食发生的特点。(太阳被物体挡住;遮光物体时球形或圆形;挡光物体在运动等)

师:通过刚才的图片观察,你能确定你们最初的判断吗?有什么新的想法吗?请大家根据刚才的图片、视频和自己的生活经验与同学交流。

在此时,教师可以利用科学论证方式开展教学,只有从学生已有的知识或生活经验出发,让学生对遇到的问题有了新想法,并且想知道自己想法是否正确,并且想深入进行探究时,模型的建构才有可能发生。

4.4.2 论证+实践,完善模型

因为模型建构本身就是将头脑中的各种信息进行重组及有意义连接的过程。在这里我采取了3次"论证+实践"模式,来帮助学生构建日月食成因模型。论证的目的是不断完善想法、聚集集体智慧;实践的目的是验证想法,寻求更多支撑自己想法的依据。第一次是解决实验材料问题。我先让学生集体论证实验材料,之后尝试能否看到日食,接着让学生从亲眼看到日食的角度去论证如何选择更合适的材料。如果用地球仪的话,我们是处于地球外,属于在宇宙中看到日食;如果改用人的头替代地球仪,用人眼替代"我",这样就是让我们置身于地球上看到日食,更符合现实情况;第二次是解决天体如何运动的问题。学生在模拟实验时,我要求学生用自己的操作方法看到日食。这时有的学生看到日食、有的没看到,然后我让成功组与失败组到前面给大家演示操作过程。这时,我以"要想看到日食,我们应怎样

实验操作"这个问题,让学生开展科学论证,以让每一个学生都能学会如何操作。第三次是再次观看日食,探究日食成因。学生经过前 2 次活动后,已经知道了模拟实验时要注意的问题,并掌握了操作方法,而且都能亲眼看到日食发生的过程,在此基础上学生再论证日食成因已是水到渠成。经历了 3 次活动,学生建构了日月食成因模型,并牢固掌握了科学概念。

4.5　存在的问题及今后研究方向

首先,论证式教学以学生为中心,需要展开论证过程,要激发学生更多思考,让他们能通过寻找更多的证据来解决问题,一节课的教学时间往往不够。其次,论证式的教学要想提高效率,需要根据学生情况进行有目的的培养和训练,如在平时训练学生如何有根据的表达观点,敢于对同学的观点有理有据的质疑,同时也要对自己的观点进行辩护。再次,教师在课堂上要创设更加宽松的学习氛围,便于学生打开思维、畅所欲言。最后,开展论证式教学,还要形成一套科学的评价体系来评估论证式教学的有效性。

总之,以科学论证促科学核心概念建构有怎样的助推作用,对促进学生科学思维的发展如何定量分析,对学生科学学科素养的形成有什么优势,这些还需深入探索,相应的教学策略还需提炼、完善和优化,比如"融合"策略:"信息技术+科学论证","数学+科学论证"等;还可以与人文的结合、求善求美教育与求真教育的结合。这些问题都需要我们更深入探索研究。

参考文献

[1]刘恩山,义务教育小学科学课程标准修订组.义务教育小学科学课程标准解读[M].北京:高等教育出版社,2017.

[2]中华人民共和国教育部.义务教育小学科学课程标准(2017 年版)[S].北京:北京师范大学出版社,2017.

[3]余文森.核心素养导向下的课堂教学[M].上海:上海教育出版社,2017.

附件

小学科学探究活动思政评价量表

学校：			学科：	年级：			
内容：			学生姓名：	总分：			
一级指标	权重	评价要点		等级及分数			得分
				A	B	C	
观点提出	10%	1.能基于情境、从已有知识及经验提出与核心概念相关的观点。		10	8	6	
		2.能有理有据表达或解释自己的观点。					
作出假设	10%	1.能依据已有的知识及经验，对与核心概念相关的问题做出简单猜想。		10	8	6	
		2.依据组内或全班论证，对与核心概念相关的问题做出更合理假设论证。					
		3.将科学论证过程与提出的假设建立联系。					
制订计划	20%	1.设计实验支持自己的观点或主张。		20	16	12	
		2.依据组内或全班论证不断完善实验方案，选择有结构材料，让论证可持续。					
分析数据	20%	1.能根据搜集的证据论证自己的观点。		20	16	12	
		2.根据自己或他人搜集证据完善自己的观点、纠正自己观点或反驳他人观点。					
建构解释	20%	1.能基于证据运用分析、比较、推理等方法对核心概念进行论证式解释。		20 16 12			
		2.相互质疑，能根据证据判断解释的合理性，通过论证探寻最佳解释。					
交流表达	20%	1.能清晰表达、交流自己的观点。		20	16	12	
		2.能对自己和同伴的研究做出恰当的评价。					
总分				100	80	60	

思维型探究教学中培养学生的创新能力促进学生个性化发展的探索与实践

天津市河东区第二实验小学　王红

摘　要：随着新课程改革的深入，培养小学生科学素养成为小学科学课程的主要任务。创新能力是小学生科学素养重要能力之一，培养创新思维是创新能力形成的基础。小学科学课程是培养小学生科学创新思维和能力的主渠道。然而在当前的实际科学教学中存在一些问题，这些问题阻碍了小学生科学创新思维的发展和创新能力的形成，也不利于学生个性化的成长。因此，我们提出思维型探究教学中培养学生的创新能力促进学生个性化发展的探索与实践这个研究课题，就是要通过研究国内外有关科学实践、创新思维、创新能力的相关理论，根据当前小学生科学课程创新思维培养现状，分析在教学实践中普遍存在的问题，深入研究如何在科学实践中开展创新思维培养，推动学生个性化成长，找到适合我国小学生科学创新思维的培养方法和途径，达到培养学生创新思维的目标，进而有效推动学生创新能力的形成，最终将学生培养成具备创新思维、具有科学素养的合格公民。

在本课题的研究中，我们主要采取了文献调查法、行动研究法、数据统计法、经验总结法等。目前，在课上的科学实践和课后的科学实践领域取得一些收获。如在课上的科学实践我们在界定核心概念的前提下,提出根据培养创新思维和能力的需要,选择科学实践类型。经过研究实践,我们分析出更能够促进创新思维形成的4类科学实践类型。在本课题的研究中,还要遵循学生的认知和心理规律,充分考虑不同年级段学生思维特征培养创新思维,推动学生的个性化发展。

课外科学实践方面梳理总结出首先要从4个方面整合、利用各种校内外资源,助力学生在个性化发展的过程中,形成创新思维、提高创新能力。其次,还要引导小学生开展多角度、多方位、多种类的小项目研究。凝练出小项目研究指导六步法。

关键词: 科学实践　科学课上科学实践　科学课外科学实践　创新思维
创新能力　个性化发展

1 研究背景

1.1 本项目的问题提出、发展背景

当代社会,科学创新、技术突破不断涌现,科学创新成为推动社会和经济不断发展与进步的原动力,在改变人们生产生活与观念的同时,创新能力成为当代公民应有的基本素质之一,创新思维对于创新能力的基础性作用愈发重要。中小学教育是整个创新教育的基础。创新精神、创新思维是科学素养的一部分,是科学课程目标的要求。科学实践是提升创新思维和创新能力的有效途径。创新能力是科学实践结出的高水平果实,创新思维是创新能力发展的重要养分。提出《思维型探究教学中培养学生的创新能力　促进学生个性化发展的探索与实践》这个课题,其目的是通过探索科学实践,达到培养学生创新思维的目标,进而有效推动学生创新能力的形成,最终将学生培养成具备创新思维、具有科学素养的合格公民。

前期研究中我们发现,当前的实际科学教学中存在一些问题,这些问题阻碍了小学生科学创新思维的形成和创新能力的发展。为了找到适合我国小学生科学

创新能力培养的方法和途径,在专家的指导下,我们确定了《思维型探究教学中培养学生的创新能力 促进学生个性化发展的探索与实践》这一课题,深入地研究怎样在科学实践中进行创新思维的培养、推动创新能力的发展。

1.2 现有研究基础情况、研究依据

1.2.1 研究基础情况

本次课题的主要研究人员是河东第二实验小学和各合作学校的优秀科学教师,大多是天津市双优课的获奖者,是科学学科市区课题组、中心组成员,参与研究活动的内在动机很强,有利于克服困难,完成研究任务;参研人员绝大多数都主持或参加过课题研究,经验丰富,热情高涨;参研人员年龄段都在中青年,完全有时间和精力完成此项研究;课题组成员均有较高的写作水平,擅长将研究发现提炼出研究成果。

课题负责人王红老师,1997至今先后讲演市级的各类课共12节。她将科学课上的实践活动拓展到学生的课后生活中,让学生亲历多彩的科创型实践活动,组织学生参加科幻画大赛、创意项目、市机器人大赛、创意设计等创新发明竞赛,指导学生共获得国家专利328项。荣获天津市知识产权教育金牌辅导员等各项科技创新类奖项,在科学教育、科普推广和科技创新人才培养方面取得了良好的社会效益。

王国莉老师是河东区科学学科教研员,具有丰富的教研及课题研究经验。冯宝俊和郭学军老师都曾是市中心组成员和双优课获奖者,参加了多年的市级课题研究,具有丰富的研究经验。刘兴军、张贵斌、张立强、王凯老师也是从事多年科学课教学的老教师,具有丰富的实践经验,他们还是优秀的科技辅导员,辅导学生获得各项科技奖项。张金雪、马梦芸、张亦洋、王莹莹、张漫等老师是年轻骨干教师,对业务有着极强的钻研精神和良好的专业素质。

1.2.2 研究依据

(1)美国《K-12年级科学教育框架》中的科学实践理论。实践是改造社会和自然的有意识的活动。而科学实践的概念,源于美国《K-12年级科学教育框架》,指学生应该像科学家了解、认识自然世界的过程那样来学习科学。从教学的层面上可以具体理解为,学生需要通过实践进行核心概念的有效学习,这种实践应该与

科学家的研究更为相似,将科学学习与真实问题相联系[1]。《框架》不但提出了观点,还提出了科学实践的 8 个类型:提出问题和明确需要解决的难题,建立和使用模型,设计和实施调查研究,分析和解释数据,利用数学和计算思维,建构解释和设计解决方案,基于证据进行论证,获取、评估和交流信息。本次项目研究我们从这 8 个实践类型中选择有利于培养创新思维、提高创新能力的 4 个实践类型,寻找培养创新精神、形成创新思维、提高创新能力的可行途径。

(2)我国小学的科学实践

科学实践在我国的小学科学课程中也有充分体现。我国小学科学课程具有活动性和实践性的特点,让小学生在活动与实践中掌握科学知识,这也迎合了小学生的认知发展规律[2]。

小学科学的活动性主要表现在小学生可以对身边的事物进行探究,手脑并用,在活动过程中掌握知识和探究技能,同样也是对科学创新思维的培养。实践性则表现在学生可以把课堂内的科学知识与生活中的实际问题相结合,对其加以运用,增强小学生的创新能力,使小学生在实践中逐步提高创新思维水平,形成探究并捕捉创新机遇的能力。

1.3 研究过程和主要研究成果

本课题的研究过程:

课题组成员结合自己的教学经验、发挥自己的研究能力,研究前期收集大量研究资料,通过对国内外有关科学实践、创新思维、创新能力的文献研究,根据当前小学生科学课程创新思维和创新能力的培养现状,分析在教学实践中普遍存在的问题,提出行之有效的方案。首先是论证选题,然后根据选题确定准备解决的主要问题和研究路径,制定研究计划及预估其可行性。我们确定了两个方面的研究路径:科学课上的实践活动和科学课后的实践活动。在对实践的研究中,寻找有效培养创新思维以及提高创新能力培养针对性的方法。其后,实施阶段包括教学实验、数据记录、数据分析等。最后总结评估推广,推动各愿意参与校在科学实践中的学生创新思维、创新能力培养,进而面向更多的学校推广。

主要研究成果:

研究论文《科学课比任何一个学科都需要创新》

研究报告《在科学实践中培养学生的创新能力》

2 本项目采用的研究方法

　　在研究方法和资料获取途径上，本课题主要采取的研究方法有调查研究法、行动研究法、实验研究法、数理统计法、经验总结法等。此外，根据目前疫情的特殊情况，在研究中还运用了网上集体研讨与个人教学实践相结合的创新研究方法。

　　本次研究使用的数据、信息均来源于科学课课程标准、文献资料、课题组老师们的课堂观察记录、实验数据记录等。

　　课题组老师们走入科学课课堂，按照平时上课的方法前测出科学课上各环节对学生创新思维和创新能力的培养。我们在实验校选择各年级共 12 个班 516 名同学，针对各年级教材的不同课文进行实验。老师们认真参与、及时记录数据现象并加以分析总结。

3 研究过程

3.1　项目研究内容

　　本课题主要研究小学科学实践中学生的创新思维、创新能力培养。主要从科学课上的科学实践活动和课外的科学实践活动入手，基于对学生创新思维的发展，突出科学素养中创新能力的培养，在躬行实践中探索出具有一定指导性的、操作性的规律。科学课上的科学实践活动要在科学实践的 8 个类型中，寻找能够培养创新思维的内容进行实践。课内外科学实践主要将积累的经验系统化，加强总结和提升，使其具有指导性。

3.2　项目研究过程

　　研究过程包括以下 3 个阶段：

第一阶段:实验准备阶段(2020 年 7 月—2020 年 11 月)

组建课题项目组,收集资料,制定方案,理论学习和培训,撰写课题立项书和研究方案。本阶段包括 4 个步骤。

第一步骤:预诊。广泛走入科学课课堂,前测出科学课上各环节对学生创新思维、创新能力的培养;发现客观存在的或潜在的教育实际问题,进行诊断性评价,得出方案实施的最初设想;撰写定性定位并参加课题论证会。

第二步骤:初步研究。对预诊中发现的问题,广泛查找相关资料,并在成员间进行讨论,对调查研究的结果进行分析,寻找理论与现实的结合点。撰写综述和开题立项书。

第三步骤:拟订总体计划。包括问题提出的可行性、必要性、研究价值、定义、提出假设、研究目标及内容,采用行动研究法进行研究。若发现具体行动中反馈信息与总体计划相偏离时,应对总体计划及时加以修订与更改。撰写开题报告和研究方案。

第四步骤:举行开题会。请专家论证及修改课题。

研究小结:自课题组成立,在专家们的指导下,我们顺利开展并完成了第一阶段的工作计划,课题组的全体老师们齐心协力,收集资料,制定方案,参与理论学习和培训,不断探索更好的研究方案,课题立项书的撰写等一系列工作也有条不紊地开展。

我带领老师们分别走入科学课课堂,分析出科学课上及科学课后对学生创新思维、创新能力的培养,发现客观存在的或潜在的教育实际问题并进行诊断性评价,得出方案实施的最初设想;老师们结合自己的教学实践广泛查找相关资料,并进行了多次的头脑风暴、网络教研最终确定选题及研究内容、研究路径,大家一起讨论集思广益,对调查研究的结果进行分析,寻找理论与现实的结合点,探讨研究方案。

第二阶段:课题研究实施阶段(2020 年 12 月—2021 年 2 月)

我们进行一系列的教学实验,选择各自学校执教的 12 个班级作为实验班,在班级授课中搜集典型个案材料,记录数据、反馈数据、集中分析。边研究边总结撰写研究论文。本阶段的实践大致规划为 4 个步骤。

第一步骤,制定具体计划。实验者在总体计划指导下,把我们前期分析的实际问题细化,制定具体行动方案,并将任务合理分工。

第二步骤,行动。全体实验者要全面落实研究计划,建立整体协作研究型的研究队伍,开展实践研究。

第三步骤,观察。在研究过程中,实验者借助各种有效录音、录像、观察笔记、课堂实录等手段对行动的过程、行动的结果进行记录观察,以提高行动研究的质量。

第四步骤,反思。在观察的同时,实验的研究人员及时地对观察到的、感受到的与制定计划、实施计划有关的各种现象加以归纳整理,对每一步行动结果及时评价。若评价结果显示所有的设想、计划都可行,则进入下一步具体计划、行动,反之则要反思和调整计划,再确定下一步行动构想。

本阶段研究小结:疫情影响了项目实施。首先是进度稍有延迟。另外,由于疫情原因,课题组成员不能大面积的互相听课和面对面研讨,所以我们改变方式,利用微信群、腾讯会议开展网络教研。但研究中的数据需要课题组成员广泛听课搜集,还是产生不利影响。

针对第一阶段的实践研究,发现了还缺乏量表调研及普遍规律的总结存在不足之处。在第二阶段的实践中,我们开展了有针对性的实践研究,针对学生创新思维、创新能力培养进行量表调研。对量表进行分析,总结规律性的问题。本阶段的实践我们还对课题研究获得的规律性结论总结成可推广的成果,撰写研究论文。

第三阶段:课题总结评估阶段(2021 年 3 月—2021 年 6 月)

回顾实践,总结经验。参与实验的老师们在完成各自的研究任务的基础上,对课题研究工作进行全面总结,统计研究数据、资料,撰写论文或研究报告。与此同时进行结题评审,邀请有关专家对课题成果进行鉴定。推广实验,提交成果。

研究小结:我们对前期研究中发现的"存在问题与不足"进行完善与修正。针对数据信息不够充分的问题,我们将搜集典型个案材料及课题论文;进行有关数据、资料的收集、分析、整理对课题研究工作进行全面总结,统计研究数据、资料,撰写论文,研究报告。与此同时进行结项评审,邀请有关专家对课题成果进行鉴定。推广实验,提交成果。

主要阶段成果:文献综述、个人攻坚计划、个人攻坚中期检查表

其他成果:研究课教案、学生创新作品、获奖证书

最终成果:研究论文、研究报告

这段时间以来,我带领课题组全体老师,已完成以下成果:完成定位定型、撰写文献综述,申请一项市级十四五课题并立项,录制研究课两节,录制微课一节,撰写一篇研究论文、一篇研究报告;开展科学实践中创新能力培养的专家两节讲座;关于课题研究的专家讲座两节;指导26名学生获得国家专利获奖。

成果中,我的文献综述《在科学实践中培养学生的创新能力综述》初步探寻了培养小学生科学素养中的创新思维、能力的重要性和面临的问题,通过研究国内外有关科学实践、创新能力等相关资料,根据当前小学生科学课程创新思维能力的培养现状,我们在论文综述中对教学实践中普遍存在的问题进行了分析,对在科学实践中培养学生创新能力这一问题进行了初步的探究,为本次课题的开展指明了方向,奠定了良好的基础。

我们录制两节研究课,其中一年级科学《观察叶》由课题组马梦芸授课,研究课为年轻教师积累经验、提高教学能力搭建了优质平台,也让我们的实践研究成果落地生根开花结果,对低年级科学实践中培养创新能力有一定的指导意义。另一节课是王红授课的五年级科学《运动与设计》,本节研究课的录制是我们一段时间以来对课题研究成果的集中呈现,更将成为我们下一个阶段研究的重要切入点,从中发现问题并解决问题。

课题组王凯老师的论文《科学课比任何一个学科都需要创新》从质疑是创造的源点这一论点出发,引导孩子学会质疑,进而在培养学生创新精神的过程中,总结一些可操作规律:一是尊重学生的首创精神,爱护他们的积极性,鼓励他们"异想天开",不求一开始就成熟;二是支持学生大胆实践,学中干、干中学,逐步总结提高,不求一下子就成功;三是指导学生选准重点,总结提高,做到有所取舍,集中集体智慧,不求一揽子都解决。开发课程资源,深挖教材,寻找适合学生科技实践活动内容角度给大家了许多启示。

3.3 项目研究分析

3.3.1 核心概念界定

(1)科学实践

实践是改造社会和自然的有意识的活动。这里的科学实践是源于美国《K-12年级科学教育框架》(以下简称《框架》)。观点是学生应该像科学家了解、认识自然世界的过程那样来学习科学。从教学的层面上可以具体理解为,学生需要通过科学实践进行核心概念的有效学习,在实践中培养科学探究的相关能力。《框架》不但提出了观点,还提出了科学实践的8个类型:提出问题和明确需要解决的难题,建立和使用模型,设计和实施调查研究,分析和解释数据,利用数学和计算思维,建构解释和设计解决方案,基于证据进行论证,获取、评估和交流信息。这8个类型是学生在科学学习过程中主要经历的实践活动和在活动中要培养的相关科学能力。我聚焦这8个实践类型,并且从中筛选出与培养创新能力关联度较高的4个实践类型,展开有针对性的教学,以此达到培养学生创新意识,逐步形成创新能力的目标。

(2)科学课上科学实践

发生在科学课上的科学实践,主要是上面科学实践所叙述的内容。

(3)科学课外科学实践

是除课上科学实践以外,所有发生在课外的科学实践活动总称,包括科学研究、科技活动、科学课校本课程、科技竞赛、科普活动等,是课上科学实践的延伸。

(4)创新思维

是指学生以新颖独创的方法解决问题的思维过程,通过这种思维能突破常规思维的界限,针对现有问题,能以新的角度、新的思考方法,提出与众不同的解决方案,从而产生新颖的、独到的、有社会意义的思维成果。小学生的创新思维应该具备独创性、广阔性、敏捷性、流畅性、灵活性等基本特点,但最主要的是能够在科学实践活动中发挥更多的主观能动性,有目的有意识地追求和尝试创新。

(5)创新能力

是技术和各种实践活动领域中不断提供具有经济价值、社会价值、生态价值的新思想、新理论、新方法和新发明的能力。小学生创新能力是指学生独立、主动、多角度的思考,提出问题,解决问题;学生大胆质疑,勇于实践;学生标新立异,采用新方法,新的材料,新的观察角度,新的解决途径,新的发现;学生综合分析问题、运用知识创新的能力。

小学生的创新能力不是要出新产品和大的发明创造,而是要聚焦在学生科学实践的亲历活动中。比如创新体现在:

①学生敢于表达自己的观点,就是具有了初步创新意识。

②学生敢于提出自己不同的观点,就是在尝试创新。

③学生的观点正确率高,就是具备了一定的创新能力。

④学生在实验方案设计时说了不同的方案,就是体现了创新意识。

⑤学生研讨论证逐渐完善实验设计的过程,就是培养创新能力的过程。

⑥学生的创新小发明、创意小设计、科幻画作品等都是创新的成果。

3.3.2 课上科学实践研究

(1)根据培养创新能力需要选择科学实践类型。

课上科学实践要立足小学科学课程特点,把握科学学科核心概念,以核心概念为知识载体引导学生亲历科学实践。不是所有的 8 个类型科学实践都适合提升创新能力,经过分析,以下 4 类科学实践活动更能够培养创新思维、提升创新能力。

①提出问题和明确需要解决的难题活动中,鼓励学生从不同角度思考问题提出问题,追求创新。

②设计和实施调查研究活动尝试多角度、多方式认识事物。多材料、多种思路、多样方法设计和实施,体会创新乐趣。

③建构解释和设计解决方案活动培养从不同角度提出研究思路,采用新的方法、利用新的材料完成探究、设计与制作。通过亲历科学实践获得数据、信息建构解释,培养创新乐趣。

④基于证据进行论证、获取、评估和交流信息活动中培养基于证据和推理发表自己的见解的意识,勇于提出不同见解,乐于倾听不同意见和理解别人的想法,不迷信权威。

(2)遵循学生的认知和心理规律,充分考虑不同年级段学生思维特征培养创新思维和创新能力。

一、二年级学生处于直观形象水平,科学实践强调观察和解释可直观感知的事物与现象。在培养创新思维和创新能力上,要求在教师指导下能围绕一个主题做出猜想,尝试多角度多方式认识事物。

例:让小学低年级学生谈叶的概念时,他们会以最熟悉的树叶或草叶来总结叶的特征,其外表属性如何,明显局限于具体形象上。教师要引导学生对多种植物的叶比较,找到共同点。从每一片叶上观察到叶子的不同特征,同样也能总结出叶的共同特征。也就是低年级学生主要从多材料实验,多角度观察来培养创新思维和能力。

三、四年级学生处于从直观形象到抽象思维的过渡阶段。科学实践可引入一些简单模型以解释观察到的现象。要求乐于尝试运用多种材料,多种思路,多种方法完成科学探究,体会创新乐趣。

例:三年级科学《设计过山车》一课,让小学生从观察生活中的过山车分析过山车的特点开始,在纸上画出自己设计的过山车轨道,然后指导学生选择不同的材料,制作自己设计的过山车轨道并试运行,最后互相评价过山车并改进。这个实验从生活入手,直观形象地观察过山车的特点,然后鼓励学生设计与众不同的过山车轨道,最终制作并完善。学生经历了观察—思考—设计—实践—修正完善的实践过程,这也是一个进程顺畅的思维过程。在这个过程中学生的思维方法有发散、有综合,学生的创新能力得到了发展。

五、六年级学生的思维是本质抽象水平,他们大多能对事物的本质属性、内在联系进行概括。逐渐能摆脱具体情节、直观形象地对本质属性加以观察并概括出来。科学实践逐渐运用更抽象、更精致的模型做出解释。要求能大胆质疑,从不同视角提出研究思路,采用新的方法,利用新的材料完成探究设计与制作,培养创新精神。

例:小学高年级部分学生能概括出"体积相同的物体,轻的易浮,重的易沉"并据此可以预测塑料块、木块易浮,铁块、铝块易沉。我们的科学实践要引导学生自主探究,可以给孩子们提供水、水槽、天平等,让他们自己设计实验,小组合作实验验证自己的猜想,根据称量数据证明物体确实是有轻有重,放入水中,轻的浮,重的沉。这样的核心概念建立在科学实践的基础上,在实践设计操作中就能形成创新思维,培养创新能力。

3.3.3 课外科学实践研究

在课上科学实践研究的同时,我们还梳理总结了课外科学实践中的经验。课题组的老师们大都是科学课老师又是学校科技辅导员,大家在工作中积累了一定的经验,但经验不够系统化。经过我们连续4周每周1次的网络头脑风暴,我们将大家平时的做法、想法总结和提炼,使其具有指导性。

(1)课外科学实践从4个方面整合并利用各种校内外资源,助力学生创新思维、创新能力的提升。

①科学实验室的功能扩大。

科学实验室除了上科学课,还可以组织社团活动。比如河东区第二实验小学利用实验室资源组织"创新与小发明""水陆植物观察""科学幻想画"等科技社团活动。

②校园资源的开发与利用。

除了现有资源我们还开发资源用于学生创新培养,我们购置了科技创新类材料,增设了乐高机器人、无人机、航模、创客编程课程,开发校园资源实现学生的创新创意梦想。王红老师编写了校本教材《我们爱发明 我们爱制作》。

另外,校园活动也是校园资源的一部分,学校举办"科技创新与知识产权"专题手抄报展览;学校图书馆为学生提供科技创新类书籍杂志;组织学生参加天津市小发明大赛活动、科技创新大赛等活动。这些活动拓宽视野,搭建平台,使学生的创新培养长出了一双双翅膀。

③科技工作者及科技场馆。

我市有丰富的场馆资源,海洋博物馆、科技馆、自然博物馆、植物园、学生体验活动基地等都可以成为学生创新培养基地。利用好这些场馆开拓学生视野,在科学的海洋里增长见识,培养创新。

另外, 河东区第二实验小学也建立起了自己的壁挂式和台式校园科技馆,馆中都是针对不同科学概念的体验式展品,我们定期组织学生在科技馆中进行体验式科学实践活动。孩子们动脑动手的科学实践中,丰富了学生的知识内涵,培养合作精神。

④电教与网络资源的开发与利用。

学校制作有关知识产权保护和发明创新的电视宣传片, 定期在校园大屏播放。学习《宇宙》《地球表面地形》《地球运动》等单元,利用多媒体播放相关视频,从中看到地球表面地形、地震、火山喷发、月球外部的构造,月球的地形特征等,让学生欣赏到壮丽而遥远、神秘的宇宙空间。这些都能激发学生对大自然的探究兴趣,对发明创新的尝试热情。

(2)课外科学实践要引导小学生利用课余时间从身边事物或现象中选择感兴趣的问题,开展多角度、多方位、多种类的小项目研究。关注学生思维的开放性与自由度,体验科学活动的乐趣。让学生在科学实践中,形成主动创新意识,进而形成创新能力。我们总结了小项目研究指导六步法。

第一步指导学生从生活中选题。教师引导学生观察生活,在自己生活周围去发现问题,发现哪些产品、用具不方便,不实用,或者还能增加什么新功能,新用途。

第二步指导学生画出设计图稿。指导孩子们把自己的想法表达出来,用绘图的方法以直观的形式把头脑中已形成的小发明课题的构思设计描绘出来,绘制出结构设计和原理的示意图。

第三步试着初步制作。就是制作样品,把设想和图纸通过动手制作转化成创造发明的作品,使小发明课题目标成为现实。制作的一般步骤如下:选取材料和准备工具、制作零部件、组装与调试、改进。这一步从材料的选择到制作方法,工艺、组装过程等比较复杂,可以采取小组合作的方式,教师要跟进指导和提供帮助。有必要情况下还可以联合技术人员协作支持。

第四步是根据作品特点,评价和再次改进。可以使用或运行作品,在反复实践中找误差,同样建议小组内或小组间先进行生生互评和改进,老师也可以参与其中,但不要作为终评者,不要限制孩子们的创新火花。像《磁力秋千》这个作品,就是在学生互评中不断改进的,其原始作品是一个不十分漂亮的利用磁力运动的小玩具。经过改进保留原来的磁力原理,拓展应用功能,外观设计用花纹纸包装制作支撑柱,用一个小型的玩偶来代替用橡皮泥捏的荡秋千小人,这个作品变成了实用、美观的展示性教具。

第五步是进行知识产权专利教育,指导学生撰写专利申报书。光有作品还不够,老师还要为孩子搭建展示平台,让这些作品真正的有用武之地,才会进一步激发孩子们在创新的路上越走越远。所以,建议各校在科技社团活动中进行知识产权专利知识培训,指导学生撰写专利申报书,进行专利检索。

第六步帮助孩子申请专利或参加创新大赛、小发明竞赛。我们引导学生在课外科学实践中从生活中选题,选取了许多有意思、有新意、有实用性的研究课题,如:《观察菠萝皮的发酵及检查清洁效果》《手提式箱椅研究》《塑料制品对仓鼠的毒性研究》等。设计了许多具有科学性、创新性、实用性的作品,如:《笔迹修正器》《预防近视智能眼镜》《智能空气、土壤温度湿度监测报警系统》《磁力秋千》等。指导学生通过反复试验,研究实践。这些小项目作品在市级创新大赛,市小发明大赛屡获嘉奖,很多作品还申请了国家专利。

总之,课外科学实践要让学生体验科学活动的乐趣。"趣中求实,动中求乐"立足课上科学实践打基础,课外科学实践展特长。让学生在科学实践中,形成主动创新意识,进而形成创新能力。注重学生主动参与,开发学生的潜能,注重学生动手能力的培养,使学生接触、学习到目前高端的科技创新前沿,培养学生热爱科学、勇于创新的求真态度,使学生树立起成为祖国高科技人才的信心。

3.3.4 评价机制促进科学实践中的创新思维和创新能力培养

在科学课在评价考核过程中将创新纳入评价体系,形成评价机制。

(1)对于不容易量化的学生科学实践中的表现,如:学生课上的积极思维、主动探究、认真观察、善于思考等在期末学生评价中通过小组互评的形式评价。

(2)学生课后的创意设计、在家中的持续观察实验、课后的科学小制作、参加科幻画大赛、无人机大赛等学生创新能力的内容纳入到学期综合素质评价内容中。

(3)逐渐建立相应的激励机制和奖励体系。如采取某一项目的班级竞赛、年级竞赛、校级竞赛等多级竞赛机制增加学生的获奖比例。

总之,本课题要突出科学素养中创新能力的培养,在躬行实践中探索出具有一定指导性的、操作性的规律。另外,为了培养创新思维和创新能力,也会将创新纳入科学评价体系,形成评价机制。

4　结论

本项目想要解决的主要问题是在课上和课外的科学实践中两个方向提升学生的创新思维和创新能力,促进学生的个性化发展。因此,我们确定了这两个方向的研究路径。

科学课上科学实践活动我们首先分析科学实践 8 个类型,不是所有的科学实践都与创新能力培养相关联。分析出 4 类科学实践活动更能够提升创新能力。分析结果使创新能力培养具有针对性。遵循学生的认知和心理规律,充分考虑不同年级段学生的年龄特征培养创新思维和创新能力。

科学课外的实践活动，我们找到一些共性的方法。我们总结出，课外科学实践从4个方面整合并利用各种校内外资源，助力学生创新思维和创新能力的提升。课外科学实践要开展多角度、多方位、多种类的小项目研究。总结出小项目研究指导六步法。

本课题提出的科学实践是源于美国《K-12年级科学教育框架》，聚焦框架中提出的与培养创新思维、创新能力关联度较高的实践类型，基于提高教学的针对性，探寻学生创新意识、创新能力的培养。本课题较以往相比在内容上实现了新的突破，课题的研究依据了小学生能达到的创新能力——小学生的创新能力不是要出新产品和大的发明创造，而是要聚焦在学生科学实践的亲历活动中，在这一过程中，学生也能获得个性化的发展。本课题是通过科学实践活动使学生了解必要的科学知识及其对社会的影响，知道基本的科学方法，认识科学本质，树立科学思想，崇尚科学精神，从而提升学生的创新思维，培养学生的科学素养，提高创新能力。

总之，在科学课中培养小学生创新品质是一个艰苦的探索过程，需要通过充分的实践和探索，我们将在长期的实践研究中继续探索，不断地总结。让学生在个性化发展的过程中，感受科学探究过程的同时培养他们对科学的兴趣，培养他们科学的自然观和创新能力。

本项目填充了科学学科在科学实践中学生创新教育方面的研究。研究成果将在河东区内和天津市其他区县能推广和应用。

主要阶段成果：

文献综述《在科学实践中培养学生的创新能力综述》。

天津市中小学"学科领航教师培养工程"个人攻坚计划。

天津市中小学"学科领航教师培养工程"个人攻坚中期检查表等过程性资料。

其他成果：

研究课(《观察叶》教案、《运动与设计》教案)。

学生创新作品、获奖证书。

最终成果：

研究论文《科学课比任何一个学科都需要创新》。

研究报告《在科学实践中培养学生的创新能力》。

参考文献

[1]中国科协发展研究中心国家创新能力评价研究课题组.国家创新能力评价报告[R].科学出版社,2009.

[2]中华人民共和国教育部.义务教育小学科学课课程标准[S].北京:北京师范大学出版社,2017.

[3]刘恩山,义务教育小学科学课课程标准修订组.小学科学课课程标准解读[M].北京:北京高等教育出版社,2017.

[4]苏穆特妮,弗拉门德.在普通课堂教出尖子生的20个方法:分层教学[M].梁军,译.北京:中国青年出版社,2014.

[5]中国科协青少年科技中心.青少年科技实践活动解析[M]石家庄:河北科学技术出版社,2014.

[6]萨蒂.创造性思维问题处理与科学决策[M].石勇,李兴森,译.北京:机械工业出版社,2016.

[7]中国科技教育杂志社.国外优秀科学教育案例集[G].北京:中国科技教育杂志社,2017.

[8]王昌林,姜江,盛朝讯,韩祺.大国崛起与科技创新——英国、德国、美国和日本的经验与启示[J].全球化,2015(09):39-49+117.

[9]陆多林.学生发展核心素养视域下的课堂教学指南.小学科学[M]长春:东北师范大学出版社,2017.

小学科学思维型探究课堂教学中通过教具促进学生科学概念建立的实践与研究

天津市滨海新区大港上古林小学　　李伟

摘　要：自 2019 年 10 月至今，我积极开展自制教具活动，先后完成自制教具 120 余件（套），内容涉及小学科学三、四年级七个单元 23 课时，并且都在教学实践中得以应用。旨在探索自制教具对小学三、四年级学生的科学素养形成具有怎样的促进作用和自制教具应用范围及开发途径。在立足教材和学生、学校实际情况的基础上，采取调查法、观察法、实验法等多种方法开展研究活动。研究迄今，得出主要的研究结论：针对教材内容实际开发自制教具并合理应用于课堂教学中，有力地促进了小学生的观察能力、思维能力、信息处理能力、创新能力、操作能力等各方面技能的提高，有效地优化了科学课的教学效果，也促进了教师课程资源开发能力等个人业务素质的提升和发展。同时，还探索出了自制教具的几项基本原则，为今后开展此项活动奠定了牢固的理论基础。

关键词：自制教具　开发利用　科学素养形成　促进提高

1 绪 论

1.1 研究背景

1.1.1 基本情况

课程资源的开发和利用是课程实施的基础和条件。小学科学课程资源应该是综合多样的,教具、学具这类教育资源是其中重要的组成部分[1]。教师要寻找一切有可能进入课程,能够与教育教学活动联系起来的资源。要根据具体地域特点、学校特点、学科特点、教师特长等,充分发挥优势、优化课程结构,使课堂教学取得最高的效益[2]。小学科学实验是学生直接认识自然、了解事物变化规律的主要途径,也是学生科学素养形成的重要途径。实验教学中实验器材的优劣直接关乎学生的学习效果。要上好科学课,学具和教具多元化呈现是促进学生学习效能的有效手段。由于国拨教具存在着一些质量、数量、适用性、实用性等方面的缺陷,导致我们不是每一节实验课都能取得良好的教学效果,对学生科学素养的顺利造成一定的影响。针对此问题,我们有必要对小学科学教材的每一单元和每一课时都进行深入的调查和教学实验,了解教具对学生科学素养形成的促进作用,以及开发制作教具和学具的必要性,探索自制教具这种课程资源的开发有效途径与方法。

1.1.2 研究过程

我以《自制教具对促进小学中年级学生科学素养的形成的作用研究》为课题,在教学实践中重点针对三、四年级科学课堂实验教学情况开展观察和调查,并积极开发适合教学和实验的自制教具、学具,及时应用到教学实践中,取得了不错的教学和学习效果。

1.1.3 主要成果

经过一年多的实践研究,形成如下成果:

(1)通过制作积累,已经形成一套能有效辅助现行小学中年级科学课教学的教具资源套材。

(2)初步摸索总结出一套小学科学中年级自制教具开发的有效途径与方法。

(3)自制教具、学具对于培养小学中年级学生的科学素养、促进其开展有效科学探究活动的策略的浅显分析。

(4)形成了小学科学三、四年级教材中部分课时独具特色的教学流程。

1.2 研究方法

本课题研究以实践研究法为主,辅以调查法和观察法。

1.2.1 实践研究法

这是本课题研究的主要方法。主要实施方式为教师按照计划开展自制教具工作,并将其及时应用到课堂教学实践中,收集整理使用效果等信息,形成经验材料。

1.2.2 调查法

认真学习《小学科学课程标准》,准确把握课标,深入解读教材,掌握主要教学理念和培养要求,并通过向学生发放问卷、师生座谈等方式认真调查三、四年级教材的每一课时教具、学具的使用情况,归纳整理有关信息,为制定详细的开发计划做好准备。

1.2.3 观察法

自制教具完成后,及时应用到课堂教学中,认真观察学生的使用情况及课堂表现,收集整理学生反馈信息,对教具的实用性、适用性、工艺性等指标进行认真的分析,力求不断改进作品,适应实际课堂教学的需求。

2 研究结果

2.1 研究内容

(1)三、四年级科学课程实验用教具情况的全面分析。

(2)制定具有特色的教具资源开发计划,并逐步展开开发制作活动,在日常的教学实践中有效运用。

(3)自制教具资源的开发对中年级小学生科学探究能力的促进作用。树立科学教育广泛资源观,根据教材实际情况,结合本地区的自然、人文特点,积极拓展教具资源开发的视野,发掘此类资源对于小学生各项科学探究技能的促进功能。

(4)现行科学教材与欲开发的教具资源的结合使用策略探索。

2.2　研究过程

按照研究计划,我对现行科学三、四年级教材中的教具使用情况做了深入的研究和分析:根据《小学科学课程标准》对教学目标的达成要求,现行科学教材课时中的实验情况不容乐观,主要体现在实验器材的短缺和实用性差等方面。具体来说存在下列问题:

一是国拨教具种类和数量都缺乏。这样的课时数不胜数。如测量空气的质量、热气球、测量降水量、观察月相的变化、斜面上的物体运动、制作过山车、声音的产生原因,等等,这类课时基本都没有国拨的分组实验器材,学生探究科学奥秘时明显缺乏证据的支持,不能形成完整的探究链条,因此必须以自制学具来完成主要探究活动的任务。

二是有分组实验学具但缺乏演示用教具。这样的课时也不少。虽说学生利用分组实验的学具可以进行主要的探究活动,最终得出科学结论,但是教师利用演示教具引领学生进行集中观察、思考、归纳,其作用是不可或缺的。这类课时如简单电路、各种各样的运动、压缩空气等,也需要开发自制教具来弥补课堂教学的缺陷。

三是现有的教具存在实用性差的缺陷。如四年级上册"运动和力"单元中的小车就是这样。国拨教具中的小车只能进行拉动小缆车实验,在后续的课时橡皮筋动力小车和反冲小车实验就不适用,需要对该学具进行改进或重新制作。《观测风》一课中,风的形成分组实验可以用国拨学具,但该学具设计有缺陷,实验效果也不佳,在引导孩子们认识风的形成原因时不尽如人意,只能重新设计制作。

在对小学中年级教材进行深入研究和对学生进行调查了解之后,我制定了一份详细的自制教具开发计划,并很快投入到开发制作过程中,经过一年多的边开发边使用过程,自认为取得的实践效果不错。现就本人已开发的三、四年级科学课新教材教具资源做一梳理。

2.2.1 小学科学三年级上册

(1)第二单元课时中,压缩空气实验,我们采用注射器作为主要实验材料,让孩子们认识到空气的体积是可以被压缩的,被压缩之后的空气具有弹性。我们完成这个实验之后,为了说明压缩空气的用途,可以用足球、气球、喷壶等来辅助说明。但是喷壶内的空气是压缩之后占据了壶中的空间,挤压壶中的水使其喷出来。而我们现在使用的小喷壶往往结构复杂、不透明,学生理解其工作原理有些费力。为此我制作了教具——压缩空气演示器来说明。教具中灌入少量的水,从皮管中用打气筒打进空气,一下子就能看到水从喷嘴中喷出。演示效果非常明显,引起了学生的兴趣,从而理解了喷壶的工作原理。

图 3-4-1

"空气是有质量的"这一点需要实验来说明,因为有的孩子持明显的怀疑态度。但是要证实空气有质量就需要一定的学具实验或教具演示。为此,我们专门用桐木条和细线制作了分组实验用空气质量秤,并用塑料棒材制作了配套的小砝码,质量从2克到15克不等。虽然这套学具简单,但非常实用。本单元第4和第5课都能应用,灵敏度高,测量准确。

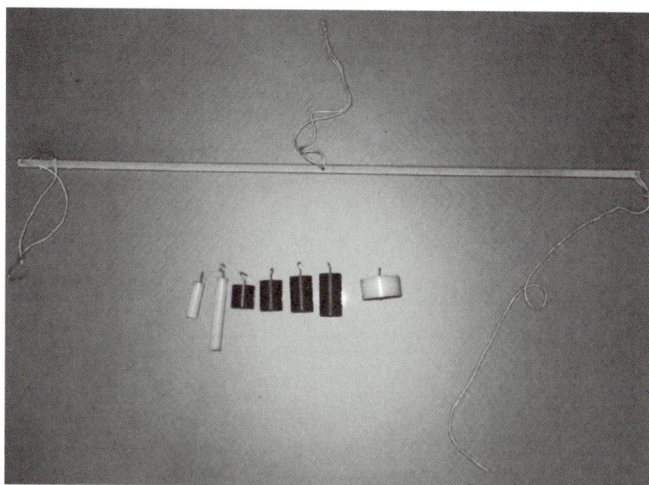

图 3-4-2

热气球实验中,我们除了准备蜡烛、大塑料袋等用品,还特意用雪弗板和瓦楞纸制作了蜡烛座和纸筒,可长期使用,成本低,实验效果好。

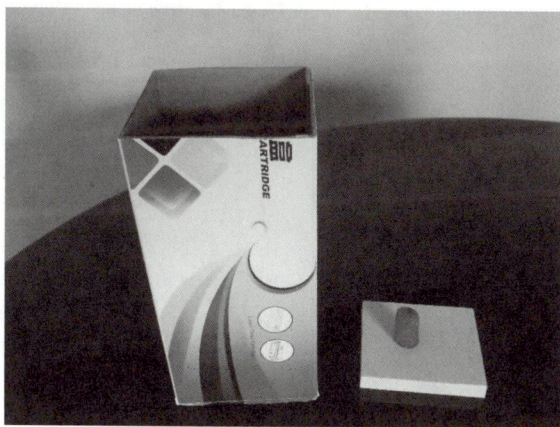

图 3-4-3

《风的成因》一课中是有国拨学具来进行分组实验的,不过我还制作了一件教具配合使用。这件教具采用透明有机玻璃板制作,可以更加直观地让学生看到空气流动形成风的现象。该教具结构如图所示:

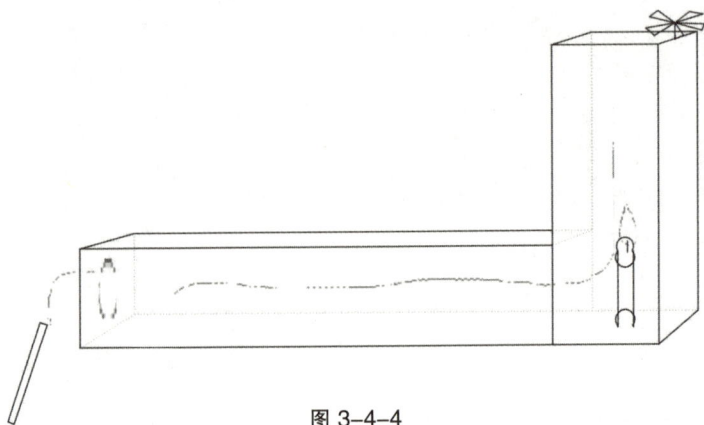

图 3-4-4

实验照片如下:

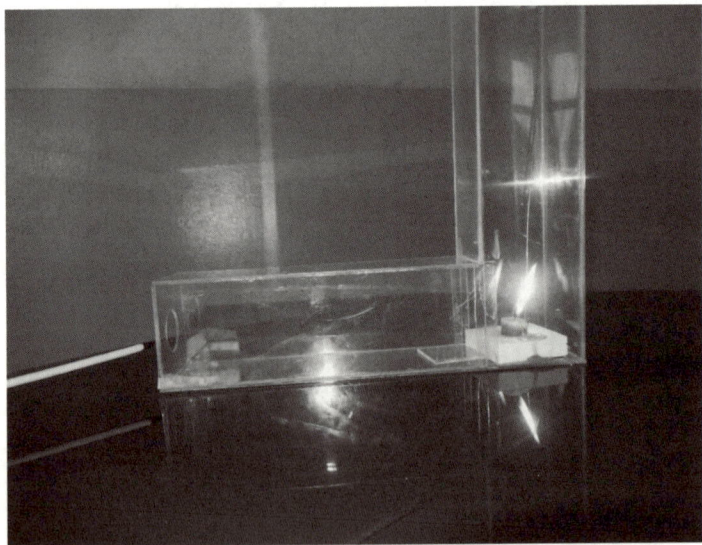

图 3-4-5

(2)《天气》单元:本单元课时中,气温的认识是一个教学重点。我们除了在课上给学生分发气温计作为主要实验材料之外,还特意制作了《温度读数演示器》来辅助教学,更好地让学生认识到一般温度的正确读写法。该教具照片如下:

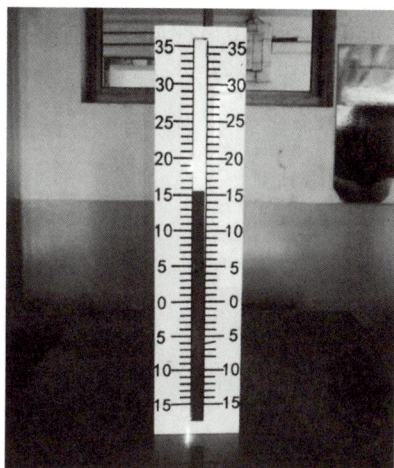

图 3-4-6

模拟测量降水量的实验中,我给各小组配备自制的雨量器模型,采用直筒型透明塑料瓶制作,用喷壶模拟降雨,取得的实验效果很不错。

图 3-4-7

《观测风》的教学主要活动是在室外对风向进行观测,风向袋是一种不错的观测工具,为了能长期使用此类工具,我们利用大垃圾袋、长竹竿和废弃的捕捞网杆及网圈等制作了 10 组风向袋,课上利用其来观测风向,事实证明,在空旷地带进行风向观测活动,这种风向袋指示风向的效果很明显。

除此之外,为了让学生更好地认识风向问题,我还制作了一支灵敏风向标,即可用来说明风向标的基本结构,也可以用于实地演示。该风向标安装在长杆上,高举在空中,完全能指示风向,直观地加深了学生对于气象仪器的认识。

下图是教具照片:

图 3-4-8

2.2.2 三年级下册

(1)《物体的运动》单元

本单元是从认识物体运动方向和位置开始的。方向问题在纸面上认识并不困难,但是到了实际中,相当一部分学生是认识不清的。因此,把 8 个基本的方向概念和实际指认操作结合起来非常重要。我们把孩子们安排在室外上课,利用太阳的位置和房屋窗户朝向等知识辨识基本方向,但是一旦涉及两个物体的相互位置问题,学生又不明所以。为了解决这个问题,我制作了方向盘帮助学生理解位置的互动。在一大张塑料板上画上基本方向图,学习时让孩子站在中心位置,其他孩子站在其周围的不同方向线上不同的距离位置上,再由其自己独立描述此时二者的相互位置和距离,多次实践操作后,孩子们就很容易地理解了位置与方向的问题。

《物体在斜面上的运动》一课中,我特意制作了高度可调节的斜面及沿斜面向下滑动或滚动的正方体、圆柱体、六棱柱等材料。这些材料的使用,让孩子们能清晰地观察到物体在斜面上的运动状态。

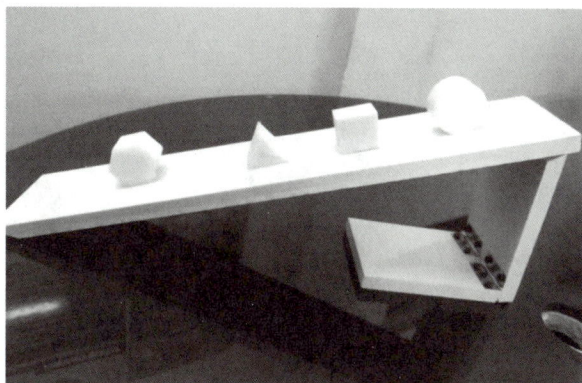

图 3-4-9

(2)《太阳、地球和月亮》单元

本单元第 2 课《阳光下物体的影子》的教学重点是通过用简易日晷观察阳光下的物体影子的变化而掌握这种变化规律,在此基础上了解古人利用这种变化规律制造的计时仪器——日晷。为了更好地让学生把握本课科学概念,并对古人的创造性智慧加以更深刻地了解,我特意制作了 1 件日晷教具和 10 个日晷学具,课下演示加分组实验,加深了学生对于日晷工作原理的理解,也使他们受到了一定程度的科学态度教育。本课使用的教具和学具照片如下:

图 3-4-10

图 3-4-11

《月相变化的规律》一课中,我们采用国拨教具《月相变化演示器》和自制学具《月相变化卡》共同完成教学任务。《月相变化卡》是根据选取从农历初一到三十之间的 25 天月相,在卡纸上绘制而成,上面标有月相对应的时间。使用时可先把月相卡片分散,按照变化规律排列。完成后拿在手中快速翻动,就能看到一个月内的月相变化了。

2.2.3 四年级上册

(1)第一单元:声音

本单元从倾听各种不同的声音开始,在感官上感触到声音的不同,到利用所学的声音知识制作小乐器一共 8 课时的学习内容。其中大部分都是依靠实验进行研究得出结论的重点课时。因此,本单元教学中,教具或学具的使用尤为重要,它们是学生掌握声音奥秘的主要推手。

《声音是怎样产生的》一课中,要求学生通过几个观察效果明显的实验得出结论:物体的振动产生声音。本课可以采用钢尺、皮筋、小鼓进行实验。由于国拨小鼓学具使用效果不佳,为了取得较好的实验效果,我特意制作了钢丝琴和音乐盒,每组 1 套。钢丝琴有粗细不同的 3 条钢弦,实验时,学生拨动钢弦,能明显地看到钢弦的振动,钢弦不动,就没有声音了。

图 3-4-12

音乐盒采用扬声器发声,扬声器的纸盆都露在外面,使用时把绿豆粒撒在纸盆中,打开开关播放音乐,纸盆振动带动绿豆粒不停地跳动,这两种学具既有趣,又能让学生直观地认识到声音是由物体的振动而产生的。

图 3-4-13

第三课时,关于声音的传播问题,目的是要学生知道声音可以被气体、液体和固体传播,如果没有媒介,声音是无法传播的。这里的液体传声实验、固体传声实验(土电话实验)都可分组进行。但气体(空气)传声实验受实验材料的条件限制,无法做到分组进行,只能依靠教师的演示。这里,我制作了3件教具《空气传声演示器》《真空无声演示器》《传声筒》来完成这一知识点的教学。

《空气传声演示器》,如下图:

图 3-4-14

构造如下:

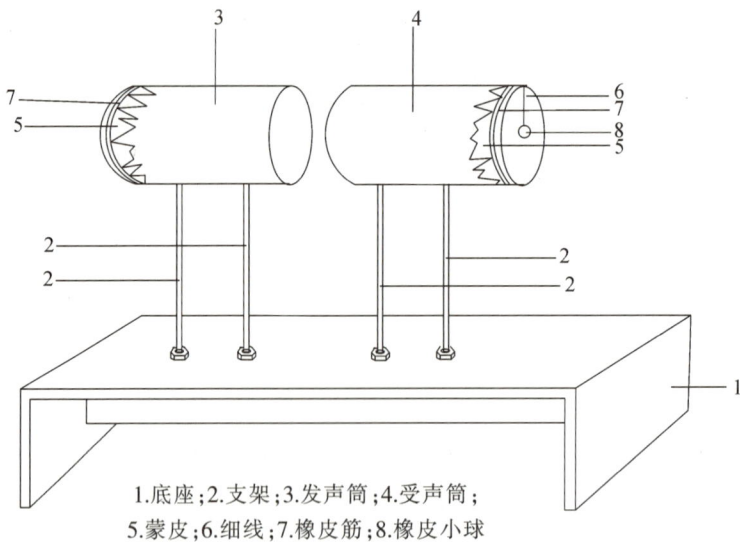

1.底座;2.支架;3.发声筒;4.受声筒;
5.蒙皮;6.细线;7.橡皮筋;8.橡皮小球

图 3-4-15

演示时,将该教具放置在桌面,待小球静止后,用塑料小锤轻轻敲击发生筒的蒙皮,此刻会立刻观察到受声筒蒙皮上的小球跳动起来。这是由于发声筒发声后,声波由筒内的空气传到受声筒,引起了受声筒上蒙皮的振动,带动了小球的跳动。

传声筒是一件两用教具,既可演示空气能传播声音,也可演示水能传播声音,其构造如下:

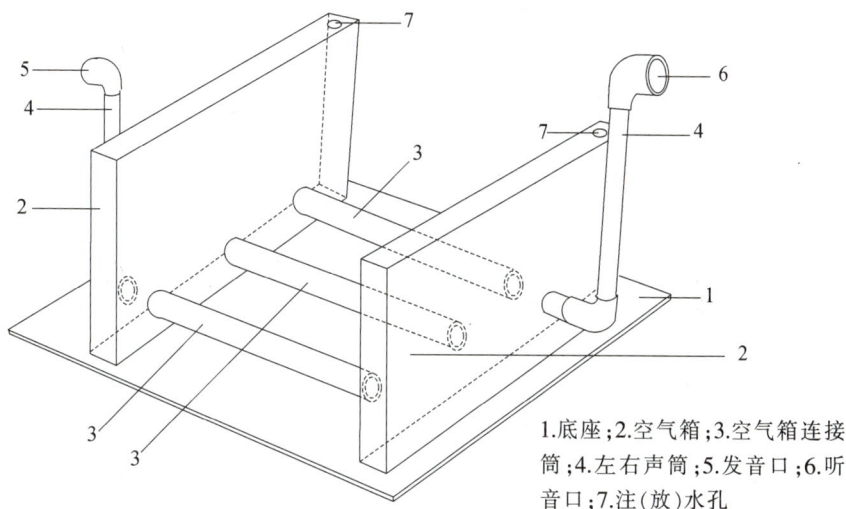

1.底座;2.空气箱;3.空气箱连接筒;4.左右声筒;5.发音口;6.听音口;7.注(放)水孔

图 3-4-16

两个长方体空气箱中间采用 3 段塑料管连接,每个空气箱外侧又有一段直立的管道,分别连接发音口和听音口,这样一来,发音口和听音口实际上是连通的,中间有空气存在。此外,每个空气箱的上方还开有一个小孔作为注水孔或放水孔,以便在需要时向空气箱内部注入水或其他液体。

演示空气传播声音时,一人把耳朵贴近听音口,另一人在发音口轻声说话,听者能清楚地听到声音。如果在听音口和发音口处各接上一段长管再实验,效果仍然很明显。同时,该实验还证明了另一个科学现象:声音在空气中传播时,遇到物体会发生反射。发音者发出的声音能被听者听到,也是由于声音在空气箱和连接筒中产生了多次反射的结果。

若要演示液体能传播声音,则打开注水孔的塞子,向空气箱中注入水或其他液体,让液面超过 3 只连接筒的筒口高度。此时再进行发声和听声实验,同样能清晰

地听到声音,证明了声音能在液体中传播。(其实是在空气和液体中同时传播的结果)

该教具照片如下:

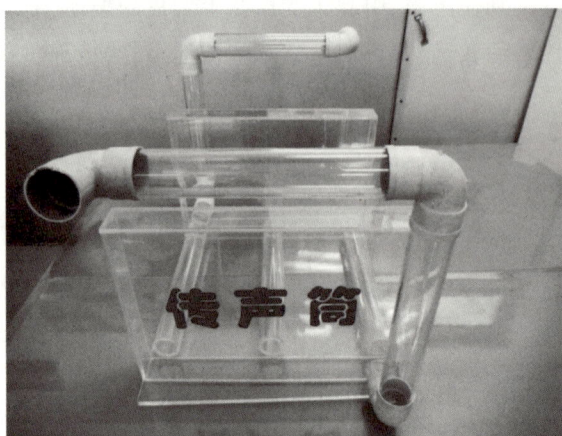

图 3-4-17

《真空无声演示器》的构造较为复杂,设计思路借鉴了教材中抽取钟罩内的空气就听不到闹钟声的实验。其构造如下:

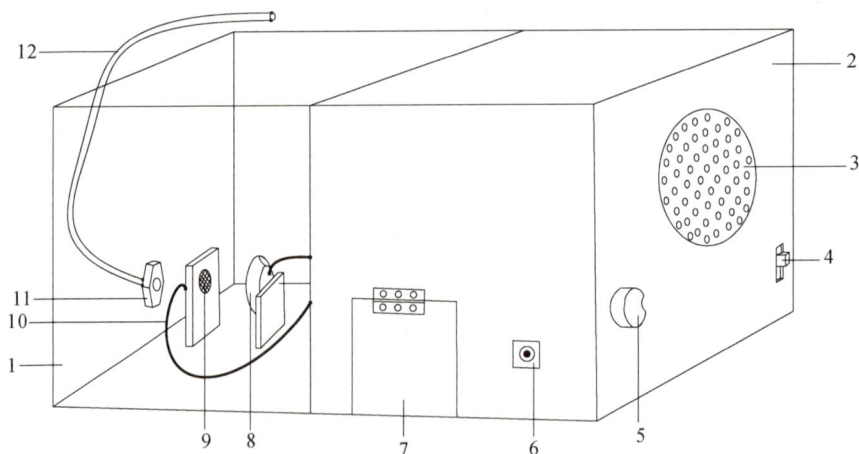

1.传声部分(透明外壳);2.电路部分(不透明外壳);3.扩音机扬声器;4.音乐电路开关;
5.扩音机开关;6.扩音机充电插孔;7.音乐电路电池仓;8.音乐部分扬声器;9.扩音机话筒;
10.话筒电线;11.抽气孔固定螺栓;12.抽气橡胶管

图 3-4-18

该教具工作原理如下：传声部分整体是密封的，只有抽气橡胶管与外界连接。当打开音乐电路开关时，音乐电路的扬声器播放乐曲，与其相对不远处的话筒接收到声波信号传入到扩音机中，扩音机的扬声器随之播放乐曲。此时把橡胶管连接抽气机，抽出传声箱内的空气，由于没有空气，扬声器发出的声音无法传出，而且也无法到达近在咫尺的话筒，扩音机也接受不到声波信号，同样无法播放乐曲。

照片如下：

图 3-4-19

事实证明，有了这几件教具的帮助，配合土电话的分组实验，本课的教学效果非常好。学生学得有兴趣，有激情，对于科学概念的把握十分轻松。

《我们是怎样听到声音的》是本单元第 4 课，学习目标是要求学生了解人的耳朵听到声音的过程。教学本课时，我用国拨教具——耳解剖放大模型配合自制学具——鼓膜听声模拟装置进行。分组实验时，每组学生把该装置放在桌面上，在其附近敲击小鼓，可看到装置表面的橡皮膜轻微震动。本学具在《声音的强与弱》一课也能应用。随着我们敲小鼓时用的力度不同，小鼓发出的声音强弱也不同，橡皮膜震动的幅度也不一样。

图 3-4-20

第 6 课《声音的高与低》问题探讨中,采用的实验材料主要是钢尺,在其伸出桌面不同的长度时拨动发声,倾听钢尺长短不同而造成的音高的差异。演示的教具使用了铝板琴和口琴。这里,我还为每个实验小组制作了铝管敲击学具,每个铁丝架上吊着 4 段长度相同、粗细不同的铝管,用小锤敲击,可听到它们发出的音高明显不同。

《让弦发出不同的声音》一课中,前用的教具钢丝琴盒又派上用场,3 条钢弦中的不同位置下垫上塑料垫片,再弹拨,钢弦在长短不同的情况下振动,发出的声音差异尽显。由此,振动频率的差异造成音高的变化这一概念就能深入学生心中。

(2)第三单元"运动和力"

本单元第 2 课《用气球驱动小车》中,需要用气球固定在小车上驱动小车,这是采用空气反冲力的实例。但本实验中, 国拨小车学具缺乏固定气球的装置,为此,我用铝板和四驱车轮制作了 10 组小车,每辆小车都带有气球喷嘴,气球用皮筋可以很方便地固定在吹嘴上,实验的效果也非常好。这种小车的后车轴中间还套着一个带缺口的轮子,这是为了第 3 课的实验准备的。这个轮子的缺口上可以挂住橡皮筋,方便用橡皮筋作动力驱动小车。总之,这组学具充分发挥其两用功能,在这两课时的学习中作为主要实验材料使用,为学生掌握科学概念立下了汗马功劳。

图 3-4-21

图 3-4-22

图 3-4-23

《运动与摩擦力》一课的科学概念目标是知道摩擦力大小与物体的运动方式有关系,滑动时的摩擦大于滚动时的摩擦,探究目标之一是用垫圈数量表示摩擦力的大小。这些目标的实现需要实验的支撑。为此,我制作了带滑轮的滑动板、滑块、垫圈盒等材料让学生进行分组实验。由于选材得当,实验很成功,对于学生掌握概念,实现科学课堂教学的各个目标都大有裨益。

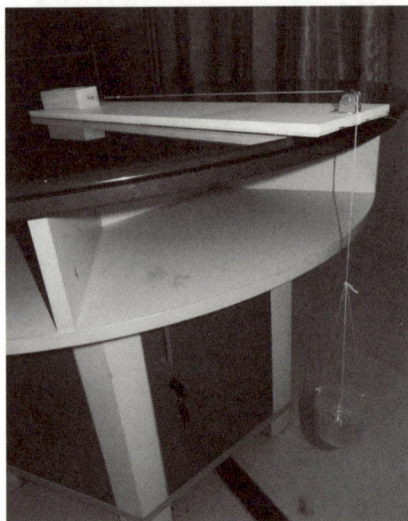

图 3-4-24

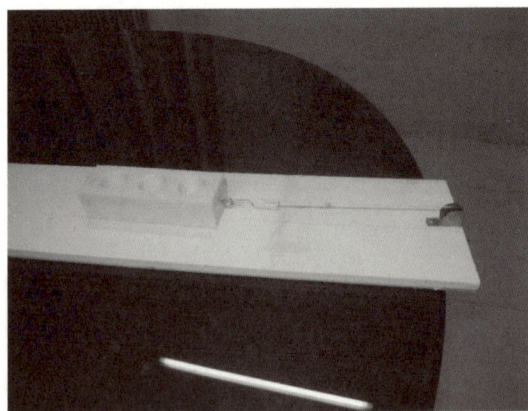

图 3-4-25

2.2.4 四年级下册

第二单元:本单元以"电路"为主题,引领学生展开对简单电路的学习,指导学生认识电路的组成,知道形成电路的条件,懂得安全用电的常识,为中学进一步学习电路中的电流、电压、电阻等概念积累经验、做好铺垫。

本单元第1课《电和我们的生活》属于一般性了解课时,只要求学生对电的基本知识做简单的了解,知道电来自哪里以及电与人们现代生产生活的密切关系就可以。

"电从哪里来"是本课一个知识点,一般家庭和工业用的电都是发电机产生的电能,我们有分组实验用的手摇发电机可以供学生实验,但一般的发电机可不是依靠手摇来驱动的,它们有的依靠蒸汽动力,有的依靠水力,有的依靠风力。针对这个知识点,我制作了水力发电装置和风力发电机模型来演示电能的产生。教具照片如下图:

这两件教具在课堂上演示,效果不错。(风力发电装置需要电扇吹动)

图 3-4-26

图 3-4-27

本单元从第 2 课时《点亮小灯泡》开始,以实验的方式开展对电路的探索。本课时我们采用干电池、电线、小灯泡作为实验材料,在了解小灯泡和电池的内部结构的基础上,尝试以多种方式点亮小灯泡,在此基础上理解小灯泡发光的原因是因为有电流通过。本课在实验之后组织学生汇报小灯泡的连接方法时,我让学生使用了自制教具——电池和小灯泡模型来完成。

图 3-4-28

该套教具采用有机玻璃板和彩印纸制作,背面有磁铁,可以牢牢吸附在黑板上。学生汇报时,可以根据自己的实验结果在黑板上拼摆出连接方法来,电线用粉笔线条表示。如下图:

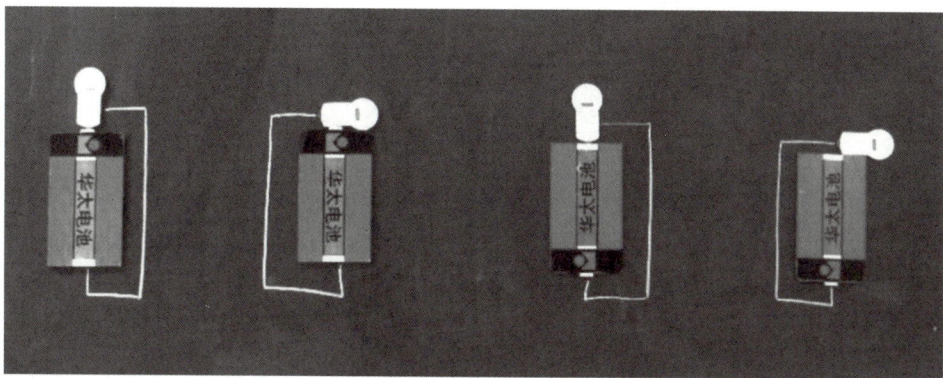

图 3-4-29

这种方式很受学生欢迎。教具使用简单,效果一目了然,再配以简单的课件演示,学生可以很轻松地认识到小灯泡发光的秘密,为后续判断小灯泡的连接方式正误奠定了基础。

第 3 课《简易电路》和第 4 课《电路出故障了》及第 7 课《电路中的开关》分别从认识最简单的电路组成开始,到尝试利用现有材料制作一个电路检测器,用于检测电路中损坏的元件,进一步通过开关的作用理解电路的断路和通路,并尝试利用简单的材料制作小开关用于电路中。这几课时集中体现了学以致用的教育理念。但从每节课的教学过程来看,基本都需遵循"导入学习——分组实验——得出结论"的过程,前两节课时中,国拨学具足够每次实验使用,但在教师引导学生深入探究、突破教学难点和汇报归纳阶段中,演示用教具的作用是不可替代的。为此,我专门制作了《磁性简单电路示教板》用于这几课的学习,效果很好。该教具如下:

由照片可以看出,该教具中包含的 5 个磁性元件可以在白板上自由组合成一灯一电源串联、二灯一电源串联、一电源二灯并联、一电源一开关一灯、一电源一

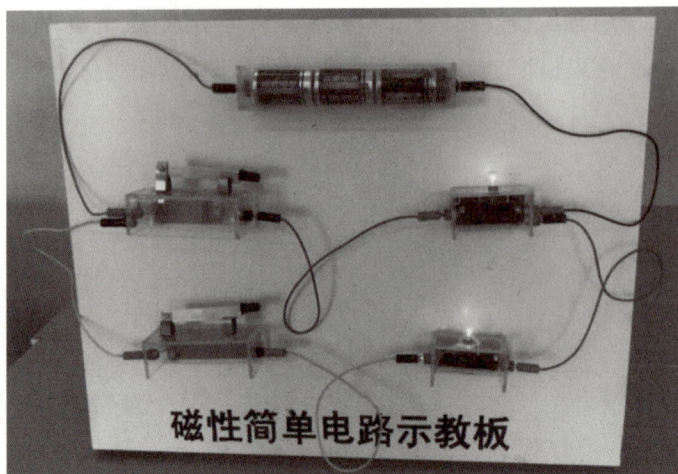

图 3-4-30

开关二灯串联等数种简单电路。清晰直观地为学生呈现出各种电路的主要功能及基本结构,便于学生理解其不同的电流流向问题。该教具在第 5 课《里面是怎样连接的》和第 6 课《导体和绝缘体》中还可作为电路检测器使用。在第 8 课《模拟安装照明电路》能演示照明灯的设计安装。《电路中的开关》一课是在掌握了导体和绝缘体概念的基础上,通过动手制作小开关并应用于电路中来理解开关的作用及"通路"和"断路"的概念。本课的实验主要是制作小开关。为此我用木板、铜图钉、

图 3-4-31

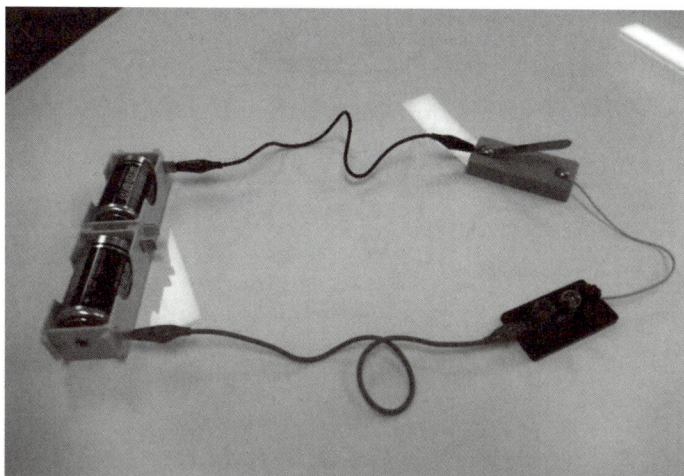

图 3-4-32

磷铜片制作了 10 组学具供各小组制作简单的按键式开关使用。该套学具由于导电部分均采用铜材制作,因此性能比教材中采用的曲别针更加可靠,实验效果更好。

《里面是怎样连接的》是解暗箱操作课时,利用前课所用的电路检测器解决暗盒中的电路连接问题。本课中,暗盒是实验的主要器材。我制作了 10 组暗盒,里面的连接方式各不相同,在课堂中使用时,学生除了检测出本组的暗盒连接秘密,还同别的小组交换检测,大大提高了学习的兴趣,提升了动手操作的能力。

图 3-4-33

图 3-4-34

《导体和绝缘体》一课是通过用电路检测器检测常见材料的导电性能,理解导体和绝缘体的概念,进而了解其在生活和生产中的应用,为下一课时制作小开关打下知识基础。因此,不同材质的实验材料是本课实验的关键因素。我为每个实验小组准备了 14 种不同材质的实验材料,从课标的要求和学生的年龄段层面都基本上达到了改课时的教学需求。

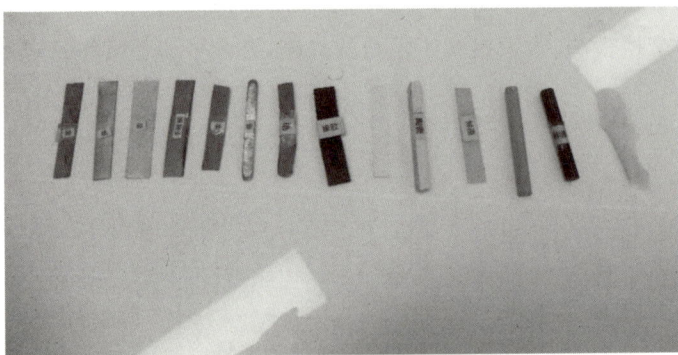

图 3-4-35

为了对学生进行安全用电教育,本课需要让学生了解人体、大地、不纯净的水是导体。但缺乏相关的教具进行演示。为此,我设计制作了《人体导电演示仪》用于演示人体、大地、不纯净的水是导体,该教具采用两节一号干电池供电,使用安全

可靠,演示效果非常好。作品照片如下:

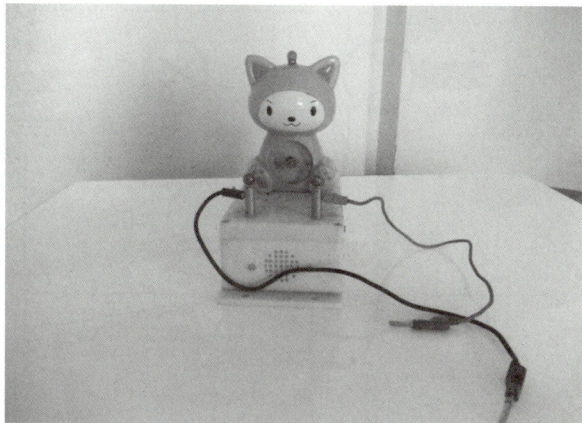

图 3-4-36

　　演示人体是导体时,可以三五个人手拉手围成一圈,边缘的两个人分别用手捏住两支演示仪的测试铜棒,此时演示仪上的两只小灯泡就发光,显示电流先后通过数个人体使小灯泡发光。

　　演示不纯净的水或大地是导体时,就将测试铜棒离开一段距离插入水中或湿润的泥土中,小灯泡也会发光,显示电流能通过不纯净的水或大地流动。

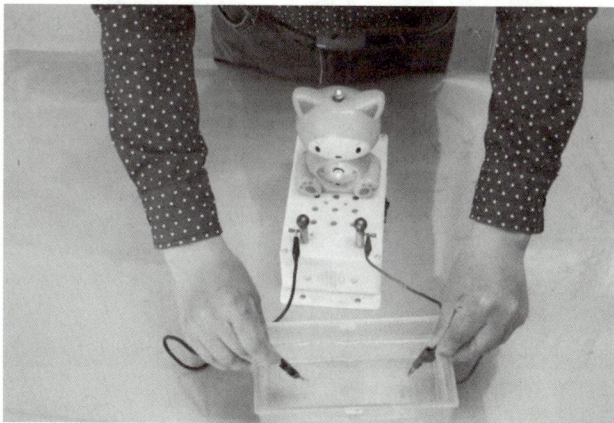

图 3-4-37

该教具的电路工作原理如下：

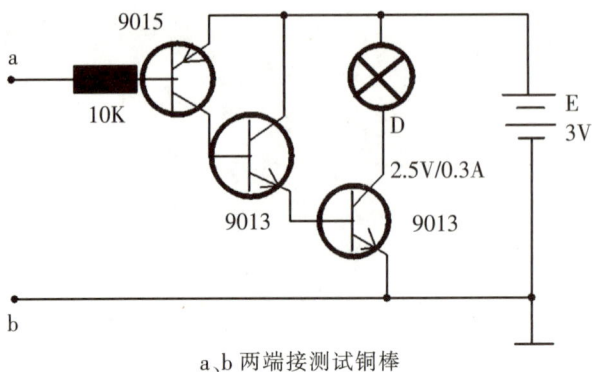

a、b两端接测试铜棒

图3-4-38

除此之外,为了提高学生的学习兴趣,我还为《简易电路》等课时制作了《生肖游戏机》,增强课堂学习的趣味性,提升了教学效率。该教具照片如下：

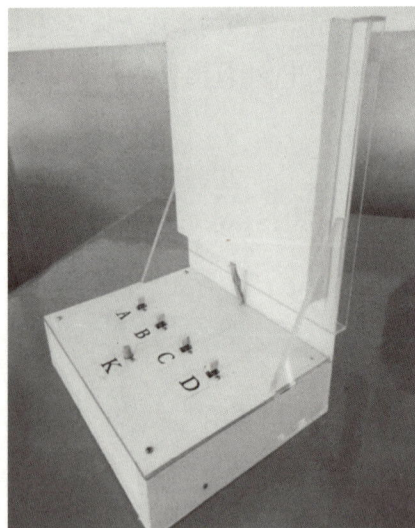

生肖游戏机正面视图

图3-4-39

生肖游戏机背面视图

图3-4-40

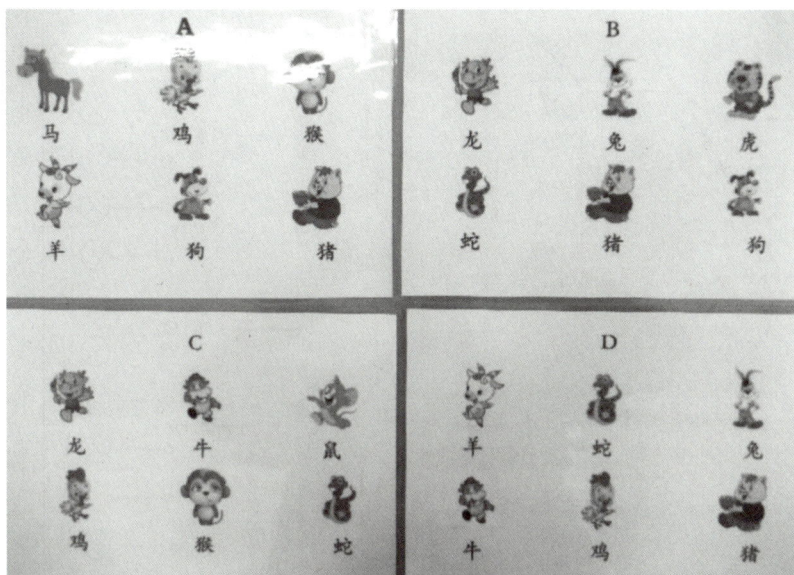

生肖游戏机游戏卡片

图 3-4-41

　　该教具使用方法是：将四张画有生肖图片的卡片按照 A、B、C、D 的顺序依次出示给被猜测人，若某张卡片上有该人的生肖，即将机器背面对应的开关按下去，没有就不动该开关。以此类推，直至 4 张卡片全部出示完毕，将总开关按下，显示板上就有一对应的生肖小灯亮起来，该生肖就是此人生肖。该机器的电路图如下：

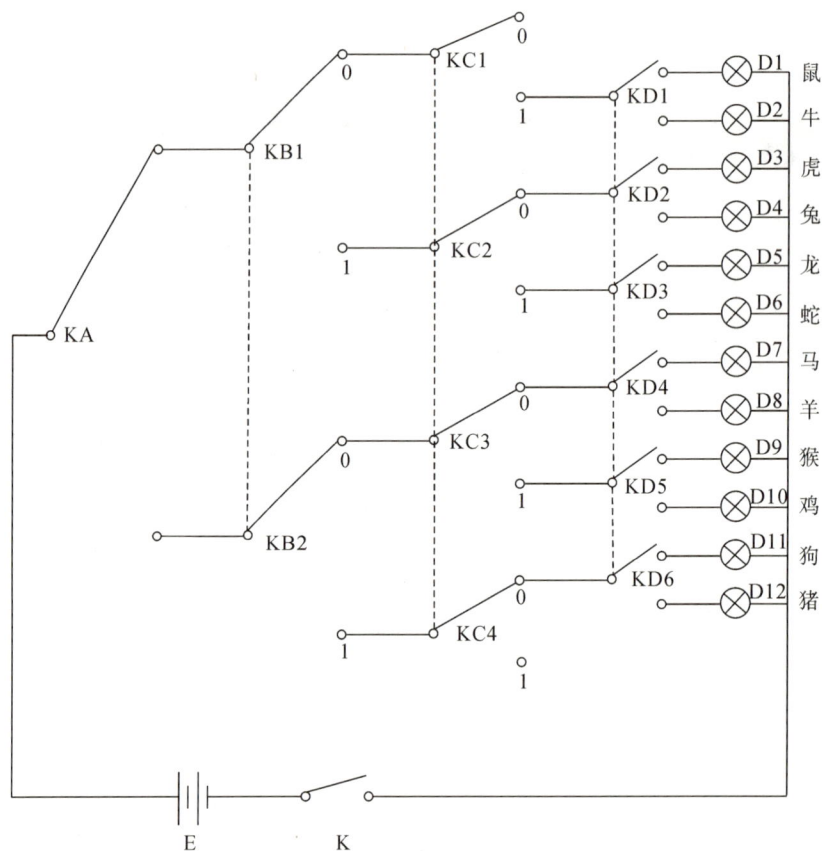

图 3-4-42

　　由图中可以看出,机器的电路其实就是用了几个开关,通过不同的排列组合方式接通某一生肖所在的灯泡电路,使该灯泡发光。

　　同样,我还为《里面是怎样连接的》一课制作了《选择题学习机》用于辅助教学。该教具分 2 部分,使用时将 4 个按钮所在部分交给学生操作。将选择题的试题和答案分别放进仪器面板的题框中(正确答案任意放置),然后根据正确答案的位置,将背后的开关拧到相应位置(如:答案放在题框 A 中,则选择开关就拧至 A处)。学生面对题目和 4 个答案时,用手按下 A、B、C、D 4 个按键中的任何一个,正确的答案灯泡会亮,错误的灯泡无反应。

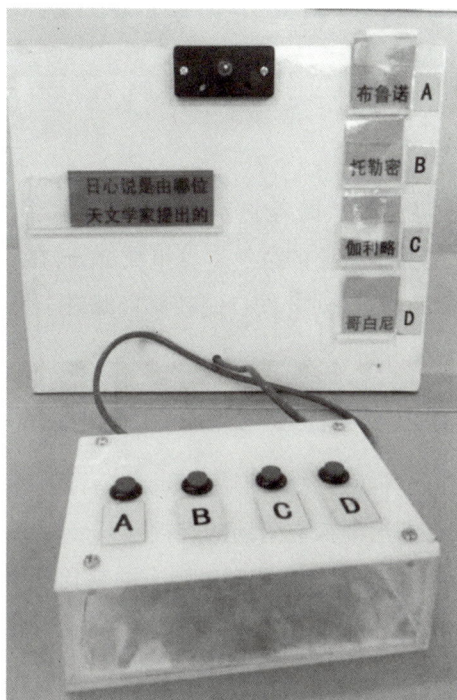

图 3-4-43

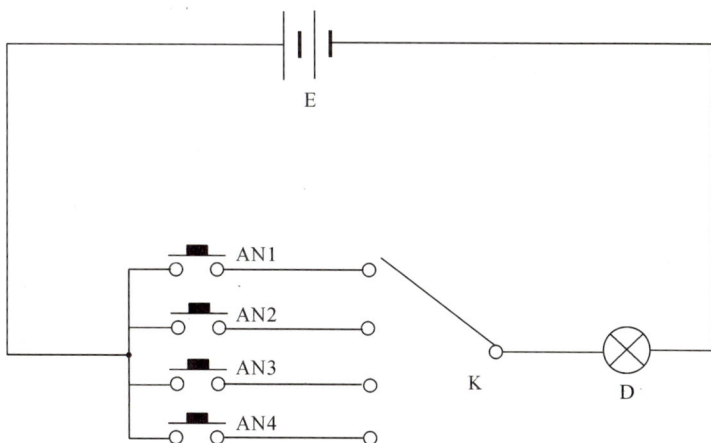

图 3-4-44

3 研究分析

本课题的研究目的就是为了提高中年级学生的科学素养,小学生科学素养的内涵很多。其中,探究能力是主要的科学素养组成部分,在科学素养中,思维能力的培养无疑是至关重要的。这里对开发自制教具资源对于培养和提升学生科学思维的重要促进作用做简要分析。

3.1 自制教具是激发学生学习兴趣的重要组成部分

兴趣是引导学生开展科学探究的推动力量。每一课时都需要我们想方设法地激发学生的学习兴趣,保证后续探究活动的有效性开展。课件、故事、视频等都可用来激发学生的学习兴趣。自制教具或学具独有的视觉效果更不可忽视。如前文提到的《生肖游戏机》等就是典型的例子。兴趣被调动起来,后续的学习活动就容易趁热打铁地进行下去。

3.2 自制教具是提高学生实验操作能力的重要帮手和思维能力得到锻炼的有效促进载体

实验是小学生开展科学探究活动,形成科学素养的主要途径。实验过程往往是学生由对直观世界的感性观察上升到理性认识,形成概念性知识的过程,思维能力的训练应当伴随整个过程。实验开展的是否顺利,实验材料的作用毋庸置疑,自制教具是教师根据教学实际,针对某一知识点的获取或某一探究目标的达成而设计制作,称得上是"因材而作",也即是说,自制教具完全是与实验教学紧密结合的产物,具备很强的针对性与实用性。优秀的自制教具实验现象明显,准确直观,能清晰地展现自然事物的变化过程和变化规律,能激发出孩子们浓厚的实验兴趣,投入高度的集中精神,合理地分析思考,在感官上得到第一手明确的印象,便于其观察和描述看到的科学事实,为后续的整理信息、推理分析、得出科学的结论等活动奠定坚实的依据基础。如音乐盒、钢丝琴等自制成套的学具在帮助学生获得科学知识的过程中起到了至关重要的作用。

我们在培养学生科学思维的过程中,必须注重培养其思维的连贯性、指向性和纵深度,自制教具是实现这些培养目标的重要保障。

首先,我们要保证学生在探究的过程中做到思维不掉链、不断开,这其中师生互动、教师引导与启发的作用毋庸置疑,但在教师演示教具并配合语言描述或学生在自行操作学具的过程中,他们的思维也一直被眼前的事物所吸引,眼随教具动,大脑随之运作,从头至尾完成"观察——思考——结论"的过程,保证了思维的连贯性。例如测量风向的两个教具——风向标和测风袋的作用就是如此,这二者使用方法类似,但指示结果相反,通过教师的演示和语言引导,学生从观察风向标的变化到思考其变化的原因, 最后得出科学的结论——风向标箭头所指就是风向。而测风袋拿在孩子们的手中时,袋子被风吹得鼓起来飘向某一方向,其反方向就是风向,这一点在与风向标的作用对比中就能得出结论来。

其次,自制教具往往为了实现一个教学目标而设计制作,其对思维的指向单一性培养很明确。以《空气传声演示器》来说,该教具放在学生面前时,教师详细介绍其基本结构,逐渐引向该教具的主要作用但不说透,此时演示让学生观察实验结果,孩子们看到了有趣的实验现象,再联想到教具的结构,他们会逐渐明确这是由于空气把声音从发生筒内传到收声筒内并引起橡皮膜振动而造成的现象。在这一过程中,学生的精力集中思考"这是为什么",他们会认真观察教具的构造并回忆老师的操作,结合看到的现象全方位思考,不难得出科学的正确的结论,思维的训练也完成了。

再次,科学探究活动要求达到"一英寸宽,一英里深"的境界。自制教具作为课程资源的重要一环,是实现这一目标的重要途径。以《人体导电演示仪》为例,这一教具本是为验证人体、大地、不纯净的水是导体而制作,然而,我们在验证活动完成之后还可以让学生思考:这件教具除了能证明人体等是导体,还可以用来干什么?这一问题其实是对学生发散性思维的培养,诱发学生积极思考,此时的探究活动就逐步拓展到课堂之外,实现了《课标》的要求,拓展了探究空间和思维训练的广度与深度。

3.3 自制教具是突破教学难点的重要保证和培养学生创新精神的有力助手

科学课上的教学难点往往是学生通过实验发现和老师引导而突破。自制教具的演示功能在此时尤为体现出来。如上述《点亮小灯泡》一课，若从小灯泡的几种正确连接方法中得出其同一性的规律来，黑板上的教具显而易见更容易被学生发现这个规律。《简易电路》则更要依靠《简单电路示教板》来展现不同电路的连接方法。至于分组实验用的学具就更不用说了。

自制的教具或学具也许美学性不突出，但往往蕴含极大的创新潜能。使用生活中易得材料或废旧材料制作教具，本身就是潜在地对学生进行创造教育。自制教具巧妙的设计、独到的构思，将给中年级学生以创造性的启发和激励，而其不完善、不理想之处又可促使学生产生"如何才能做得更好"的创造动机。创新能力的培养其实就是创新思维的培养。在孩子们具备了创新的意识的基础上，教师通过科学合理的引导，让孩子们展开丰富的想象，对自己身边的物质提出合理的改造和创造计划，这本身就是在培养他们的创新思维。自制教具中蕴含的丰富的创新思路，都会潜移默化地启迪着学生，诱发其对创造性活动产生浓厚的兴趣，知道创造简单而有乐趣，科学实验不仅仅是在实验室完成的，家里的简单材料也能做实验、搞发明，促使其课余时间自行开展探究活动，体验科学学习的乐趣，锻炼其科学素养中的重要组成要素。

4 研 究 结 论

教具应用范围及开发途径的初步探索

1.自制教具的适用性问题。一年多的课题研究实践证明，三、四年级的科学课堂教学中，凡涉及物质科学、地球与宇宙内容的教学内容，很多课时都可以自主开发资质教具资源。自制教具的优点是针对教学内容专门制作，课堂上适用，教学效果好。并且自制教具可以锻炼教师的动手能力，利于培养学生的科学探索精神。

需要说明的一点是，开发教具要建立在明确教材编写意图的基础上，即要吃透教材再开发教学资源。这是自制教具能否适用于课堂教学的重要保证。比如说，四年级上册即有"力学"内容，但同老版教材对比，"摩擦力"的教学内容明显不如老版教材深入，新教材显然更注重的是对摩擦概念的初步认识以及增大和减小摩擦的方法,在此基础上更便于开展后续的车辆设计活动,这是本单元突出"科学、技术、社会与环境"这一课程目标的突出表现。因此,本单元的教具开发就要围绕上述目标进行,学生通过学具进行分组实验之后,只需要知道物体由滑动变为滚动可以减小摩擦,物体运动方式不同产生的摩擦大小也不同,等等。

2.关于教具开发的原则问题。通过实践表明,自制教具学具,重要的原则之一就是简约性。自制教具不求美观性多么突出,讲究的是实用性、有效性,并力求结构简单,使用方便,实验或演示效果明显。因而,我们应当注意其制作成本。可大量利用现代生活产生的废弃物,而且制作都比较简单、方便,有利于完成。这不仅容易做到人人动手实验,还有利于培养学生的求知兴趣、动手能力及创造精神。兴趣是吸引学生注意力的极好手段,它对增强学生们的好奇心,激发学生们的学习兴趣,都起着重要的推动作用。

制作前要制定明确的计划,绘制出设计图,步步为营,精确选材,精心制作。不求工艺多先进,但求质量有保障,完成的教具能多次重复使用。

3.注重引导学生设计实验用学具。孩子的创造力是无限的,他们的聪明才智不可低估[3]。在学习的过程中,小学生也往往会有精妙的创意出现,让人耳目一新。我们在课堂教学中可以有意识地让孩子们自己设计实验来证明某些科学论断,他们的脑路往往就是我们开发制作教具或学具的思路源泉。如我制作的分组学具——空气质量测量称及配套砝码就是在课上孩子们的设计结果。

由于本课题实施时间只有短短的一年多,每课时开展研究也只有几次机会,因此研究活动并不深入,教具的开发也没有普及到所有课时,以上所述只是自己对本研究课题一些较为粗浅的认识,恳请各位专家批评指正。

参考文献

[1]钟巧平.新课程背景下小学科学课程教学中家庭教育资源的开发与利用[J].新课程研究(基础教育),2009(12):13-15.

[2]韦钰,[加]罗威.探究式科学教育教学指导[M].北京:教育科学出版社,2005.

[3]段兆兵等.课程资源开发与利用原理与策略[M].合肥:安徽师范大学出版社,2011.

成果清单：

附表 1.小学科学三、四年级自制教具目录表

附表 2.小学科学三、四年级部分课时特色教学设计课时目录表

附表 3.小学科学三、四年级部分课时特色教学设计

附表 1：

教科版小学科学三、四年级自制教具目录表

序号	名称	数量	单位	类别	适用课时	制作人
1	压缩空气演示器	1	件	教具	三年级上册第二单元第 3 课《压缩空气》	李伟
2	空气质量天平	10	套	学具	三年级上册第二单元第 4 课《空气有质量吗》	李伟
					三年级上册第二单元第 5 课《一袋空气的质量有多少》	
3	热气球实验装置	10	套	学具	三年级上册第二单元第 6 课《我们来做热气球》	李伟
4	风的成因演示器	1	件	教具	三年级上册第二单元第 7 课《风的成因》	李伟
5	温度读数演示器	1	件	教具	三年级上册第三单元第 2 课《认识气温计》	李伟
6	雨量器模型	8	件	学具	三年级上册第三单元第 4 课《测量降水量》	李伟
7	风向袋	8	件	学具	三年级上册第三单元第 5 课《观测风》	李伟
8	灵敏风向标	1	件	教具	三年级上册第三单元第 5 课《观测风》	李伟
9	方向识别盘	1	件	教具	三年级下册第一单元第 1 课《运动和位置》	李伟
10	物体斜面运动实验套材	8	组	学具	三年级下册第一单元第 4 课《物体在斜面上的运动》	李伟

序号	名称	数量	单位	类别	适用课时	制作人
11	日晷模型	1	件	学具	三年级下册第三单元第2课《阳光下物体的影子》	李伟
12	日晷模型	10	件	学具	三年级下册第三单元第2课《阳光下物体的影子》	李伟
13	音乐盒	10	件	学具	四年级上册第一单元第2课《声音是怎样产生的》	李伟
14	钢丝琴盒	10	件	学具	四年级上册第一单元第2课《声音是怎样产生的》	李伟
					四年级上册第一单元第7课《让弦发出高低不同的声音》	李伟
15	空气传声演示器	1	件	教具	四年级上册第一单元第3课《声音是怎样传播的》	李伟
16	传声筒	1	件	教具	四年级上册第一单元第3课《声音是怎样传播的》	李伟
17	真空无声演示器	1	件	教具	四年级上册第一单元第3课《声音是怎样传播的》	李伟
18	鼓膜受音模拟装置	10	件	学具	四年级上册第一单元第4课《我们是怎样听到声音的》	李伟
19	音高实验套材	8	套	学具	四年级上册第一单元第6课《声音的高与低》	李伟
20	小缆车	10	件	学具	四年级上册第三单元第1课《让小车运动起来》	李伟
21	反冲小车(带有皮筋轮装置)	10	件	学具	四年级上册第三单元第2课《用气球驱动小车》	李伟
22	反冲小车(带有皮筋轮装置)	10	件	学具	四年级上册第三单元第3课《用橡皮筋驱动小车》	李伟
23	摩擦力实验装置	10	套	学具	四年级上册第一单元第5课《运动与摩擦力》	李伟

续表

序号	名称	数量	单位	类别	适用课时	制作人
24	风力发电装置	1	件	教具	四年级下册第二单元第1课《电和我们的生活》	李伟
25	水力发电装置	1	件	教具	四年级下册第二单元第课《电和我们的生活》	李伟
26	小灯泡和电池模型	6	套	教具	四年级下册第二单元第2课《点亮小灯泡》	李伟
27	磁性简单电路示教板	1	件	教具	四年级下册第二单元第3课《简单电路》	李伟
					四年级下册第二单元第4课《电路出故障了》	李伟
					四年级下册第二单元第7课《电路中的开关》	李伟
28	制作小开关材料	10	套	学具	四年级下册第二单元第7课《电路中的开关》	李伟
29	电学暗盒	10	件	学具	四年级下册第二单元第5课《里面是怎样连接的》	李伟
30	生肖游戏机	1	件	教具		李伟
31	选择题学习机	1	件	教具		李伟
32	导体、绝缘体实验材料	10	套	学具	四年级下册第二单元第6课《导体和绝缘体》	李伟
33	人体导电演示仪	1	件	教具	四年级下册第二单元第6课《导体和绝缘体》	李伟

合计:教具21件,学具17种154件。

附表2：

教科版小学科学三、四年级部分特色教学设计课时目录表

序号	课题名称	所属册次、单元、课时	使用自制教、学具名称	教具类别
1	压缩空气	三年级上册第二单元第3课	压缩空气演示器	教具
2	空气有质量吗	三年级上册第二单元第4课	空气质量天平	学具
3	一袋空气的质量有多少	三年级上册第二单元第5课		
4	我们来做热气球	三年级上册第二单元第6课	热气球实验装置	学具
5	风的成因	三年级上册第二单元第7课	风的形成演示器	教具
6	认识气温计	三年级上册第三单元第2课	温度读数演示器	教具
7	测量降水量	三年级上册第三单元第4课	雨量器模型	学具
8	观测风	三年级上册第三单元第5课《观测风》	风向袋	学具
			灵敏风向标	教具
9	运动和位置	三年级下册第一单元第1课	方向识别盘	教具
10	物体在斜面上的运动	三年级下册第一单元第4课	物体斜面运动实验套材	学具
11	阳光下物体的影子	三年级下册第三单元第2课	日晷模型	教具
			日晷模型	学具
12	声音是怎样产生的	四年级上册第一单元第2课	钢丝琴盒	学具
			音乐盒	学具
13	声音是怎样传播的	四年级上册第一单元第3课	空气传声演示器	教具
			真空无声演示器	教具
			传声筒	教具
14	我们是怎样听到声音的	四年级上册第一单元第4课	鼓膜受音实验装置	学具

序号	课题名称	所属册次、单元、课时	使用自制教、学具名称	教具类别
15	声音的高与低	四年级上册第一单元第6课	音高实验套材	学具
16	让弦发出高低不同的声音	四年级上册第一单元第7课	钢丝琴盒	学具
17	让小车运动起来	四年级上册第三单元第1课	小缆车	学具
18	用气球驱动小车	四年级上册第三单元第2课	反冲小车(带有皮筋轮装置)	学具
19	用橡皮筋驱动小车	四年级上册第三单元第3课	反冲小车(带有皮筋轮装置)	学具
20	运动与摩擦力	四年级上册第一单元第5课	摩擦力实验装置	学具
21	电和我们的生活	四年级下册第二单元第1课	风力发电装置	教具
			水力发电装置	教具
22	点亮小灯泡	四年级下册第二单元第2课	小灯泡和电池模型	教具
23	简单电路	四年级下册第二单元第3课	磁性简单电路示教板	教具
24	电路出故障了	四年级下册第二单元第4课	磁性简单电路示教板	教具
25	电路中的开关	四年级下册第二单元第7课	磁性简单电路示教板	教具
			制作小开关套材	学具
26	里面是怎样连接的	四年级下册第二单元第5课	电学暗盒	学具
			选择题学习机	教具
			生肖游戏机	教具
27	导体和绝缘体	四年级下册第二单元第6课	人体导电演示仪	教具
			导体绝缘体实验材料	学具

小学科学思维型探究中引导学生开展小课题研究的方法与策略研究

天津市静海区实验小学　信连娟

摘　要: 课题研究内容:

一、小课题研究的组织形式

二、小课题研究的选题

三、小课题研究的方法

四、小课题研究的呈现形式

五、小课题研究的展示阵地

六、小课题研究中培养学生各方面的科学素养

七、小课题研究的评价形式

关键词: 小学科学　小课题

1 绪论

1.1 本课题核心概念的界定

小课题研究,是指学生在教师的指导下,让学生围绕某一课题或者问题,有目

的、有计划地进行拓展性的思维型研究学习。以建构具有教育性、创造性、实践性的学生主体活动为形式，激励学生根据自身的爱好与条件，通过学生自主发现问题，自主提出问题，自主选择课题研究，根据已有的知识和经验，从课堂到课外以及生活中的问题进行自主探究。让学生在思维型探究过程中学到知识、增长技能、培养素养、受到教育、得到发展的一种学习方式，同时它又是一种开放性的教学方式。

1.2 选题意义及研究价值

《中国学生发展核心素养》提出，我们的教育要培养全面发展的人。其中包括3个方面：使学生具有一定的文化基础：积淀文化底蕴，培养科学精神；让学生能够具有自主发展的能力：学会学习，能够健康生活；参与社会实践做到：责任担当，实践创新。这几个方面都涉及"科学、创新、实践"。新的科学课程标准中也把科学实践作为科学学习的中心。但是，要做到这几点，光靠学校里的科学教学是不能完全做到的，必须要延伸到课外。而且孩子们天生就有好奇心和求知欲，因此，我们提出了引导学生开展小课题研究的研究课题。

小学科学学科领航工程的团队攻坚课题是《小学科学课程思维型探究的学与教的研究》，本课题属于该课题的子课题。本课题的研究适时地填补了课堂以外的教育阵地，是大课题的有机组成部分。通过本课题的研究，加深了小学科学教学的深度和广度，使理论知识和实践紧密结合起来，解决了知识的一致性和连贯性的问题，并且加强了与其他学科(数学、语文、美术等)的整合，使孩子们学到一种"活性知识"，因此具有较高的研究价值。

1.3 本课题国内外相关研究现状述评

我国的"科学"学科教学起步比较晚，20世纪80年代才刚刚起步。虽然经过这么多年的努力，有了很大的进步，逐渐与国际接轨，但还是存在很多问题。例如，师资力量的问题，教材的问题等。教材方面，尤其是内容的衔接性和连贯性等问题还有待研究。很多教师的教育观念还比较陈旧，没有利用"科学课"很好地培养学生的思维提升和各方面的科学素养。使得"科学课"与生活脱节，与实践脱节，没有起到"科学课"应起到的作用。在这些方面，美国的教育研究处在世界的前列。2011年，美国国家研究理事会(NRC)在《K-12科学教育框架：实践、跨学科概念、核心概念》的文章中就提出"科学实践"的概念,使"科学实践"处于科学教育中的首要地位,取代了之前的"科学探究"。

文章强调,学习是一个循序渐进的发展进程,科学教育必须要帮助学生从个人对身边事物好奇的初始概念,开始循序渐进地建构和修订自己的知识和经验,进而引导学生的知识建构,走向一个更科学和系统的事业方向。

科学教育框架:实践、跨学科概念、核心概念,通过 3 个维度的构建,科学教育体系明确指出学生必须学习掌握的 8 个科学和工程实践 7 个跨学科概念,4 门学科领域的核心概念,这标志着美国的科学教育进入了一个新发展阶段,对我国科学教育实践与研究具有重要的借鉴和指导意义。

为了加强科学和工程人才的培养,促进科学教育的一致性,培养学生各方面的科学素养,借鉴美国科学教育新标准概念框架的先进理念,积极投入本课题的研究,为我国科学教育注入新的活力。

2 研究方法

根据本课题实践性比较强的特点,我选择"行动研究法"进行课题研究。

3 研究过程

3.1 项目研究内容

3.1.1 小课题研究的选题

(1)生活中想解决的问题

虽然我们的社会已经进入了现代化社会,但是生活中还是会有很多试待改进的地方,有很多我们没有解决的问题。孩子们只要认真观察生活就会发现这些问题,进而想办法来解决或改进这些问题。这就是他们选题的最大来源。

（2）自己感兴趣的领域

孩子们的兴趣爱好各不相同。他们可以根据自己的爱好来选择课题研究。例如，观察植物、观察动物、观察星空、小制作、小调查，等等。做自己愿意做的事才能长久坚持，才能有所发现。

（3）教材的延伸内容

我们的科学教材是开放的，有很多内容可以延伸到课外。例如，观察生态瓶的变化、观察凤仙花的生长周期、养蚕、养金鱼、制作一座桥、制作一辆小车、调查身边的垃圾分类情况，给出合理化的建议，等等。这些也将是我们引导学生进行小课题研究的内容。这些拓展延伸内容也确实给学生"做科学"提供了一个很大的舞台。孩子们在课上没有时间完成的，可以课后接着做。而且有时候，这才是真正思维型科学研究的开始。例如，我们在上课的时候，学了很多关于"怎样才能得到更多的热量"来制作一个太阳能热水器的知识，但是孩子们根据这些知识和按照教材提供的参考，制作出来的太阳能热水器根本就不能让水升温，甚至还有降温的。这种现象让学生很纳闷，课上又没有时间来做了，那就自动延伸到课外。后来经过反复试验、修正、完善才制作出真正能够使水加热到40摄氏度左右的热水器模型。在这个过程中，孩子们才真正把科学知识学以致用，融会贯通，而且提高了动手能力。使孩子们感受到科学不仅是在书本上，更是在反复的试验中，在不断的改进中。真正的科学家是怎样工作的。

3.1.2 小课题研究的方法

虽然是引导小学生进行小课题研究，我们也要教给孩子们科学的研究方法，让他们像真正的科学家那样做有思维的科学探究。

（1）对比法

当你想知道同一物体的不同状态时，或不同物体的相同性质时，你可以用此法。例如，你想知道绿豆芽在黑暗环境下还是在明亮环境下发芽快，你就可以做这样一组对比试验来观察。再如，你要研究哪种材料传播声音的能力强，也可以用对比法来解决。

（2）实验法

当你想知道你的方法是否适用时，你就可以用此法。例如，你想用什么方法能在教室里就能形成云。你就得通过各种实验来完成。

(3)资料法

当你想知道一些关于你研究的课题的相关知识时,可以先查相关资料,或请教有经验的人。

(4)观察法

例如,观察动植物或生态瓶的变化,等等。孩子们掌握了这些方法就能在课题研究过程中,遇到问题,解决问题了。

3.1.3 小课题研究的呈现形式

引导小学生进行课题研究,不能像成年人那样要求他们写出多少字的研究报告,也不能拘泥于形式。那样会使孩子失去对研究的兴趣。因此,我们在引导学生记录课题研究的过程和呈现课题研究的成果时可以采用他们喜闻乐见的方式,包括:图片、照片、文字、图画。

这些形式使孩子们感受到科学研究就在身边,就是这么简单,不再认为科学研究那么高深,与小学生没有关系。而且这些简单的记录方式,呈现方式也能给孩子们节约出更多的时间来进行更深入的研究。当孩子们有特别有意义的发现或创造时可以鼓励他们在老师或家长的帮助下形成正规的小论文或产品介绍等。让孩子逐渐往真正的小科学家发展。

3.1.4 小课题研究的展示阵地

学生经过长期的研究,或多或少都会有所收获,希望得到老师同学们的认可,也渴望和大家交流、分享,所以,老师一定要给他们搭建这样展示和交流的平台。我们给孩子们提供的阵地有:

(1)竞赛

积极参加各级各类的科技竞赛,让孩子们长见识,获得成就感。

(2)墙报

利用班级内的墙报对孩子们的研究成果进行展示。同学们可以根据特定的主题进行讨论交流或给出合理化的建议,使课题研究能够良性发展。

(3)课堂

教师在课堂上根据相应的教学进度或内容展示学生的研究成果,使学生理论联系实际,保证课题研究持续进行。

(4)班级群、校园网

教师把取得优异成绩的学生作品和研究过程通过班级群或校园网等媒体进行宣传,鼓励更多的孩子进行科学研究。

3.1.5 小课题研究中培养学生各方面的科学素养

长期引导学生开展小课题研究,肯定能使他们各方面的科学素养得到提升。包括:

(1)动手能力

(2)创新精神

(3)实事求是的科学态度

(4)坚持不懈的科学精神

(5)团队协作的科学精神

3.1.6 小课题研究的评价形式

对于学生小课题研究的评价我们采用多元化的评价机制,以激励性为主。主要包括如下几个方面:

(1)阶段性评价

孩子们在进行课题研究的过程中,往往开头时兴趣盎然,后来就渐渐地虎头蛇尾了。有的是因为别的事耽搁了,有的是因为遇到问题进行不下去了,有的是干脆忘了,所以需要教师过一段时间就要把这件事拿出来提醒一下,那就是"阶段性评价"。我们一般是每个月拿出一下午的时间来进行课题论证。通过老师评,同学之间互相评价,可以让学生梳理自己的研究过程,解决自己解决不了的问题,提升课题的质量,也是保证课题能够坚持顺利完成的保障。

(2)班级综合评价中加分

为了鼓励孩子们能把小课题研究这件事做好,做出成果来。我们还结合班级优化大师的管理系统,随时对学生的课题研究进行评价。例如,有特别发现的,有明确成果的,通过这种措施使学生把小课题研究深入人心,内化为日常。同时也让孩子们在同学中增强威信,获得很大的成就感。有利于学生综合素养的提高。

3.2 项目研究实施

本课题从 2019 年 9 月开始准备,至今已连续研究近 3 年的时间,这期间我们课题组老师们团结一致,积极进取,最终在所有课题组成员的共同努力下,课题工作取得了一定的进展并收获了一定的成果,达成了本次研究的预期目标。下面我把我们是如何进行此次攻坚活动的过程和收获总结如下。

3.2.1 课题准备阶段

(1)确定课题的选题

美国国家研究理事会(NRC)在《K-12 科学教育框架:实践、跨学科概念、核心概念》的文章中就提出"科学实践"的概念。使"科学实践"处于科学教育中的首要地位,取代了之前的"科学探究"。文章强调,学习是一个循序渐进的发展进程,科学教育必须要帮助学生从个人对身边事物好奇的初始概念,开始循序渐进的建构和修订自己的知识和经验,进而引导学生的知识建构,走向一个更科学和系统的事业方向。

科学教育:框架、实践、跨学科概念、核心概念,通过 3 个维度的构建,科学教育体系明确指出学生必须学习掌握的 8 个科学和工程实践 7 个跨学科概念,4 门学科领域的核心概念,这标志着美国的科学教育进入了一个新发展阶段,对我国科学教育实践与研究具有重要的借鉴和指导意义。

《中国学生发展核心素养》也提出,我们教育要培养全面发展的人。其中包括 3 个方面:使学生具有一定的文化基础:积淀文化底蕴,培养科学精神;让学生能够具有自主发展的能力:学会学习,能够健康生活;参与社会实践做到:责任担当,实践创新。这几个方面都涉及"科学、创新、实践"。新的科学课程标准中也把科学实践作为科学学习的中心。但是,要做到这几点,光靠学校里的科学教学是不能安全做到的,必须要延伸到课外。因此,引导学生利用课外时间进行小课题研究就十分有必要。

在上述教育背景下,为了加强科学和工程人才的培养,促进科学教育的一致性,培养学生各方面的科学素养,我们借鉴美国科学教育新标准概念框架的先进理念,确定了本课题的研究,目的是使科学实践真正落实到实处,为我国科学教育注入新的活力。

确定了课题研究的方向,我们便着手去准备。先从学习开始。

(2)学习相关理论,制定课题方案

在课题准备阶段,我们大家召开了开题会议。向课题组的老师们进行宣讲,讲清此课题的意义和实施方案。从 2020 年初正式开始实施。实施初,先向学生和家长进行动员。因为本课题的研究的主阵地在课外、在家里。有时需要家长的支持、帮助和指导。所以,趁学期初开家长会的时机,由班主任向家长宣讲"小课题研究"的重要性和好处,鼓励家长让自己的孩子踊跃参加。并讲清家长如何帮助指导孩子实施小课题研究。首先,要引导孩子认真观察生活,从生活中发现问题,解决问题。其次,引导孩子,当遇到问题时,如何从思想上、行动上来进行调整或改进。然后,教孩子怎样记录研究的过程,书写科学小论文的方法等,还给家长们展示之前孩子的成功案例,让家长们直观地感受到什么样的东西是好的,什么样的东西是创新的。后面的实践证明,这样的家长与老师面对面的沟通确实对课题研究起到了推动作用,家长们功不可没。甚至还调动起一部分家长的探究积极性,增进了师生之间以及教师与家长的关系。

老师们注意收集和学习有关于小课题研究的理论和实施情况的资料,领会科学实践的精神,明确"小课题研究"的主旨。老师们共同商讨确定了课题研究的选题及研究方法和呈现形式。

在这一阶段我们还结合领航工程有关专家的讲座,学习了如何选择课题及撰写课题研究方案的知识,明白了课题研究中需要注意的问题,及撰写课题方案和研究报告的许多细节问题,这些知识对课题的开展起到了导向作用,我们还制定了本课题的具体研究方案。

(3)修正课题研究方案

我们的试验方案报到学校和领航工程项目组后,学校和工程办组织有关人员进行审核。根据科学学科的特点和是否具有可操作性等方面,提出修改意见。首先,课题名称由原来的"小学科学课程中,如何引导学生开展小课题研究的方法"改为现在的"小学科学思维型探究中引导学生开展小课题研究的方法与策略研究"。其次,对研究内容做了补充和完善。最终形成开题报告,制定初步的研究计划。

3.2.2 课题实施阶段

课题组老师们经过一段时间的学习和研究,对本课题有了深入的认识,开始课题研究的实施。我们采用了多种形式开展研究。

(1)与教研相结合,使课题常规化

我们把课题研究与每周的校本教研的时间相结合,保证了老师们足够的交流时间。在学期初,组织召开课题组成员会议,研讨和部署本学期的课题研究工作计划,主要是:针对上学期在课题实施过程中出现的问题进行讨论,制定出新的方法措施,并且制定好个人的研究计划;确定本学期的研究重点;我们还请有关专家进行讲座,了解最新科研动态,加强师资培训,提高业务水平;学习与课题相关的理论,以充实自己的知识理论体系,促使自己更好地投入研究。

(2)以课题研究课和学校的二课堂活动为突破口

鉴于本课题的特点,我们把课题研究的主阵地设在课堂外以及二课堂上。孩子们根据自己的爱好来选择不同社团或活动,确实收获颇丰。例如,孩子们会选择观察植物、观察动物、观察星空、小制作、小调查,等等。做自己愿意做的事才能长久坚持,才能有所发现。例如,我们班有两个孩子非常喜欢画画,但是平常只画一些游戏里的动漫人物,内容也是打打杀杀之类的。我发现后,就引导他们,在业余时间画一些有意义的画,比如把我们的科学教材画成科学绘本,他们觉得非常感兴趣。一个孩子是单元复习,思维导图式的。他把整单元的知识作为一个情境,用卡通人物的活动和对话把知识点串联起来形成一幅画,得到了同学们的赞誉和喜爱。另一个孩子是以一个知识点或一种物质来展开介绍,图文结合,绘声绘色。例如,他画的螃蟹、星座、蚕的一生等都让同学们刮目相看。在老师和同学们的鼓励下,加上自己的喜欢,这两个学生已经坚持画了两年了。画稿自主装订成科学绘本放在教室里供同学们欣赏。相信他们自己也在这个过程中学到了很多。

我们课题组的老师们每人每学期至少要上一节课题研究课。通过上、听、评课活动推动课题研究更加深入。同时,每位老师都担任学校二课堂的辅导老师,定期开展活动交流,取长补短。

(3)撰写课题偶得,定时交流

我们在课题研究的过程中,随时把自己点滴的感受记录下来,坚持撰写课题周记,并定时集体交流,从中发现问题,总结经验,使课题计划更完善和缜密,更具有操作性。并注意调整进度,来适应课题研究中不断出现的新情况,让课题研究有序进行。这些课题研究记录也成为我们课题的宝贵资料。例如,在我们课题研究的过程中适逢新冠疫情,孩子们有一段时间居家学习。这种特殊情况也为我们课题的开展提供了时间保障和新的机遇。因此,我们就围绕本次疫情,引导学生进行小课题研究,也取得了一些阶段性成果。例如:学生为抗击疫情的医生设计了很多创意作品(防雾口罩、防雾镜片、消毒机器人)等。老师们也根据实际情况来进行网上教研,调整课题研究的方向和方法。

(4)构建教学网络,搭建教师教研平台

在信息技术如此发达的今天,网络已经成为人们获取信息、交流信息最方便的工具。我们充分利用学校校园网和微信群,为老师们搭建了一个交流的平台。课题组老师们每人都有自己的博客,大家把平时一些所思所想及过程性资料,在博客里共享、交流、辩论。思维的火花不断地碰撞,使我们的课题研究更加深入,科学实践更丰富。校园网络的应用,还搭建了老师和学生、老师和家长、老师和学校之间的桥梁。学生在网上提出问题,发布观察记录;家长与老师沟通孩子在家中各方面的表现;老师给学校提出一些合理化建议等。教师把取得优异成绩的学生作品和研究过程通过班级群或校园网等媒体进行宣传,鼓励更多的孩子进行科学研究。例如,我们班一个小课题组做的对"身边垃圾分类"的小调查,就被学校的校园网进行报道,其中对学校垃圾分类提出的建议也得到了认可和采纳,这让孩子们欣喜若狂。对垃圾分类更加热心,自己的责任意识也更强了。

(5)学他山之石,为我所用

在课题研究期间,我们积极参加各级各类的活动,不光是科学学科的,也包括其他学科的活动。我们课题组与其他课题组经常一起教研、交流。在学习中去伪存真,为我所用,借鉴其他学科的经验,促进科学课题的研究。并注重过程与积累,一步一个脚印地进行工作。

3.3 项目研究分析

本课题的研究适时地填补了课堂以外的教育阵地。通过本课题的研究,加深了小学科学教学的深度和广度,使理论知识和实践紧密结合起来,解决了知识的一致性和连贯性的问题,并且加强了与其他学科(数学、语文、美术等)的整合,使孩子们学到一种"活性知识",因此具有较高的研究价值。

4 结论

教学实践证明，我们选定的"小课题研究的选题""小课题研究的组织形式""小课题研究的方法"以及"小课题研究的呈现形式""小课题研究的展示阵地""小课题研究的评价形式"都十分符合小学生的年龄特点、心理特点，收到了很好的效果。

而且，通过引导学生进行小课题的研究，掀起我校科学学习的热潮，使学生经历了以实践活动为过程的综合性学习。在此过程中，学生对学习和日常生活中的问题现象进行积极、主动、科学的实践，从而使学生的科学知识、科学态度、科学方法、科学思维、科学能力都得到了提高，最终全面提高了学生的科学素养。

在教学实践中，我们发现，孩子们会遇到各种各样的问题，所以多学科的教师组成一个团队对"学生进行小课题研究"进行辅导是未来发展的方向，我们也会向此目标而努力。

参考文献

[1]核心素养研究课题组.中国学生发展核心素养[J].中国教育学刊,2016,0(10):1-3.

[2]National Research Council. A Framework for K-12 Science Education: Practice, Crosscutting Concepts, and Core Ideas[M]. Washington, D.C.: the National Academies Press, 2011.

[3]中华人民共和国教育部.义务教育小学科学课程标准[S].北京:北京师范大学出版社,2017.

第四篇

思维型探究教学方式的研究

小学科学思维型教学中引导学生有效提问的策略研究

天津市津南区教师发展中心　郭永强

摘　要：当前小学科学倡导基于思维型探究的教学研究，而培养发展学生的科学思维则是小学科学课堂教学的核心，反观我们的课堂教学，由于诸多原因，实际的课堂教学中学生问题意识薄弱，严重地影响了学生思维的发展。因此，小学科学教师要高度重视学生问题意识的培养，采取多样化的措施，引导学生有效提问，深入理解科学知识，发展学生的科学思维。关于小学科学引导学生有效提问的研究当前已有相关研究，但大都是2017版《课标》出台前，理念和例子有些陈旧。因此，我们结合学科前沿课程理念、新版教材优势以及课堂教学的要求，确定了研究课题《小学科学思维型教学中引导学生有效提问的策略研究》。为了有效地开展课题研究，课题组采用调查法、文献研究法、教育观察法、案例研究法、行动研究法等方法进行研究，从教材四板块入手进行培养：聚焦环节精心创设情境，激发问题意识；探索环节通过优化结构材料、设计关键问题、合理分配时间，引导学生提问；研讨环节营造和谐氛围，引导分析提问；拓展环节课内走向课外，迁移引发问题。课堂中教师把握好提问的契机，依据每个板块的特点，采取多样的方式引导学生思考，促进学生问题意识和提问能力的不断提高，进而发展学生的思维，落实学生科学素养的培养，实现课堂的有效学习。

关键词：问题　有效提问　思维　兴趣

1 绪论

1.1 研究背景

随着课程改革的不断推进,我们看到了新课程背景下的科学课堂不断呈现出新的生机与活力。改版后的新教材以 4 个板块的形式呈现,为孩子们提供了乐于思考、便于学习的精致素材,为学校和教师留有开发、选择和拓展的空间,充分地体现了以教材促进教师教学方式和学生学习方式转变的教材思想。2017 年修订版《小学科学课程标准》(以下简称《课标》)明确提出:小学科学课程要按照立德树人的要求培养小学生的科学素养……[1]其核心是提高广大学生的科学意识和科学素养,通过教学主渠道及其他有效途径,培养学生的思维能力、实践能力和创造能力,帮助他们树立正确的科学观,培养科学精神和科学态度,为他们今后的学习、生活以及终身发展奠定良好的基础。

在基础教育阶段,课堂教学实行开放民主的教学环境,建立和谐的师生关系是当前教育活动中的重要前提,也是实施素质教育,实现主体性教学的支柱,更是培养创新精神的不可或缺的氛围。当前小学科学倡导基于思维型探究的教学研究,而培养发展学生的科学思维则是小学科学课堂教学的核心,反观我们的课堂教学,在思维培养方面落实并不到位,很多时候都是蜻蜓点水,流于表面。教学的核心是思维,而思维的培养包括诸多方面,因此我们可以选取从不同的角度入手,本文要阐述的是借助提问来发展思维。提问无疑是师生互动、培养发展思维的重要一环,但绝大多数课堂都是围绕"教师问——学生答"的方式来展开的。这固然是一种启发学生思考问题、发展思维的方法,但也存在着很大的不足,即忽视了学生的主观能动性,学生纯粹是被动地接受知识,这是不利于学生创造思维的培养,也不利于学生的自主发展。事实上,作为一种双向互动关系,学生作为提问主体对未知问题的主动探索,即"学生问——教师答(学生之间互问互答)"的互动方式,更能激发学生在课堂上的思考,是发展思维、提高教学效果的一种有效途径。《课标》指出:小学科学课程倡导以探究学习为主的多样化学习方式,促进学生主动探究。其实就是引导学生发现问题、有效提出(即正确表述)问题、解决问题的实际应用。新一轮的课程改革要求课堂教学应以学生为主体,构建以学生自主学习为中心的教学模式,培养学生自主、质疑、合作和探究的能力。因此教师要通过引导学生"提问题",使学生自主学习的意识与能力得以提高,在探索和体验中提高思维能力,构建并丰富学生的学习经验,这对促进学生提高科学意识和科学素养具有非常重要的意义。

没有提问的课堂,的确少了许多精彩的呈现。提问,是提问者向被提问者寻求回答、消解未知的过程。而引导学生提问,是打开学生思维局限性的关键钥匙,是提高学生学习兴趣的催化剂。好的课堂不仅仅是解决了多少问题,更重要的是学生提出了多少问题,引起了多少思考,激发了多少智慧。从当前研究现状来看,关于在课堂教学中引导学生提问的研究在其他学科并不少见,如数学学科《小学数学课堂教学中引导学生善于有效提问策略的研究》,形成了以下策略:让学生发现问题,丰富学生的问题源泉;让学生养成习惯,建构自主的提问模式;让学生自主评价,促进提问的质量提高。语文学科《小学语文教学中学生有效提问引导策略研究》,形成了以下策略:突出提问环境创设;积极鼓励发现问题;倡导主动参与提问;启发寻找课外文体。而在小学科学学科这方面研究也有,如山东省青岛西海岸新区实验小学张永芳《小学科学教学有效引导学生提问的策略》、浙江省绍兴市上虞区崧厦镇夏丏尊小学郭建军《小学科学教学有效引导学生提问的策略》,形成了以下策略:创设情境,引导学生发现科学问题;平等对话,引导学生勇于提出科学问题;鼓励质疑,引导学生产生不同科学问题[2]。但大都是2017版《课标》出台前,理念和例子有些陈旧,因此结合学科前沿课程理念、新版教材优势以及课堂教学的要求,确定了研究课题《小学科学思维型教学中引导学生有效提问的策略研究》。课题组成员在学习他们已取得成果的基础上进行研究,力争有所新突破与发展。

1.2 研究意义

本课题从教师教的角度出发开展研究,意在激发学生学习科学的主动性,进而改变科学课堂的学习现状,引领学生主动思考、交流、质疑,促进其思维能力的提高与发展,落实对学生科学素养的培养。

《课标》指出:"培养提问的习惯,初步学习观察、调查、比较、分类、分析资料、得出结论等方法,能够利用科学方法和科学知识初步理解身边自然现象和解决某些简单的实际问题,发现和提出生活实际中的简单科学问题,并尝试用科学方法和科学知识予以解决……"基于核心素养的科学教学对一线教师提出了更高的要求,教与学不仅要求学生亲身体验,更要关注学生的思维发展。小学科学课程作为一门基础性课程,对科学素养的形成具有十分重要的作用,教学中引导学生有效提问,可使学生思维活跃起来,利于科学知识的吸收和内化,进而实现对学生思维的深入培养。

2 研究方法

现代心理学认为,一切思维都是从问题开始的。提出问题是解决问题的一半,有效提问是指提出的问题与科学知识有关,并能引发其他个体积极思考。学生能提出有价值的问题,说明学生的思维被调动到高度的活跃状态。带着问题的学习,才是深层次的、本质的学习!基于此,小学科学教师要高度重视学生提问的培养,采取多样化的措施,引导学生有效提问,更深入地理解科学知识,发展学生的科学思维。为了有效地开展本课题研究,课题组采用了以下研究方法:

1.调查法:在前期采用问卷、课堂观察等方法进行调查研究,及时了解学生课堂提问的现状,为课题研究提供数据依据。

2.文献研究法:前期的调查结束后,开展文献研究,通过查阅相关文献,寻找理论支撑和可值得借鉴的策略与方法,为下一阶段的课堂案例研究提供事实和理论支持。

3.教育观察法:是研究者凭借自身的感觉器官和其他辅助工具,有目的、有计划地考查学生或教育现象等研究对象的一种研究方法。

4.案例研究法:通过各种教学案例的实施与研究,总结经验,构建课堂教学中培养学生有效提问的教学模式。

5.行动研究法:应用于"小学科学思维型教学中引导学生有效提问的策略研究"课题的全过程,在研究过程中发现问题,及时解决问题。

3 研究过程与结论

在前期调研的基础上,通过数据的汇总分析,我们发现,现在课堂中的学生很少提问题,有时即便是提了,也存在着思维含量不足的问题,有效提问的能力亟待提高。为了使研究有效落地,课题组设定了实验班和常态班,以班级为单位开展有关提问的课堂对比研究。这里教学设计是关键,现以教科版科学六年级下册《小苏打和白醋的变化》一课为例进行说明。本课的教学设计课题组成员研讨多次,几易其稿,最终确定教学方案。常态班的教师是这样上的:今天老师给大家带来了两样物品:小苏打和白醋(板书课题),这两样物品有什么特点呢? 请同学们细心观察,做好记录。随后提问:如果将这两种物质在玻璃杯中混合会有什么变化?学生猜测。出示实验方法,学生分组实验。实验后汇报观察到的现象。课堂的总体情况是学生问题意识薄弱,既看不到学生主动地提出问题,也见不到教师有意识地培养学生的问题意识的痕迹。实验班教师是这样上的:同学们,老师这有个气球,谁能说说怎么能让气球鼓起来呢? (往气球里吹气或打气)老师今天不用这些方法,而用一个新的方法,想不想看看? 这里有个矿泉水瓶,我只要轻轻一晃,它就能自己把气球吹鼓起来,你们信吗?教师现场演示:矿泉水瓶吹气球。随后提问:观察了刚才的小实验,你有什么问题吗? 学生提问质疑,焦点指向瓶中物质。学生观察小苏打和白醋,教师追问:如果把小苏打和白醋混合在一起,可能会发生什么变化呢?回忆一下上课刚开始时的小实验的现象,谁来说一说你的想法? 最终学生在交流研讨中生成实验方法和注意事项,最后分组实验并汇报。实验后的汇报不是采用一问一答的形式,而是采取师生、生生交流的方式,汇报中思维不断碰撞,新问题随机而出。课堂中不仅是学生提出问题的数量在增加,而且问题质量也在明显地提升。通过对比分析,实验班与常态班的学生提问能力存在着较大的差异,这是不利于学生的长远发展,可见教师的有意培养非常重要。

修订后的科学教材采用 4 个板块的呈现方式,每一课一般都是由聚焦、探索、研讨和拓展 4 个板块组成。4 个板块的呈现,将探究活动的组织过程显性化,适于儿童亲身经历和体验,易于教师操作实施,便于培养和发展学生的思维,下面结合四个板块谈谈实际教学中培养学生有效提问的一些做法。

3.1 聚焦环节

聚焦是课堂教学的第一步,也是激发学习兴趣、进行科学探究的关键一步,巧妙的导入可以紧紧抓住学生的注意力,调动学生的求知欲和学习积极性,从而引导学生积极思考、主动提问。这里情境的创设尤为关键,它直接影响着教学活动的开展,对学生的情绪起到调节作用。

3.1.1 创设情境,使学生敢问

人的思维往往是从问题开始的,因此,课堂的导入至关重要,常见的导入方法有谜语、实验、故事、游戏等方式,尽管方式多样,但不管采用哪种方式导入都应该接近学生的实际,根据学生已有的经验,将二者有机地融合,创设一种能调动学生已有经验,引发学生质疑的情境,从而使学生的注意、记忆、思维凝聚在一起,达到思维活动的最佳状态。学生有了兴趣,自然就会想学、爱问。如教授教科版科学四年级上册《一天的食物》一课:上课伊始播放视频导入,让学生观看各种各样美味的食物,诱人的食物自然引起学生的兴趣,在学生的学习积极性被充分调动起来后,随后提出问题"关于食物,你想了解什么呢?"学生怀着强烈的好奇心会说出"人为什么要吃食物""食物中有哪些营养?""食物为什么这么好吃?"等问题。对于学生的回答,我们不要急于打断,而要像朋友谈心一样感兴趣地说"你的问题老师也很感兴趣,我们可以一起研究研究""你和老师有着同样的疑惑,我也很想知道答案"等,鼓励学生大胆质疑,提出问题,在此基础上揭示课题,开展学习。

3.1.2 创设情境,使学生乐学

情境的创设不仅要和学生的已有经验融合,更要找准学生的兴趣点,以此引导学生主动思考、快乐学习,为学生独立探索知识提供一个指引。如教授教科版科学三年级上册《水到哪里去了》一课:上课伊始教师用湿布在黑板上写一个"水"字,然后说道:"这一单元我们将一起来研究有关水的知识……"此时,黑板上的"水"渐渐消失,学生们会很好奇。教师可追问:"大家有什么疑问吗?"学生们会兴致高涨地说道:"'水'去哪里了?""'水'怎么不见了?""'水'是不是蒸发了?""'水'在什么情况下会蒸发?""'水'在什么情况下蒸发得快呢?"……学生的问题会一个接着一个,学习兴趣也会无比浓厚,这样教师就会很自然地引入本课主题。此方式

导入不仅切合主题,也贴近学生的认知,同时学生也比较感兴趣。学生通过观察这个湿的"水"字变化,思考水到哪里去了?继而深思水还可能有其他的形态吗?使学生在思考交流中开启新知的学习。

3.1.3 创设情境,使学生善学

生活中处处有科学,科学知识来源于生活。因此,科学教学就要贴近学生的生活实际,找准学生的前概念,并引导学生运用所学的科学知识去解释生活中的一些现象、解决生活中的实际问题。继而学会用科学的眼光看待世界、用科学的思维思考问题,从而善于发现问题、提出问题。如教授教科版科学六年级上册《斜面的作用》一课,上课伊始教师出示盘旋于山间的弯弯山路的图片,说道:"同学们在电视上都看见过这样的山路吧,有的同学可能还曾跟随父母自驾游走过山路。那来到山区,看到这样的山路你有过疑问吗?"由于此问题贴近学生的认知,能较好地引发学生的回忆。学生会说道:"我去过 XX 山区,当时爸爸开车绕了好长时间才到山顶,山路为什么要这样修呢?""我也去过,但是感觉不一样,有的山路和平常道路差不多,而有的走着有点吃力,这是怎么回事呢?"……此时,斜面的作用呼之欲出。显然,学生对经历过的事,思考角度和深度都更加严谨、提出的问题也更加科学化了。

可见,良好的情境是思维发展的一个必要条件。在思维型教学中,我们的情境创设一定要真实,要贴近学生的实际,这样才能与学生的前概念发生碰撞,以便激活学生的思维,使他们积极参与、主动思考、提问,进而更好地提升学生学习科学的主动性和积极性。

3.2 探索环节

探索一般通过几个活动来呈现,包括前概念的测查、预测结果、探究计划的制订、搜集信息、组织和呈现证据以及形成初步解释,而活动之间存在着内在的逻辑联系。因此,活动的设计必须根据学生的发展和科学学习的特点,突出学生的主体地位,增加学生自主探究、分组讨论等形式,为学生提供多样化的学习机会,充分激发学生的主动意识和探索欲望,有效落实思维型探究。

3.2.1 优化结构材料,引导学生主动参与

课堂中对于活动的设计要放眼全课,体现严谨的逻辑性,通过优化结构材

料,实现有层次的活动。科学思维是探究的灵魂,学生一般需通过自主探究获取数据,进而分析得出结论,而实验方案的设计则是活动的重中之重,这是最能培养发展学生思维的环节,但对于一些设计起来难度较大的实验,一般可采用提供有结构的材料。通过提供有结构的材料引发学生探究,让学生参与探究的全过程,发现并提出要研究的问题,这样学生的思维就能始终处于活跃状态,问题就能随之而出。如教授教科版科学五年级下册《热是怎样传递的》一课,活动一:热在金属条中的传递第一个层面活动是通过手的体验, 判断热传递的过程,但此方法不能直观地观察到热的传递。为了能让学生直观地观察到热在金属条中的传递,进入第二个层面活动设计可视化实验,观察金属条中的热传递。这个实验的设计有一定的难度,学生凭空是想不出来的,教师可提供实验材料:铁架台、铁丝、火柴、酒精灯、凡士林等,让学生基于现有材料自主设计实验方案,由于提供了有结构的材料,结合已有经验学生能顺利设计出实验方案,进而通过可视化实验直观地观察到热总是从较热的一端逐步传递到较冷的一端。由于有了活动一的铺垫,活动二:热在金属片中的传递,通过提供实验材料(感温变色油墨的金属片),学生很容易产生研究问题并设计出方案,实验探究后对热传递就有了全面的认识和理解。整个探索环节,利用教师提供的有结构的材料,让学生提出问题、设计方案,学生不仅经历知识的形成过程,而且思维也能得到有效的培养。

3.2.2 设计关键问题,引导学生主动参与

鼓励学生提出问题,并不是让他们随意提问,而是让学生学会科学地提问,也就是通过观察、对比、思考后有根据地提出有价值的科学问题。教师在提出关键问题后,要给学生思考的空间和时间,让学生明确"问题"是什么,为了找出解决方法要扫除哪些障碍,学生明白了这些,才能提出有价值的问题。实际上学生提出问题的同时,也会主动思考该怎样扫除障碍才能找到解决方法。学生若能提出高质量的问题,则说明学生已经把握了学习目标;反之,则要分析各中缘由,继续耐心引导,直到学生能够在总体上准确把握问题,并能顺利解决。如教授教科版科学三年级下册《比较相同距离内运动的快慢》一课,活动一呈现动物王国 100 米赛跑的成绩,让学生根据图表信息,将动物按照赛跑快慢排列名次,交流时同时说出方法。在此基础上引出活动二,出示两个不同的小球、两条相同轨道的实物,提出问题:

在两条一样长的轨道上，怎样比较两个小球的运动快慢？由于有了活动一的基础，这个实验的设计与实施难度并不大。随后教师继续提问：如果将两条跑道换成一条跑道，怎么比较两个不同小球的快慢？直接将问题抛给学生，有学生说将两个小球一同放跑道上，话音刚落，质疑声不断，学生在质疑争论中得出方法：借助秒表，小组分工，重复测量两个小球滚动所用时间，再进行比较。可见，问题的设计很重要，既要将所学知识有机联系起来，又要让学生跳一跳够得着。另外，提问后停顿时间要足够长，要给学生充分思考的时间，使其思维真正活跃起来，便于学生交流质疑。

3.2.3 合理分配时间，进行充分探究

探究是人类认识事物、发现规律的重要手段，而自主探究既是科学学习的目标，又是科学学习的方式。因此，课堂中应给予学生充分的自主探究的时空，让学生成为真正的知识探究者，只有在探究过程中独立、深入地思考，其科学思维才能得到进一步的发展，而问题也会在探究中生成。如教授教科版科学三年级上册《压缩空气》一课，在让学生尝试压一压自封口塑料袋中的水和空气后，教师提问："如果将自封口塑料袋换成硬质材料的注射器，情况又会怎样呢？"学生进行大胆地猜测并说明理由后，教师随机问道："这个实验应该怎么做呢？"然后让学生自己寻找探究方法、归纳注意事项，教师只是适时加以引导、问个"为什么"。接着，让学生充分体验探究过程、独立表述实验现象、自主概括实验结论。最后教师追问："结合实验现象和结论，大家有什么疑问吗？"此时的学生正对自己观察到的现象心存疑虑呢，教师这一问，可谓给他们心中的问号找到出口了："为什么和水相比，空气占据的空间容易被压缩呢？""是不是空气微粒和水微粒不太一样啊？""是不是空气微粒的数量变了？""我们堵住管口了，微粒数量应该没变，是不是空气微粒挤到一起了？""那为什么水微粒没有挤到一起呢？"……随着学生越来越有深度地质疑，教师很顺利地引出"微粒间隙"这一概念，学生理解也较快，并能合理解释："同样大的空间，空气微粒数量少，微粒之间的距离大；水微粒数量多，微粒之间的距离小。所以空气和水相比，空气占据的空间受力后容易被压缩或扩张。"事实证明，合理分配时间，给予学生充分的自主探究的时空，他们就能真正地参与到学习活动中、发现其中的规律、产生疑问提出质疑，而真理就在学生们的质疑中被发现。

因此,课堂教学要基于学生现有水平优化活动设计,让学生真正参与到教学活动中,经历活动的设计、概念的生成。这样课堂中展现的就不仅仅是学生的回答问题,更多的则是学生提出问题、自主设计实验,在探究中争辩的场面,这样的课堂才是灵动的课堂,学生的思维培养才能得以落实。

3.3 研讨环节

研讨是对探索内容的分析梳理归纳,它既重现和复习刚刚学过的知识,又在方法和技能上得到一次梳理,可使学生思维得到进一步提升,是教学过程中的重要一环,能起到画龙点睛的作用。

研讨环节主要是解决探索环节出现的一些问题,它需要证据进行论证说明,或者是总结说明,因此常常需要学生主动陈述观点、分析问题、揭示结论。此时的课堂氛围尤为重要,作为教师首先应放下架子,俯下身子,与学生平等交流,让学生对教师无畏惧感,有亲近感。轻松愉悦、平等自由的课堂氛围能够最大限度地调动学生的积极性,发挥调动学生的创造力和想象力,激发学生问题意识,使课堂更高效。如教授教科版科学三年级上册《水沸腾了》一课,研讨环节设计了两个问题:①水在加热过程中发生了哪些变化?②水在达到什么温度时沸腾?水沸腾的过程中我们看到了什么现象?第一个问题是为了让学生对该过程的变化有全面的认识,第二个问题是为了明确水的沸点、进一步引导学生有序观察。这里引导学生积极主动发言很关键,但随着年级的升高,学生就变得不爱发言和提问,教学中教师要发挥激励评价的作用,对于提出高质量的问题的同学要积极表扬,当学生提问不够准确时,要站在学生的角度去思考,注意保护学生提问的积极性。想让学生敢于提问,就要消除学生的心理障碍,为学生营造和谐氛围。小学生的思维有时看起来是十分幼稚可笑的,但实际上是合乎思维发展之理的。从学生的好奇、好问、好知等特点出发,引导学生进行科学学习,这对培养学生的思维能力很重要。

所以,教师应当走出严肃、刻板的印象,营造一个适于沟通的良好氛围,同时报以心理学对倾诉者"无条件积极关注"的态度,让学生感受到无论什么样的提问都能够得到善意、肯定的回应,消除不敢提问的心理负担。

3.4 拓展环节

拓展部分表现为活动的建议,有课内拓展和课外拓展,意在引导学生由课内到课外继续开展进一步的探索和研究,或是将所学到的知识运用于生活及其他新的情境,抑或是与其他学科领域的学习进行联系等,以实现进一步的拓展延伸,落实对学生思维的长效培养,其在学生的学习过程中起着举足轻重的作用。

3.4.1 课内拓展

小学科学拓展板块以培养学生的主体意识,提高学生的认知能力,完善学生的规划统筹能力为目标,注重发展学生的兴趣爱好,激发学生的问题意识,提高学生的科学探索和研究能力。拓展内容的设计不仅要关注知识与生活的联系,也要注意知识之间的内在衔接。如教授教科版科学五年级下册《摆的研究》一课,学生用摆做实验,通过对数据分析,发现了摆的快慢与摆绳的长短有关,摆绳长摆动慢,摆绳短摆动快。在此基础上出示摆绳长度相同的两个摆,但摆锤的长短不一样,一个摆锤比较长,另一个摆锤比较短,引导学生思考两个摆摆动的速度是否相同?大多数学生都认为这两个摆摆动的速度是一样的,但测量后发现:摆锤短的摆摆动快,摆锤长的摆摆动慢。此结论使学生们百思不得其解,进而产生了新的研究问题。

3.4.2 课外拓展

拓展虽然是教学的最后一个环节,但并不意味着教学的结束,它是研究的继续和深化,是新问题的生成,指引我们更多地关注生活、回归生活。如教授教科版科学三年级上册《冰融化了》一课,通过研究,学生已经知道不同条件下冰融化的速度不同。在课末拓展环节提出问题:冰激凌是同学们的最爱,那在相同条件下,冰和冰激凌哪一个融化得更快呢?由于这个问题学生比较喜欢、感兴趣,自然愿意课后尝试去做这个实验,有了这样的动力,得出结论就很容易。实验后得出的结论可能会超出学生的预想,此时学生的问题意识也会随之增加,这个过程也就是学生思维的再发展过程。

学生思维的培养不应止于课堂,而应由课内走向课外,将研究生活化,实现课内外的一体化,延续探究兴趣,引导学生主动参与活动,引发学生深层次的思考,进而提出有价值的问题,这样才能使学生思维的发展形成一个良好的态势。

除了上述4个环节中采取的培养学生有效提问的方法外,即时评价还应贯穿全课。这里的评价方式就需要分两个方面进行:一是在学生提出较高质量的问题时，教师要及时针对提问内容本身予以表扬，对发问思路和其中蕴含的科学思维方式给予肯定和梳理，通过评价在课堂中树立起一个示范的良好效应。二是在学生提问内容不够准确时，特别是"差生"发问，其心理障碍多而复杂，作为教师，更应多加以肯定、表扬，要对学生提问行为本身给予激励，尤其注意要保护他们的自尊心和提问的积极性，站在学生的角度去演绎他可能的想法，协助他一起整理思路、梳理语言，探寻更接近他真正疑问的问题。使其觉得虽然自己提得不够正确，但也引起了老师的重视，证明自己的提问是有价值的。

教师站在学生的角度分析评价问题，坚持客观公正的态度，自然会打消学生的顾虑，引发学生积极主动提问。这与"教师问—学生答"的教学模式有很大区别。学生回答问题时，教师是问题的提出者，学生是参与者。而在"学生问—教师答（学生之间互问互答）"的教学模式中，学生是问题的提出者，教师是参与者、引导者、合作者。教师作为参与者，参与方式就应以评价、建议、回应为主，而不能对学生的提问武断拒绝、贸然定论。

学生积极主动提问，说明其真正融入课堂，学生通过提问能够获得价值感，形成"提问—激励—提问"的正向循环。这就需要教师认真聆听学生的发问，怀着细致真诚的态度和耐心，尽可能地发掘提问内容以及提问过程中学生所表现出来的科学和创新思维。针对那些闪光的地方准确及时地做出评价，以正面评价的方式给学生提问的思路和方法以正确导向。如在教授教科版科学六年级下册《米饭、淀粉和碘酒的变化》一课时，学生探究"用碘酒消毒后的手指去捡米粒时，为什么米粒会变色？"有一位同学说："因为手脏，把米粒弄脏了。"这时，作为教师不能简单地一句话把学生的回答否定掉，而应当以科学思维肯定学生的调皮回答："这确实是影响实验结果的变量之一。"这样做既不会打击提问的学生，伤害他的自尊，引起全班大笑，破坏整个探究氛围，让其他学生不敢发问，也可以顺势而导，评价后引导学生想一想捡米粒前手上抹了什么？此举会一石激起千层浪，问题直指碘酒。教师的恰当评价会让学生身心放松，敢于思考、敢于发表意见，思想不受禁锢，思维更活跃。

需要说明的是，在评价学生的提问时，教师的感情一定要真挚，言语要得体，既要恰当指出学生的不足或错误，又要让学生得到足够的尊重，从而使学生发现提问是展现自身思维能力和获得价值感的有益方式。激活并发展学生思维及发问的潜意识和能力,让学生在课堂提问中收获到思维的发展与提升。

如何评价小学科学课堂学生提问是否有效?基于学生思维培养的目标,在课题组成员的共同研究下我们制定了《小学科学课堂学生有效提问评价量表》,从教师的教学行为、学生的学习活动、课堂的教学效果三方面综合评定。(见附件)

学生提问能力的培养不是一朝一夕的事,它是需要长期坚持的,课堂中教师要把握好提问的契机,依据每个板块的特点,采取多样的方式引导学生思考,使问题从非本质到本质,从低价值到有质量,促进学生问题意识和提问能力的不断提高,最终成就学生的"积极且善于提问",进而发展学生思维,让小学科学思维型教学落地生根,夯实学生科学素养的培养,实现课堂的有效学习。

参考文献

[1]中华人民共和国教育部制定.义务教育小学科学课程标准[S].北京:北京师范大学出版社,2017.

[2]王小燕.科学思维和科学方法论[M].广州:华南理工大学出版社,2015.

[3]郭建军.小学科学教学有效引导学生提问的策略[J].小学科学(教师版),2018(02):93-94.

[4]陈芳,程小文.今日课堂缺什么[M].南京:南京大学出版社,2011.

[5]郝京华.科学课程教学策略[M].南京:南京大学出版社,2003.

[6]小学科学教学心理学[M].北京:北京师范大学,2000.

[7]陈华彬.小学科学教育概论[M].北京:高等教育出版社,2003.

[9]宋汉阁.小学科学课教学指要[M].长春:东北师范大学出版社,2002.

[10]雷香铨.小议学生课堂提问能力的培养[J].北京:教育艺术,2009(10):15-16.

[11]陈冠忠.课堂提问的设计原则及存在的问题与对策[J].新教育,2009(09):33-35.

附件

1.附录:表格

小学科学课堂学生有效提问评价量表

评价项目	评价内容	评价等级			备注
		A	B	C	
教师行为	1.教师语言对引导学生提问的启发性 2.教师语言对引导学生提问的激趣性 3.教师评价语对引导学生提问的引导性 4.教学情境创设对引导学生提问的辅助性 5.教师的提问是否基于教学目标,基于学生前概念,有思考价值				
学生活动	1.是否基于情境提出问题,并随着问题研究的深化不断提出新问题或新思考 2.学生提出的问题与教学内容的相关性 3.学生是主动提问还是被动提问 4.学生的提问是否体现思维的深度,有独到的见解 5.学生的提问是否推动课堂的深入				
教学效果	1.学生有效提问占学生提问总量的百分比 2.教师和学生的课堂表现状态 3.学生课堂的吸收效果				

2.成果名单

2020 年 5 月李利老师论文《浅谈小学科学课上如何引导学生有效提问》获 2020 年"教育创新"论文评选区县级二等奖。

2020 年 12 月李利老师论文《小学科学课引导学生有效提问的策略研究》在《中小学教育》2020 年第 31 期发表。

2021 年 2 月李利老师论文《浅谈小学科学课引导学生有效提问的策略》获 2021 年"教育创新"论文评选区县级三等奖。

2021 年 2 月夏洪波老师论文《乐问、善问、好问——小学科学引导学生有效提问的策略研究》获 2021 年"教育创新"论文评选区县级三等奖。

2021 年 4 月郭永强老师论文《小学科学引导学生有效提问的策略》获 2021 年"教育创新"论文评选市级三等奖。

小学科学课堂教学中教师引导学生数学思维探究策略的实践与研究

天津市宝坻区霍各庄镇北马小学　高桂霞

摘　要:本文是《小学科学课堂教学中教师引导学生数学思维探究策略的实践与研究》课题的研究报告。从开题时问题的提出,引出本课题研究的目的、意义,明确该课题的研究内容、研究思路、研究方法和理论依据,并对实施过程加以讨论分析,然后围绕提出的问题,在寻找理论依据的基础上实践了相关研究,思维能力是影响学生一生的一种非常重要的能力,也是提升学生科学素养的关键所在。学生在学习科学知识的同时,渗透数学思维方法的教学,可使学生在掌握表层知识的同时,领悟到知识的内涵,触类旁通,这样所学的知识就会成为一个相互联系、螺旋上升的知识体系,这势必会为学生的可持续发展奠定良好的基础。本课题的研究首先转变了学生学习科学知识的理念,科学素养得到提升;其次是促使教师从意识到行为的转变,从而提升自身的科学素养和教学理念;三是丰富教师在科学教学实践中渗透数学思维方法的内容、策略的研究,以及应用数学知识渗透数学思维方法,应用思维型教学模式的研究。下面我将围绕以上研究成果,并结合自己的教学实践,阐述如何在科学教学中对数学思维方法进行有效渗透,提升学生的科学素养,深化学生的思维。

关键词:科学　思维　数学思维　数学思维方法

1 绪 论

1.1 问题的提出

思维是人用头脑进行逻辑推导的属性、能力和过程,是人脑对客观事物的间接的、概括的反映,是能揭示事物本质特征及内部规律的高级认知过程。数学思维是数学地思考问题和解决问题的思维活动形式, 人们通常所指的数学思维能力,就是能够用数学的观点去思考问题和解决问题的能力。思维能力是影响学生一生的一种非常重要的能力,也是提升学生科学素养的关键所在。数学思维方法是解决数学问题的方法,即解决数学具体问题时所采用的方式、途径和手段,也可以说是解决数学问题的策略[1]。提到思维方法,在我们数学学科的教学中往往会运用得更多一些。数学思维方法反映着数学概念、原理及规律的联系和本质,是学生形成良好认知结构的纽带,是知识转化为能力的桥梁,是培养学生良好的数学观念和创新思维的载体[2]。只有深刻领悟了数学思维方法,才能从整体上、本质上理解教材;只有深入挖掘出教材中的数学思维方法,才能科学地、灵活地设计教学过程。对于学生来说,我们的科学教学中同样可以渗透数学中的思维方法。在学习科学知识的同时渗透数学思维方法的教学,可使学生在掌握表层知识的同时,领悟到知识的内涵,触类旁通,这样所学的知识就会成为一个相互联系的、螺旋上升的知识体系。科学知识的学习与掌握犹如鸟的一只翅膀,科学的思维方法是另一只翅膀,两只翅膀如果不能均衡发展,一软一硬或一有一无,即使某一只翅膀发育得再强壮,鸟儿也只能是在原地围绕着一个圆心点打转。但如果是两只翅膀均衡发展,鸟儿终将能展翅翱翔于蓝天之下,飞得更高更远,这也势必会为学生的可持续发展奠定良好的基础。因此,在小学科学教学中注重渗透数学思维方法,提高学生的思维能力和科学素养势在必行。

1.2 研究背景

当今世界科学技术的快速发展,使得现代教育教学越来越重视学生的能力与素质的培养。小学科学课程作为小学生科学启蒙教育的一门重要的基础学科,肩负着培养小学生科学素养的重要任务,对培养学生的科学实践和探究精神,对学生科学素养的提高和探究能力的发展都有着不可忽视的重要意义。

近些年来,国内外有许多学者发表了教学中对数学思维方法的应用研究,不过由于数学思维方法应用范围极其广泛,所以,我认为目前对小学科学教学中渗透数学思维方法的研究同样会有很大的空间。在我们的教学中,知识的学习与掌握作为一条明线,往往会成为大多数老师关注的对象,成为教学中的主要内容,而透过知识从中提炼和总结的思维方法作为一条暗线就可能会被忽视了。另外,对于思维方法的研究在国内外大部分仍停留在理论上,在课堂上应用得很少,教师往往在小学科学教学中忽视了对思维方法的渗透。

此外,思维方法的形成是一个渐进的完成过程,需要教师在教学的过程中更加用心,着眼于学生的全面发展,在教学过程中适时适度地进行渗透,使思维方法的培养成为一种有意识的教学活动,这样则会使学生形成良好的科学素养,并长期稳固地作用于学生的学习生涯中。作为一线教师,如何系统地运用思维方法进行科学教学,是我们面临的一个极富实践价值的重要课题。

1.3 研究的目的与意义

1.3.1 研究目的

我们想通过组织、实施本课题的研究,提高教师对思维方法的理解,加强教师对数学思维方法的应用意识,让老师们在科学学科的教学中,时刻注意渗透数学思维方法,提升教师自身的科学素养,既注重知识的传授,又注重思维方法的研究。同时通过组织、实施本课题的研究,培养学生的科学素养,提高学生应用数学思维方法学习科学知识的能力,提升学生的思维水平,以适应未来社会发展的需要。

1.3.2 研究意义

由于我校一直以来都是由数学教师代科学课,这就给我们的教学研究带来了便利之处,我想通过本课题的研究使教师能有意识地运用数学思维方法设计科学教学,不但可以将两门课程很好地加以整合,同时还能创造性地开发课程资源,有效地提高课堂教学质量,在不断地"探索"与"创造"中构建属于个人的思维方法,使学生形成良好的科学素养和思维。与此同时,还可以使教师在研究中获得专业上的更快成长,从知识型向科研型转化。

2 研究内容

本课题以现代教育思想为指导,在前人已有的研究成果基础上,主要研究如下内容:

(1)科学教学中渗透数学思维方法的内容的研究。

(2)科学教学中渗透数学思维方法的策略研究。

(3)科学教学中应用数学知识渗透数学思维方法的研究。

(4)科学教学中应用思维型教学模式的研究。

3 研究思路

首先通过学习查找相关理论资料对国内外研究现状进行了解,掌握理论依据;接下来教师开始分年级进行具体研究,并在具体的实践中进一步完善研究内容和研究措施。通过边实施、边总结的方式,逐步形成研究事实,并在此基础上结合文献资料形成该课题的初步理论支撑。在实践和理论结合的层面总结该课题的研究内容,阶段性结题,并将该研究内容再次应用于教学实践,形成阶段性结论。然后将结论再次与研究理论和成果有机整合,对研究效果进行提升,形成自己的研究成果,形成课题成果报告,并申请结题。最后将该课题的研究成果转化到我们的教学中实际应用,并进行更加深入的研究。

4 研究方法

4.1 调查法

对当前的小学科学教师进行调查,通过分析了解其对小学科学教学中渗透数学思维方法的认识状态。

4.2 文献研究法

收集、学习、整理有关小学科学教学中渗透数学思维方法的文献资料并加以分析,以供实验研究。

4.3 案例研究法

选择小学科学教学内容中 4 大领域(物质科学领域、生命科学领域、地球与宇宙科学领域、技术与工程领域)中的相关案例作为研究素材,进行分析与研究,探索在四大科学领域中渗透数学思维方法的有效策略,建构教学模式。

4.4 经验总结法

把实验过程中积累的经验加以总结、归纳并在后续实验过程中加以论证。

4.5 行动研究法

在教与学的过程中,边实践、边探索、边检验、边总结、边完善。

5 理论依据

要使学生能够获得适应未来社会生活和进一步发展所必需的重要数学知识以及基本的数学思维方法和必要的应用技能是在《数学课程标准》(以下简称《标准》)的总体目标中明确提出来的。《标准》还指出,数学知识与技能是数学学习的基础,而数学思维方法则是数学的灵魂和精髓。在小学阶段有意识地向学生渗透一些基本的数学思维方法对其他学科的学习,乃至对学生的终生发展都具有十分重要的意义[3]。

其次,培养学生的科学素养被列为小学科学课程的宗旨是科学新课标中明确提出的。科学学科本身就具有独特的魅力,奇妙的科学殿堂将学生牢牢地吸引住,学习过程中学生的探究欲望和创新思维都得到了充分的激发。科学素养在新课标的教学建议中更是被赋予了新的内涵"复数",它不仅包括科学概念、科学探究、科学态度、科学技术社会与环境,同时还包括将学到的科学知识、方法运用到解决问题的过程中的能力等诸多方面。新课标的教学建议还要求科学课程与并行开设的其他课程相互渗透,尤其是数学学科,科学探究中的数据处理与模型建立都与数学学科有着紧密的联系,它是应用数学知识和数学思维方法在科学探究过程中的充分体现。

6 分析与讨论

本课题在实施的过程中主要分 3 个阶段完成。

6.1 第一阶段:准备阶段(2019 年 11 月—2019 年 12 月)

本阶段的主要工作是:成立课题组,对当前小学科学教师对数学思维方法在教学中渗透的认识状态进行现状调查,搜集国内外有关渗透数学思维方法的相关资料及案例,进行理论学习,确定课题研究的内容,讨论具体实施方案和研究方法。

本阶段工作的特点是:

成立科学有序的课题研究小组,我作为学校教研组组长,全方位把握学校不同年级科学教学的实际情况。课题组成员由老、中、青不同年龄的一线科学教师组成,目的是充分挖掘老教师的经验,充分发挥中年教师的优势,充分调动青年教师的积极性和活力,把研究的内容与教学实践紧密结合在一起,并形成资料,经过对比、分析、整理后形成对教育教学有促进价值的成果。

6.2 第二阶段:研究阶段(2020 年 1 月—2021 年 2 月)

本阶段分两轮进行。第一轮是 2020 年 1 月—2020 年 8 月,第二轮是 2020 年 9 月—2021 年 2 月。

第一轮的主要工作是组织参研人员参与研究工作,初步形成阶段性研究成果,并指导教育教学实践,形成"计划—研究—反思—调整—再计划—再研究—再反思—再调整"的螺旋上升的趋势。

第二轮的主要工作是根据前一阶段实施的结果,继续跟踪实施《小学科学课堂教学中教师引导学生数学思维探究策略的实践与研究》的方案,研究和积累教学案例,不断将学习成果与非实验班级的学生进行对照,找出各自的优劣,并进行初步的成果整理和总结。

本阶段工作的特点是:

根据课题研究方向,组织课题组成员进行课题的研究,并在研究工作中根据研究情况有针对性地及时调整研究方向,确保研究目标明确,研究活动切实有效。在课题中期的评估、总结,形成阶段性工作成果等方面都取得了一定的成效,并真正将其用于指导我们的教育教学实践工作,形成了"计划—研究—反思—调整—再计划—再研究—再反思—再调整"的螺旋上升的过程。通过本阶段研究实施情况,结合研究和积累的教学案例,并将初步的成果进行整理和总结,已有了初步的成果,包括经验总结、论文、教学设计等。撰写的教学设计有《空气能占据空间吗》《为什么一年有四季》《用气球驱动小车》《神奇的纸》《用橡皮筋驱动小车》《我们来做"热气球"》《光与热》等。将初步的认识总结撰写成论文《小学科学教学中渗透数学思维方法的研究》《小学科学教学中应用思维型教学模式的研究》《小学数学教学中渗透数形结合思想的研究》和《运用信息技术 放飞学生思维》,后两篇论文分获教育创新论文市区级奖项,这些成果都成为我们下一阶段研究工作的依据。

6.3 第三阶段:总结阶段(2021 年 2 月—2021 年 3 月)

本阶段的主要工作是:全体课题组成员进行材料汇总,分析、整理研究结果,将研究成果以论文形式表达出来并将本课题的研究成果积极推广和应用到我校的科学教学中去。

本阶段工作的特点是：在初步对研究内容进行总结分析的基础上，确定研究成果。其中重点是在实践—研究—反思—调整—再实践—再研究—再反思—再调整的过程中形成自己的研究模式和特色，促进教师由经验型向研究型教师的转变，由此使教师的专业素养获得有效的提高，创自己的教学特色，形成自己的教学风格，走出一条当代教师的成功之路。

7 研究成果

7.1 转变了学生的学习理念，学生的科学素养得到提升

思维方法是科学教学中的一条暗线，掌握科学知识是一时的，但是数学思维的养成却能让学生终身受益。我们在教学中有意识地渗透数学思维方法，有效地促进了学生学习理念的转变。科学教学中渗透数学思维方法，养成这种习惯之后，学生就能在学习过程中得心应手，做到学无定法、贵在得法，用最优化的方法对科学知识展开探究，加深对知识的理解与认识，实现学习的第二次跨越，从而使学生的科学素养得到提升。

7.2 促使教师从意识到行为的转变，科学素养和教学理念得到提升

一年半的时间里，我们经过对课题的实施与研究，取得了一定的成效，教师的教学观念发生了转变，对教材的解读能力，特别是从教材中挖掘渗透数学思维方法的能力，及渗透数学思维的方法与策略也有了提高。多年的教学工作使我们认识到，缺乏思维参与的学习势必增加学生负担，使学生只强调结论，而不考虑获取结论的方法和途径，造成听课不认真，不会听课，不能形成师生互动，学习主体的意识淡薄，对知识的认识也比较肤浅。科学教学中渗透数学思维方法，开始时感觉好像是使简单的问题复杂化了，但到了以后学习的阶段，就可以使复杂的问题简单化。

与此同时，老师们在教学中不断进行反思，科研能力也随之提高，促使自己业务水平不断提高，专业不断成长。围绕课题组要求，教师们不断学习、实践、总结，

自课题开题以来,课题组教师共同研究,群策群力,撰写了多篇教学设计、教学论文和经验总结,这些成绩的取得也让我们更坚定了继续学习和研究的决心。

7.3 丰富教师在小学科学教学实践中渗透数学思维方法的策略研究

在理论学习的基础上,教师们对科学教学中渗透数学思维方法的重要性认识更加深刻,我们课题研究进行的主要方式和特色所在就是结合学科特点理论联系实践。在课题研究过程中,研讨课例本着渗透数学思维方法的角度进行选择。在不同的教学内容的专题研究中,我们课题组研究出以下几种在不同教学内容中渗透的数学思维方法,以及渗透数学思维方法的策略,如何应用数学知识渗透数学思维方法,在科学教学中应用思维型教学模式,从研究课堂教学的各环节入手,有效培养学生的科学思维能力,提高科学课堂教学的有效性,促使学生的学习效益有更加明显的提高,并在日常教学中鼓励实施与应用。

7.3.1 小学科学教学中渗透的数学思维方法

小学科学课程的宗旨是培养学生的科学素养[4]。它以自身独特的魅力牢牢吸引着学生步入奇妙的科学殿堂,激发学生的探究欲望,激活学生的创新思维[5]。

(1)分类思维在科学教学中的渗透。在我们的科学教学中渗透分类思维,从学生的实际情况出发,挖掘有关知识点,将有利于培养学生分析理解问题的能力[6]。

在数学的教学中我们可以依据所学数学知识中存在的特定原则和标准等,把数学问题进行一个合理的划分,之后加以组织整理,将划分出来的所有情况逐个进行研究讨论,得出每一种情况的讨论结果后再将其进行汇总,最终使得问题得到很好的解决。那在我们的科学知识的学习中这一分类思维又将如何渗透呢?同样,如教授水的温度变化我们也可以找到这样的临界点,我们把 0 摄氏度和 100 摄氏度作为它的临界点(注意是标准大气压下),当水被加热达到 100 摄氏度时,它所含有的能量最大,如果继续对其进行加热,则水就会沸腾,快速蒸发变成水蒸气,从而带走增加的热量,水温保持在 100 摄氏度;当水的温度达到 0 摄氏度时,它所含有的能量最小,如果继续降低周围的温度,则水就会靠结冰来抵消减少的能量,继续保持 0 摄氏度。水的温度变化决定了水的状态,水在吸热和放热的过程中实现了状态的改变。在这里,我们用类比迁移的方法把数学中的分类思维运用于我们的科学研究中,使学生理解和掌握水的温度变化原理和三态之间相互转化的条件。

(2)抓不变量思维在科学教学中的渗透。我们每个人的身边都存在着许多因素在不断地发生着变化,如大家都很熟悉的年龄,随着时间的流逝,我们的年龄也随之不断地增加,如我们的身高和体重等这些因素也会不断地发生变化。那除了这些变化的因素以外,我们的性别和出生日期等就是不变的因素了。我们解决数学问题的一个重要思想就是在变化之中抓不变。数学中的不变量包括和不变、差不变、积不变或某一部分不变。用抓不变量的思维解决某一问题,可以培养学生的动态思维和抓时刻的能力,及整体看问题(整体思维)的能力,开阔视野,把握时刻,确定解题方向,使问题迎刃而解。在解决问题的过程中,无论是数学学科,还是科学学科都会有数量发生变化的情况,但在这些数量发生变化的同时,往往会存在一些没有改变的量,恰恰是这种不变的量给我们解决问题提供了切入点。

抓不变量思维在我们的科学教学中渗透的也是比较多的。比如科学教学中对杠杆问题的研究,在我们对杠杆有了初步的认识,了解了杠杆的 5 个基本要素,即支点、动力、阻力、动力臂、阻力臂后,进一步通过实验操作探究杠杆的作用原理。在经过多次的重复实验后,对数据进行分析,从中得出这样的一个规律:动力与动力臂的乘积等于阻力与阻力臂的乘积,这就是杠杆平衡的原理。在这里我们把阻力与阻力臂的乘积作为不变的量,也就是说当阻力和阻力臂一定的时候,我们使用杠杆所用的动力是与动力臂成反比的,这里的动力臂越大,那所使用的动力也就越小,这也就可以解释之前我们所研究的问题中为什么我们可以用较小的力产生较大的力了。利用这一不变量思维我们还可以进一步研究区分 3 种不同的杠杆,即省力杠杆、费力杠杆、等臂杠杆。刚刚我们分析的当阻力和阻力臂一定的时候,动力臂大于阻力臂,就属于省力杠杆;动力臂小于阻力臂时[7],就属于费力杠杆;动力臂等于阻力臂时,就是等臂杠杆。这一科学知识的探索基于变化之中抓不变是抓不变量的核心。在我们现实生活中存在的人、事、物等,一切变化的过程中,往往都存在着不变的因素,这一特点将成为我们发现、研究、解决问题的一个突破口。

(3)等量代换思维在科学教学中的渗透。在数学中,有时需要把一个量用与它相等的另一个量去代替[8],进行变式,使表面复杂、怪异的式子简单化、模型化,找到解决问题的突破口[9],从而有利于解决问题,这就是等量代换思维。同时等式的传递性也是一种代换,如 a=b,b=c,那么 a=c。曹冲称象的故事中,曹冲想出来的称象办法就运用了"等量代换"的思想。用在船身上标记被水面淹没的记号的方法,记录大象的重量和石块的重量,当水面淹没到同一个位置时(排开的水量一样)就说明大象的重量与石块的重量是相同的。这里大象的重量与石块的重量是两个完全相等的量,因而可以互相代换。既要称出大象的质量,又要保住大象的性命,在当时的条件下不能直接解决。但是,曹冲利用了等量代换的思维,用石头代替了大象的质量[10],目的就是变换研究对象,使复杂问题简单化,非标准问题标准化,这种化整为零间接解决问题的方法,既体现了曹冲的睿智,也体现了等量代换思想在解决实际问题中的作用。

曹冲称象中运用的等量代换思想究其原因就是运用了科学教学中的浮力这部分内容。可以说等量代换思想在各个方面都有着广泛的应用,受到人们的重视,有利于培养学生的思维能力。

多年的教学使我们认识到,有了数学思维的渗透,学习就如同水从高处流向低处[11],自然流淌,是势能到动能的自然转化;没有数学思维的渗透,则正好相反,是水从低处往高处流,需要把动能转化为势能,这就需要强大的动力了,这一动能就可能被一般人理解为多学多练,强化记忆,强化形成,因此说小学科学教学中渗透数学思维方法也是减轻学生课业负担的重要手段。同时还能实现学科间的协同发展,削弱偏科现象,激发学生运用所学知识解释自然现象,学以致用,产生 1+1 大于 2 的效果。

7.3.2 小学科学教学中渗透数学思维方法的策略

(1)优化材料,渗透假设思维。实验材料本身是为课堂教学服务的,材料的可操作性和针对性强弱对课堂的教学效果会产生直接的影响,因此我们必须结合具体实验操作和想要观察到的实验现象对实验材料做进一步的优化,使它针对性更强,结构也更加合理。所谓优化,不是从准备的实验材料的数量上,还是趣味上进行考虑,而是应该站在学生的角度对每一件实验材料进行审视与设计,尽量选取那些意义比较普遍的、具有典型性的、贴近学生生活的材料,从而达到材料优化的两个目的:一是保障学生能够熟练运用所选取的材料进行探索,获得正确结论认识事物;二是很好地减少准备材料所需的工作量。数学中的假设思维在我们的科学教学中同样可以通过制造矛盾加以渗透。

例如教授《材料在水中的沉浮》一课,精心设计了有结构的实验材料的组合,在实验材料上选择了木头、金属、塑料、玻璃这4种材料。每种材料只选取2种物品,如金属材料选用的是钥匙和回形针;玻璃材料选用的是玻璃弹球和玻璃棒;木头材料选用的是大小相差较为悬殊的两个木块;塑料材料选用的是泡沫塑料块和塑料小圆柱。实验前先让学生对各种材料在水中的沉浮情况进行猜测,结果大多数学生认为较轻的回形针在水中是浮的,而质量较大的木块在水中是沉的。在接下来的实验中,学生看到了和猜测不一致的现象出现,通过实验的验证使他们的前概念得到了修正,进而认识到物品在水中的沉浮和制成物品的材料有直接关系,像金属、玻璃这类材料制成的物品容易沉;像木头、塑料这类材料制成的物品容易浮。有结构的实验材料能更好地适应学生的操作探究能力,同时在整个探究过程中,学生们能像科学家那样研究问题,在研究过程中先对问题做出自己的猜测,发现矛盾点后再进行调整,从而渗透假设思维。

(2)优化导入,渗透转化思维。为了能够更加有效地激发学生的探究欲望,在课堂的导入环节教师就要进行精心的设计,渗透转化思维,在转化的过程中,把待研究的问题和已经研究过的问题联系起来,学以致用。

如教授《空气占据空间吗》一课,为了能够激发学生的学习兴趣,契合研究主题,结合学生爱玩的天性,运用悬念创设表演魔术的导入情境。提到魔术,人们就会感觉它带着一定的神秘色彩,把其运用到我们的课堂中,这一情境让学生感到神奇。老师在学生的好奇与期待的眼神中开始演示,把带有圆形铁盘的矮蜡烛点燃,放在装好水的水槽中,使其能在水面上浮着,然后将一个大的烧杯倒过来,开口朝下扣在燃烧的蜡烛上,并一点一点地向下按,直到烧杯口接触到水槽的底部,当学生观察到现象后,再将烧杯慢慢地向上提起来,直至烧杯口离开水面。学生在这样的情境中观察到燃烧的蜡烛随着烧杯的下降也在逐渐下降,一直到达水槽的底部,但蜡烛并没有被熄灭。根据学生生活中的经验,点燃的蜡烛进入水里后就应该熄灭了,但观察到的现象却并非如此,这又是为什么呢?学生在这样的情境中产生了探究的欲望,从而使得接下来的探究活动得以顺利开展。学生通过一系列的探究得到空气能占据空间的结论后,学以致用,首尾呼应,解决课堂伊始的问题,从而在知识的相互转化、形成和发展的过程中凸显转化的思想方法。

(3)优化实验,渗透分类思维。小学科学教材内容的编写是为了达成本部分知识的教学目标服务的,教材中还将为达成目标设计的各种实验都呈现出来,可以说是图文并茂,色彩鲜艳。这样教师就可以充分地发挥这一教材特点去引导学生从已有的经验出发,开展科学探究活动,进行科学实践,提升学生的科学素养。但我想我们在使用教材的同时,还要考虑到不同地区的学生可能会由于地区之间存在着差异,使得学生的文化知识背景、学习生活环境、活动经验及思维方式也会存在着一定的差异。因此,教学中,我们不能一味地照着教材按部就班地教。分类思维让学生在解决问题的同时,对问题进行全面而深入的思考,分多种情况来讨论,从而得到准确的结论。

如教授《空气占据空间吗》一课时,在学生进行猜想后为学生提供如下实验材料:水槽、水、乒乓球、瓶盖上有孔的去底塑料瓶、带完整盖的去底塑料瓶,并让学生自己观察、思考如何用现有的材料证明空气占据空间。这些实验材料都是学生比较熟悉的,学生探究起来也更加的得心应手,很快通过小组讨论汇报确定了实验方法,并明确了实验中需要注意的事项,实验进行得非常顺利,实验的现象也非常明显:用瓶盖上有孔的去底塑料瓶竖直扣在水中的乒乓球上,并逐渐下压塑料瓶,乒乓球的位置没有发生变化;而改用带完整盖的去底塑料瓶竖直扣在水中的乒乓球上,并逐渐下压塑料瓶时,能明显看到随着下压塑料瓶的过程乒乓球的位置也在下降。在重复实验中这一现象使学生得到空气占据空间的结论。在得到实验结论后,还可以组织学生动手实验,通过游戏活动让学生更加真切地感受到空气占据空间,从而巩固强化认知。最后设计学以致用的环节,为学生提供3组不同的实验材料,一组材料是玻璃瓶、漏斗、橡胶塞;一组材料是矿泉水瓶和气球;一组材料是矿泉水瓶、两根吸管、橡皮泥。学生可以根据自己的需要从3组材料中任选一组进行实验验证,这一环节很好地巩固了学生所学知识,同时对学生也是一个再促进的过程。实验中,选择同种材料的同学在实验方法上也有所不同,学生自主创新设计实验,不但提高了课堂效率,同时也使得学习自主化得以促进。综上所述,我们在教学工作中要认真研究教材,从科学发展的全局着眼,从具体的教学过程着手,逐步渗透思维方法,让学生养成良好的思维习惯,这是我们所有科学教育工作者应该追求的目标。

7.3.3 小学科学教学中应用数学知识渗透数学思维方法

数学知识作为一种数学工具被广泛地应用在我们的日常生活中,同时也与其他科目的学习有着不可割断的联系,尤其是在我们的科学学科的学习中,它与数学学科有着更加紧密的关联与碰撞,如我们在科学教学过程中进行科学探究时得到数据后对数据进行分析与处理,还有在建构模型等许多方面。学生的学习在它们的交互与碰撞中能够实现更深层次的理解与掌握,从而使得学生各个方面的能力和认知得到最大限度的培养和提高,学生的思维能力随之得到提高。因此,在我们的科学教学中应用数学知识和数学思维方式对学生的全面可持续发展会更有利。

(1)应用复式条形统计图,渗透数形结合思维。数形结合思维可以使一些抽象的问题变得生动、直观,将抽象思维转化为形象思维,体现了转化思维和化归思维。例如在教授《光与热》一课时,将热用温度来进行可视化处理进行点破,将光的强弱与热的关系转化成光的强弱与温度的关系,启动学生思维的闸门,诱发学生的探求性思维活动。学生通过实验得到数据后,充分发挥多媒体的功能优势。在各组同学将得到的实验数据进行汇报分享的同时,教师将这些数据输入事先准备好的实验数据总表中,这时大屏幕就会随着数据的输入呈现出实验数据条形统计图,来直观呈现实验结果。由于学生在四年级数学的学习中已经认识了复式条形统计图,所以同学们结合图表,对一开始的假设进行分析,很快就得出了实验结论,验证了之前的假设:镜子数越多,光线越强;光线越强,温度越高。这里复式条形统计图的应用非常巧妙,充分地利用"形"把数量关系形象地表示出来,很好地渗透了数形结合思维,从而有效促进思维的可持续性发展。

(2)应用排列组合,渗透分类思维。分类思维需要依据一定的原则、标准,把相关问题合理划分并加以组织,再逐个进行讨论,然后将各类讨论结果进行汇总,从而得出结论。如教学小学科学四年级下册第二单元《电路》中的第5课《里面是怎样连接的》一课时,我们都知道很多用电器其实就是一个"黑匣子",我们只能看到它们外面的样子,而难以看到它的内部结构。简单的电器也很少将连接方式暴露出来,更多复杂的电器元件更是被密封起来无法观察其结构。但不管多么复杂的用电器,归根结底都是由很多简单电路通过不同的连接方式组合而成的。怎样学习科学的检测方法是本课学生的学习重点,培养学生使用科学的方法进行不遗漏、不重复、高效率、准确的测试,对学生思维能力和动手能力的提高具有重要作用。为了达成本课目标,突出重点,教师在教学的导入环节设置疑问,如果用电路检测器的两个接头分别连接接线柱 1 和接线柱 2 会怎样？学生猜想小灯泡可能亮，也可能不亮。这时就已经初步渗透了分类思维，检测结果是小灯泡亮了，就说明这两个接线柱之间是有导线连通的，如不亮就说明它们之间没有导线连通。在接下来的探究中，教师出示有 4 个接线柱暗盒，里面的连通情况是看不到的。那么里面是怎样连接的呢？在进行检测之前先想一想这 4 个接线柱应按怎样的顺序进行检测。运用数学中的排列组合的知识学生能很快说出检测顺序，分别是 1 和 2、1 和 3、1 和 4、2 和 3、2 和 4、3 和 4，这样就能实现不遗漏、不重复、有序地进行检测了。随后出示有 5 个接线柱的暗盒，学生们再次说出检测的顺序 1 和 2、1 和 3、1 和 4、1 和 5、2 和 3、2 和 4、2 和 5、3 和 4、3 和 5、4 和 5。在这个过程中，学生相互交流，相互补充，汇总出科学、便捷的检测方法。在学生明确了检测顺序和要求后进行实验操作，在操作过程中，按照之前的检测顺序先来检测有 4 个接线柱的暗盒，任意两点都要检测 3 次，重复实验后小灯泡亮了还是不亮？两个接线柱之间是通路还是断路？根据检测结果推测盒内是怎样连接的。这是一种处理方法，还有一种处理方法是我们可以用排列组合的知识将每两个接线柱之间用线段连接，假设每两个接线柱之间都有导线连接。这个过程可以发散学生的思维，从大局入手，先放后收，深化学生的思维。如图 4-2-1。

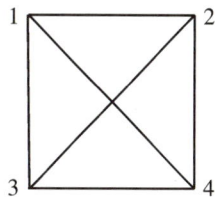

图 4-2-1

接下来再按顺序进行检测，会出现两类情况，小灯泡亮了和不亮。小灯泡亮了两个接线柱之间的线段保留，小灯泡不亮就去掉两个接线柱之间的线段，如通过检测接线柱 1 和 2、1 和 4、2 和 4 连接时小灯泡是亮的，而接线柱 1 和 3、2 和 3、3 和 4 连接时小灯泡不亮，这时根据检测结果首先就要去掉接线柱 1 和 3、2 和 3、3 和 4 之间的线段。如图 4-2-2。

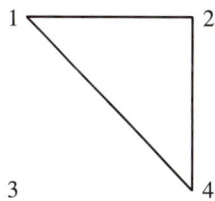

图 4-2-2

以上为第一种连接方式，也作为基本连接方式，接下来我们可以进一步发散学生的思维，由于线路连接的特殊性，最少用多少根的导线，如何连接？这时学生想到最少用两根导线，去掉上面的基本连接方式中 3 根导线中的 1 条就可以了，于是就可以出现下面的 3 种连接方式：如图 4-2-3。

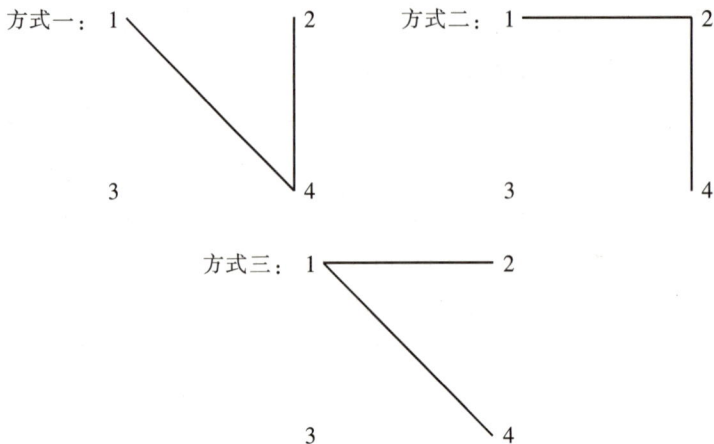

方式一：1   2   方式二：1   2

3   4   3   4

方式三：1   2

3   4

图 4-2-3

这个过程中,学生应用排列组合的知识设计检测顺序,同时在解决问题的过程中还很好地渗透了分类思维,发现了不同的线路连接方式,诱发出探求性的思维活动,继而激发探究的兴趣,培养逻辑思维能力,深化学生的思维。

7.3.4 小学科学教学中应用思维型教学模式的研究

教学中我们应将核心目标定位于培养学生的思维能力, 应用思维型教学模式,从研究课堂教学的各环节入手,在科学教学的各环节中,有效培养学生的科学思维能力,提高科学课堂教学的有效性,促使学生的学习效益有更加明显的提高。

(1)动机激发,开启思维。在我们的课堂教学中学生作为学习的主体,可以说问题的提出是他们一切发现的开端, 也为课堂效率的提高起到了一定的促进作用。在我们的课堂教学中,问题产生的同时就会启发学生进行思考;有了思考,学生的探究活动才会得以顺利开展,学生的探究也会更具实效性。在这个环节中教师可以通过魔术、游戏、描述情境、进行实验操作等多种形式创设问题情境,并将学习内容隐含在所创设的问题情境之中,待学生进入所创设的问题情境,继而产生探究的动机,并从中发现学习的内容,开启学生的思维。

如教授《为什么一年有四季》一课,在导入环节利用多媒体课件向学生展示一组关于四季的图片,学生在感受一年四季美丽风景的同时,进而学习新的内容"为什么一年有四季"。四季图片的展示,不仅契合了研究主题,从身边现象引入,而且使学生打开思维,说出生活中对四季认知的积累,关注学生生活经验的知识基础,继而激发探究一年四季形成的兴趣。再如在教授《材料在水中的沉浮》一课时,首先播放《乌鸦喝水》的动画片,这时学生的注意力完全被吸引过来了,紧接着提出问题:乌鸦是怎么喝到水的?如果把小石块换成塑料片,乌鸦还能喝到水吗?为什么?通过有趣的故事,让学生明白本课学习内容,达到导入点题的效果,同时还能诱发出探求性的思维活动,启动学生思维的闸门。

(2)认知冲突,发散思维。在这个环节中教师首先可以将现象或问题呈现给学生,并聚焦这一现象或问题,学生在头脑中会对现象或问题产生疑问并进一步加以分析,在这一过程中学生将产生认知上的冲突,产生疑问后自主提出需要探究的问题。并在问题提出的基础上进行假设,做出的推测。这时教师应鼓励学生像科学家那样敢于大胆的假设,进而引导学生根据现实情况,在他们已有的知识和经验的基础上对所观察的现象或所提出的问题进行猜想和解释,这一环节将对学生发散思维能力的培养起到不可估量的作用。

如教授《空气能占据空间吗》一课,我首先创设了一个魔术情境,将蜡烛点燃,放入水槽中,演示用烧杯扣住点燃的蜡烛,并逐渐下压,蜡烛随之下沉,这时学生惊奇地发现"沉入水底"的蜡烛没有熄灭,这与他们之前对水可以灭火的认知看似不同,从而产生了疑问:为什么蜡烛会沉到水底?为什么蜡烛在水下没有被熄灭?激起了学生的探究兴趣,引发认知冲突。接下来通过演示并讲解"空间""占据"的概念,引导学生观察描述水和石头能占据空间,聚焦到"空气是否也占据空间"的问题上。接下来让学生以小组为单位结合自己已有的知识经验想一想空气是否占据空间。在这个过程中,要鼓励学生大胆猜测,提出合理的假设和预测,达到发散学生思维的目的。

再如教授《我们来做"热气球"》一课,上课伊始我就开门见山,通过图片引出本节课研究的主题——热气球。随后调查本班学生对于热气球的了解,在这个过程中由于我们面对的是低年级学生,所以学习活动的开展应尽量贴近学生的生活,便于探究学生对所学知识的前概念,借以提高学生的注意力。学生对于热气球升空原理的认识上存在认知冲突,于是我通过播放热气球升空前的加热短视频,使课堂研究的中心从热气球本身一下就聚焦到了热气球里面的空气,引发了学生的思考。通过视频再现生活中的事物热气球,学生全面参与观察,在集中观察共同描述的过程中互相启发,发散思维。

(3)自主建构,活跃思维。本环节的一大要点是通过探究和推理获得相关的证据,并对证据进行解析。学生在假设的基础上,围绕问题和假设,亲自设计实验方案,并亲手操作,在得到实验数据或观察到实验现象后,对实验的结果进行比较分析,以此来检查自己的假设是否正确。这一过程中教师应着重引导学生进行科学实验,为学生提供实验所需的材料和思路,由学生自主进行预测设计,之后开始实施探究活动,通过实验获得有力的证据,通过进一步的解释和推理最终得出科学的结论。研究方案的制定是实验成功与否的关键。因此教师应重视引导学生对如何制定出合理、科学、可行的研究方案进行深入的思考,这一过程将使得学生的思维活跃起来。

如教授《空气能占据空间吗》一课,学生在观察了所给出的实验材料后,进行小组讨论,如何设计实验证明他们的猜测,在各组汇报实验方法后进行归纳,并出示实验步骤和注意事项。接下来学生开始根据实验步骤进行实验[12]。把乒乓球放在装有水的水槽里,然后在乒乓球的上方用去底的塑料瓶罩上,并将塑料瓶竖直向下压,两种不同的塑料瓶瓶盖对应着两种不同的实验现象:乒乓球在水中的位置下降和位置不变。学生很好奇为什么不同,通过观察对比,学生发现用瓶盖完整的塑料瓶扣住的乒乓球位置下降,水也没有进入塑料瓶中,原因是空气在瓶里占据了一定的空间;而瓶盖有孔的塑料瓶中的空气从小孔跑出来了,因此乒乓球的位置没有发生变化。为了进一步培养学生的思维能力,在有所发现后提出问题"能不能让乒乓球反复地听我们的使唤?"随后出示新的实验材料。用胶塞和导管将注射器和塑料瓶连接起来,然后将塑料瓶竖直扣在乒乓球上,乒乓球的位置下降。接下来拉动注射器的活塞,空气慢慢进入注射器中,塑料瓶中的空气被抽走,水也随之进入塑料瓶,乒乓球的位置逐渐上升,然后我们再来推动注射器的活塞,乒乓球位置下降,这样反复推拉活塞,实现控制乒乓球的目的,学生从中真切地感受到空气占据空间,从而巩固强化认识。在这一环节中,学生自主建构,通过设计对比实验,验证在上一环节中提出的假设。在进行对比实验的过程中动手动脑,促进思维能力的发展。

(4)自我监控,深化思维。我们的科学课既要强调学生亲历探究,并对实验中搜集和积累的数据进行分析的过程,更要注意引导学生对研究过程和思维方式进行反思[13],培养逻辑思维能力,深化思维。

如教授《空气能占据空间吗》一课,在这个环节中我们可以通过成果发布会的形式,鼓励学生大胆地表达交流自己的发现,以小组团队为主体发布对空气能占据空间的观察结果,得出空气能占据空间的结论。这一环节中教师还可以指定让多个学生进行表达和重复,从而使学生对问题的认识更为深刻,达到深化学生思维目的。

(5)应用迁移,放飞思维。学生通过之前的探究学习得到科学结论后,教师还可以为学生提供新的生活情境,鼓励学生将所学知识迁移到生活实际中去[14],解释生活中遇到的与之相关的一些现象。学生在教师的引导启发下将新收获的知识和方法应用于新的情境中,从而达到放飞学生思维的目的。

如教授《我们来做"热气球"》一课,在学生发现热气球飞行原理之后,用课件出示孔明灯飞行的图片,将热气球与同一原理的孔明灯联系起来,为学生搭建认知的桥梁,随后学生认识到孔明灯飞行的原理与热气球的原理一样,这样做既巩固了新认知,同时还能够达到将新发现迁移到新情境的效果,有利于丰富表象,引发联想,启迪学生进行全方位、立体的思维,从而展开想象的翅膀,放飞学生思维[15]。

总之,小学科学教学中我们要紧密结合教学内容,应用思维型教学模式培养学生的思维能力和不断探索的精神。

本课题的研究对于不同阶段、不同学习内容采用不同的思维方法,以知识为载体,渗透思维能力的培养,发展学生的思维能力。对于课题组成员教师而言,改变了教师对培养学生思维方法的态度,提高了教师的综合素质,丰富了其教学策略,提升课堂教学有效性,突出了本课题研究的创新点:通过本课题的研究使教师有意识地运用数学思维方法设计教学,有利于学生从不同的侧面加深对知识的认识和理解,从而培养学生的思维能力和创新能力,使学生形成良好的科学素养。

因此我们的研究目的明确,研究过程井然有序,研究成果卓有成效,可以在小学科学教学中实际应用。同时,在研究实践过程中不仅明确了自己的努力方向,加强了自己专业知识的学习,在实践中积累教学经验,更重要的是加强了教师的科研能力,成为研究型教师。

但我们的研究还远远没有结束,我们要看它是否有可持续性。我们会在以后的实践中更加完善小学科学教学中渗透数学思维方法的研究,从而能更好地培养学生的思维能力。

参考文献

[1]徐国民.浅绛深黄——课堂实录集(小学上)[M].上海:同济大学出版社,2018.

[2]朱福荣,吴平,张泽庆.教学名师成长与培训小学数学教学名师研修札记[M].重庆:西南师范大学出版社,2015.

[3]魏忠新.浅谈小学数学学习兴趣的培养[J].课程教育研究(学法教法研究),2017(14):256-257.

[4]中华人民共和国教育部制定.义务教育小学科学课程标准[S].北京:北京师范大学出版社,2017.

[5]王树伟,崔学慧.浅析如何培养学生实验动手操作能力[J].读天下,2019(18):170.

[6]高桂霞.用数学的"实"惠及学生[M].天津:天津教育出版社,2020.

[7]詹强.新教材完全解析 人教版 九年级物理[M].太原:山西教育出版社,2006.

[8]王永春.小学数学思想方法解读及教学案例[M].上海:上海华东师范大学出版社,2017.

[9]裘陆勤.由一道题想到的数学思想方法——推理思想,让"套公式"变成"长智慧"[J].小学教学研究,2016(09):51-52.

[10]陈适武.浅议初中数学教学中如何培养学生的数学思维能力[J].考试周刊,2017(56):117.

[11]张隆溪.东西方比较文学的未来[J].深圳大学学报(人文社会科学版),2018,35(01):5-13.

[12]张娇,陈林峰.应用型高校大学物理实验教学质量提高分析[J].科技风,2019(28):85+104.

[13]罗松.基于核心素养的物理教学实践探索[J].中学物理教学参考,2017,46(5):18-21.

[14]文双荣.小学数学教学中如何引导学生有效审题[J].读写算(上),2020,No.1157(10):164.

[15]安伟哲.交互式电子白板在小学数学教学中的重要性[J].魅力中国,2019(04):239.

以物质科学世界领域教学资源为载体培养学生科学思维的研究

天津市武清区汊沽港镇二街中心小学　孟庆元

摘　要: 自小学科学课程走进我市小学一、二年级课堂以来,科学课程在小学阶段实现了全覆盖。对于低年级的学生来说,科学课是一门全新的课程,它对学生认识世界、发现规律、提升科学思维能力、形成科学核心素养是十分重要的。在课堂教学中,我们发现学校现有的教具很难满足课堂教学需求。学生在观察、质疑、探究、合作等方面很难得到预期的教学效果,学生的思维发展也受到了局限。在这种情况下,我们于 2019 年 11 月确定了"自制教具对提升小学低年级学生科学思维能力的作用研究"这一研究内容。经过研究,积累了一些自制教具的制作经验,形成了一套适用于课堂教学的自制教具资源包,很好地辅助了课堂教学,有效地促进了学生思维的发展。虽然取得了一些成果,但如何利用好自制教具来促进学生的思维发展仍然是今后需要持续探讨的重要问题。在项目研究的过程中,主要采用观察法、文献法、统计法、行动研究法、比较法、实验法等来对数据、信息进行统计与分析,对学生的思维发展与科学素养的形成进行考量。通过项目研究,我发现:自制教具的开发要遵循针对性、简约性、科学性、参与性的原则,大力开发制作教具,不仅可以弥补教具的不足,而且对小学一、二年级学生的思维发展及科学素养的形成有明显的促进作用。

关键词: 自制教具　小学低年级　思维能力　科学素养

1 引言

1.1 研究背景

新课程改革以来,小学科学教学致力于提高学生的思维能力与科学素养。而观察和实验作为小学科学教学中最重要的两个教学环节,是提高学生思维能力及科学素养的极其重要的手段。在教学中,我发现学校配备的科学教具从数量、质量、实用性上很难满足小学科学低年级课堂教学的需求。在没有适当教具的情况下开展教学,不仅教师的教学手段捉襟见肘,学生的学习效果也表现得一般,甚至影响学生的学习兴趣。针对这种现状,很多教师想自制一些教具来满足课堂教学的需要,但在实施的过程中,有的教师难以根据课堂教学的需要进行自制教具的设计;有的教师在材料的选择和制作上出现了疑惑;有的教师在教具制作完成后,没有达到预期的效果而事倍功半,最终导致制作的失败。基于这一现状,自制教具活动就很难得到教师们的积极参与,教具改进也就很难落实。因此,开展"自制教具对提升小学低年级学生科学思维能力的作用研究"这一项目是非常重要的,它不仅为教师提供了自制教具的理论基础,同时,也对自制教具对小学低年级学生的思维能力与科学素养的影响进行了深入的探索。

1.2 研究意义

观察和实验是学习科学的基础,也是提升学生思维能力、培养科学素养的重要手段。而所有的观察与实验都离不开直观、高效的实验器材。但是,学校现有的教具很难满足每一节课的需要,因此,开发研究自制教具有重要的意义。它是提高课堂教学质量、全面培养学生思维能力的坚实基础,对提高师生的观察能力、创新能力、动手能力、小组合作能力等诸多科学素养也有着极大的促进作用。

1.2.1 自制教具弥补教具数量上的不足

农村小学,教具绝大部分还是很多年以前陆续购置的,经过多年的损耗、折旧,一部分仪器已经不能实现其原有功能了。尤其是小学一、二年级,教具的配备显得更为短缺。为了保证科学学科教学过程的生动性、形象化,发动师生自制教具就成了弥补自制教具不足的一条必由之路。

1.2.2 自制教具弥补了教具功能上的不足

教师对自制教具内部结构一清二楚,熟悉每个部件的功能,知道各部分是怎样协调工作的,能够全面认识仪器的工作原理,当学生看到可以用生活物品与身边的常见材料来做实验,增强了学生学以致用的观念,会使学生觉得科学学其实离自己很近,容易克服学生对科学的畏难情绪,激发学生热爱科学、热爱科学的情感[1]。

1.2.3 自制教具可以培养学生的思维能力

学生的科学思维包括抽象与概括,比较与分类、分析与综合、批判性思维等。对于小学一、二年级的学生来说,思维的培养与发展直接影响着每一位学生的终身发展。而自制教具的使用可以使课堂教学更直观形象,更有针对性。在激发学习兴趣的同时,寓教于乐。对于学生思维的多维度发展具有重要的意义。

1.2.4 自制教具可以全面提高师生的科学素养

师生参与,实际动手制作教具,从选材到加工乃至试验,由粗到精,由不满意到满意,由失败到成功,多次反复。在这个过程中,培养了师生的创新能力,锻炼了师生的动手技能,科学素养必然得到提升。

2 研究方法

2.1 调查法

对学校现有教具进行详细调查,认真梳理,分析问题存在的原因、根源及采取的对策,确定需要制作的教具及研究方向。

2.2 实验法

根据课程教学需要,动手制作适合于教学的教具,并应用于课题实践,检验自制教具在课堂教学中的使用效果。

2.3　研讨法

自制教具的制作、使用策略;自制教具对促进小学低年级学生思维的发展作用及学生科学素养形成的作用研究。

2.4　问卷法

针对学生的思维能力的发展、科学素养的调查和对自制教具的使用效果主要采用问卷法进行收集和整理。

2.5　经验总结法

在项目的实施过程中对于自制教具的制作、使用策略进行经验总结,揭示自制教具对促进小学低年级学生思维发展和科学素养形成的意义。

2.6　文献法

通过学习相关文献资料,加强理论学习,了解项目相关内容的研究现状,指导教具的研发。

3　研究过程

3.1　项目研究内容

(1)对一、二年级科学课程中教具情况的全面分析,梳理自制教具的分类,树立科学教育广泛资源观。根据教材实际情况,结合本地区的自然、人文特点,积极拓展教具资源开发的视野。形成自制教具研究策略,逐步在日常的教学实践和课外科技活动中大力使用自制教具,丰富教学手段,提高课堂教学效果。

(2)自制教具资源的开发与利用对一、二年级小学生思维发展的促进作用,探索此类资源对于提高小学生科学素养的重要意义。

3.2 项目研究过程

3.2.1 研究时间

课题起止时间从 2019 年 11 月至 2021 年 3 月,总体分为 3 个阶段进行研究:

第一阶段:从 2019 年 11 月至 2020 年 1 月为起步阶段。在专家的指导下确立研究课题,制订研究方案,明确研究思路,做好研究计划。组织课题小组成员学习课题相关理论,了解小学一、二年级教具的现状,明确教具的分类及研发原则,为教具的研发奠定基础。

第二阶段:2020 年 2 月至 2021 年 1 月为项目攻坚阶段。项目小组成员根据科学课程教学需要,结合教具的研发原则,大力开展自制教具的研发工作。将自制教具运用到课堂及各种科学活动中,探索自制教具对提升学生思维能力,促进小学低年级学生科学素养形成的作用。

第三阶段:2021 年 2 月至 2021 年 3 月为总结阶段。项目小组成员将各阶段的数据、资料、具体做法进行梳理,总结经验做法与不足,汇总课题成果,撰写研究报告。

3.2.2 具体研究过程

(1)起步阶段:加强理论学习,更新理念,制定实施方案。自 2019 年 11 月项目实施以来,项目指导专家多次组织集中面授、视频会议来指导课题实施的要求及方法,从选题到制定实施计划,从课堂实践到经验总结,处处离不开项目指导专家的引领与指导。同时,学校领导高度重视,组织校内外科学骨干教师积极参与,成立了强大的攻坚团队。

课题开题后,课题组成员深入学习《基础教育课程改革纲要(试行)》和《小学科学课程标准》,认真研究相关理论知识。课题组教师一起交流心得,探讨小学科学教学中教具的现状,反思查找造成问题的原因,从而确定课题的研究方向。根据课题研究方向制定了详细的课题研究方案,明确了课题研究的内容,选择各阶段适用的研究方法,并对每项工作进行了明确的人员分工。通过学习讨论、细化分工,深化了对课题的认识。在不断反思的同时,打开了教学的一扇新窗。

(2)项目实施阶段:理论与实践结合,加大自制教具的研发,探讨自制教具对提升小学低年级学生科学思维能力和科学素养的作用。

1)自制教具的研发,具体分为4个步骤来开展。

①教具的选择:自制教具必须要服务于教学实践。课题组成员在教具研发之前一定要吃透教材,明确教材的编写意图,要对教材的内容进行深入的探究和思考。不能为了研发而研发,要做到有的放矢,这样研发出来的教具才能更具有针对性,这是自制教具能否适用于课堂教学的重要保证。

②教具的设计与论证:确定需要研发的教具后,首先要从科学角度出发,遵循设计原理制定切实可行的设计方案,画出设计草图。在这一过程中,一定要对方案进行反复的讨论与修改,把缺点与不足尽量消灭在设计阶段。

③教具的制作:待设计方案反复修改确定后,选取可行性的材料进行制作。在这一过程中,要力求节约制作成本,可以独立完成,也可以团队完成。如果在制作的过程中发现设计缺陷,一定要及时修改方案或重新设计。

④教具的改进:完成后的教具必须进入课堂进行实践,不断听取教师和学生的意见,了解他们的感受,从科学性、实用性、简约性等多个方面进行考量,不断改进自制教具,以达到服务教学的目的。

2)自制教具对提升小学低年级学生科学思维能力及科学素养的作用探究过程。

①在自制教具走入课堂之前,首先要对一、二年级的学生的知识储备、学习兴趣、个人喜好、能力素质等诸多方面进行考量。利用谈话、问卷、研讨等多种形式摸清一、二年级学生学习科学的基本情况,以便对项目开展之后进行有效对比。

②当自制教具走进课堂,辅助课堂教学之后,细心观察当教师在使用自制教具的过程中,学生在学习态度、观察力、创造力、语言表达能力、团结合作等方面的变化,及时做好记录。

③布置一、二年级学生课后自制学具活动,将学生自制的学具引入课堂,通过展示、演示、评比等多种形式对学生的自制学具进行考量,做好记录。

④课题小组成员定期召开项目研讨会议,将课堂、课后收集到的数据、现象进行分析整合,查找问题,总结规律。比对自制教具对促进小学低年级学生思维能力的效果。

(3)项目总结阶段:整合研究成果,探索自制教具对小学低年级学生的思维发展和科学素养的促进作用。

2021 年 2 月,本课题进入项目总结阶段。课题小组成员按照项目计划各司其职,对收集到的数据进行全面的梳理与汇总,形成了小学低年级自制教具资源包。同时,通过问卷调查、谈心谈话、交流讨论等方式对学生 1 年来的科学素养各方面的变化情况进行分析、总结与评估,最终得出结论:自制教具对小学低年级学生的思维能力及科学素养有很好的促进作用。

4 项目研究分析

4.1 自制教具解决了教学中教具短缺的现状,提高了教具的教学效果,形成了小学低年级自制教具资源包

在科学课堂教学中,尤其是小学一、二年级,学校现有的教具不够充足,不能发挥其应有的作用。课堂中,教师用学校提供的教具进行教学,学生的主体性和探究性往往不能得到很好的发挥。学生的观察力、想象力、创新能力、解决生活实际问题的能力表现得不尽如人意,学生的探究活动也开展得不够深入,浮于表面。

在项目开展的过程中,每一位课题小组成员都建立了大教具观念。根据研究,把小学一、二年级教具分为"演示教具"和"实验教具"。在此基础上继续细化,根据教学的需要,遵循教具的制作原则,开发制作了很多适用于小学科学低年级课堂的自制教具,并将这些教具运用于课堂。这些自制教具的开发与使用,不仅对于提高教师本身素质大有裨益,对于学生来说也是受益多多。现将项目研究过程中自制的部分教具进行简单介绍。

4.1.1 观察类教具

(1)叶子的形状标本

在小学一年级上册科学课程中,学生们第一次从课本上学习叶子的形状这一知识,为了让学生观察起来更方便,更直观,我们制作了"叶子的形状"系列标本教

图 4-3-1

学具。通过向学生展示各种形状的叶子,近距离观察各种叶子的形状来提高学生们的观察和概括能力。学生们在观察的过程中,还看到了很多课本上观察不到的细节。这一教具的使用,既让学生看到了课本以外不同的叶子,也激发了学生们的学习兴趣,丰富了课堂内容。

(2)物体分类图片

图 4-3-2

在小学一年级下册《给物体分类》这一课中,教材中给出了一幅超市蔬菜、水果分类的照片。虽然学生学习起来比较直观,但生活中,我们物体的分类无处不在。因此,我们采集了许多物品分类的照片,涉及生活的方方面面,形成了一套丰富的图片、视频集。在教学中,我们利用这些图片与视频有效开展教学,开阔了学生的眼界,丰富了课堂内容,积累了生活经验,收到了良好的教学效果。

(3)蚯蚓观察盒

图 4-3-3

一年级上册在观察蚯蚓活动中,学校没有适合的蚯蚓观察盒,学校现有的教具也不太符合观察的需要,学生观察起来比较困难。因此,我们自己动手制作了蚯蚓观察盒。观察过程中,将蚯蚓放于盒内湿土上,蚯蚓的活动一目了然,学生观察起来非常方便。这一教具虽然简单,但实用性很强。

4.1.2 实验类教具

(1)磁性演示装置

"同极相斥,异极相吸"磁铁的这一性质需要用实验来进行演示,让学生们眼见为实。孩子们对于"磁性"这一看不到、摸不着的事物很难理解。为此,我们制作了磁性演示装置这一教具。实验中,学生们通过上下两个磁铁的粘贴和悬浮两个不同的实验现象,认识到磁铁两端有不同的特点,更容易理解磁铁的这一性质。

图 4-3-4

(2)磁力大小测量平台

图 4-3-5

在用磁铁测量磁力大小时，由于磁铁的固定问题往往导致实验结果不准确。我们用透明材料制成的磁力大小测量平台具有易于操作、便于观察的特点，不仅解决了磁铁的固定问题，观察过程中数据的收集也更方便。因此,学生对于磁力大小的观察和比较更为准确。

(3)磁铁指向演示架

图 4-3-6

在研究蹄形磁铁、环形磁铁指示方向这一知识点时,我们根据教学需要制作了磁铁指向演示架,并对教材中的演示架进行了改进:加大了底盘的支撑,使框架整体更加坚固,同时,采用拱门式设计,悬挂磁铁位置远离了支架,避免了碰撞现象的发生,增加了实验的准确性,操作起来也非常方便,观察效果良好。

(4)自制简易天平

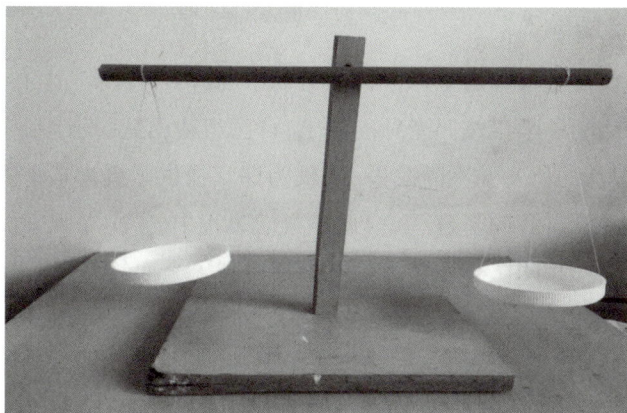

图 4-3-7

在教授一年级下册《谁轻谁重》这一课时,需要通过简易天平来观察物体的轻重。针对这一知识的教学,我们用木条、螺丝钉、塑料盖等材料制作了简易的天平。在课堂中,我们使用自制的简易天平来比较物体的轻重,实验效果一目了然,操作也非常简便,很好地完成了教学任务。

(5)磁力小车

图 4-3-8

在研究磁铁的两极时,学生对于"异极相吸,同极相斥"这一性质是第一次接触,很多认知还停留在书本中,因此,只能通过实验来让学生亲自体验这一性质。而学校的现有教具都不太符合实验的要求。对此,我们自制了磁力小车:将磁铁放于车内,通过改变磁铁的放置方法,来观察实验现象,认识磁铁的性质。这一教具制作简单,但易于观察与操作,实用性强。

4.1.3 学生自制学具

自制教具不仅仅是教师的工作。科学活动中,我们经常为学生布置一些力所能及的制作学具活动。学生按照老师的要求,自己组建团队,设计制作思路,搜集制作材料,开展学具的研发并不断改进。不仅为课堂提供了更为丰富的教学素材,也为学生提供了展示自我的平台。在自制学具的过程中,学生在观察能力、动手动脑能力、逻辑思维能力、团队合作能力等方面都得到了全面的提高。

(1)小鸟餐厅

图 4-3-9

课堂中,学生们学习了"小鸟餐厅"的制作,兴趣非常浓厚。我利用这一契机,鼓励学生课后制作一个自己的小鸟餐厅。学生们课后积极行动,寻找材料,开展制作活动。有的制作了课本中的"小鸟餐厅",有的将"小鸟餐厅"进行改进,由1个喂食口增加到了 3 个,还增加了防雨板,功能更加强大。在科学课上,老师对学生们制作的"小鸟餐厅"进行展示与点评,孩子们在学习的同时,体验到了成功的快乐。这一制作活动,学生们思维能力得到了很好的锻炼。

4.2 自制教具的研发对于促进学生的科学思维能力及科学素养的形成也有不可或缺的作用

在 1 年多的研究过程中,从课题的选择与论证到课题实施方案的完成,从教具的制作到课堂中的运用,从资料的收集整理到对学生思维能力、科学素养的形成进行探究与总结,每一个环节都科学有序地展开。既有项目导师的引领,也有自主学习的提高。项目研究过程中,除了书本上提供的一些学习资料,我们为学生提供了更为全面的图片、标本、视频等。由于我们的教具是量身定做的,因此在实验过程中,当这些自制教具出现在我们的课堂上,学生的参与度更高,实验现象更为明显,实验结论的得出也更为准确,学生的学习兴趣也更为浓厚。学生可以更直观、更科学、更高效地开展学习活动,有利于学生认识世界,揭示规律。课题小组成员通过广泛收集教学数据,进行分析总结发现:长期在丰富的教具引领之下,学生的思维能力有了明显的提高。观察能力、创新能力、语言表达能力、团队合作能力等科学素养也有了明显的提升。

5 结论

5.1 自制教具是课堂教学的必要补充,在研发过程中要遵循针对性、科学性、简约性、参与性的原则

5.1.1 教具的研发要体现针对性

针对性是指自制的教具一定要能够有效地指导我们的教学,帮助学生答疑解惑,以达到更好的教学效果。自制教具是现有教具的弥补,因此,每一件自制教具都要有研发的意义,不能为了研发而研发。这就要求我们教师在教具研发之前一定要吃透教材,明确教材的编写意图,要对教材的内容进行深入的探究和思考。这

样研发出来的教具才能更具有针对性,这是自制教具能否适用于课堂教学的重要保证。如:二年级下册有"磁极与方向"的教学内容,教材中提供的实验方法和器材在观察效果上不够理想,实验中会出现影响实验结论的负面因素。因此,本课的教具开发就要围绕解决上述问题而展开。后续的"演示架"设计一定要有的放矢,务必达到易于观察、便于操作这些要求。可见,明确了教具的设计要求,师生制作出的教具才能准确地辅助教学。

5.1.2 教具的研发要体现科学性

科学性就是在自制教具时,要遵循科学规律,用严谨的科学态度和科学方法来制作精准、科学的教具。在教具的研发过程中,我们首先要有科学的研发计划。任何教具的完成都不是漫无目的,一蹴而就的。在研发之初,我们要根据研发目的确定研发计划,绘制出设计图,精确选材。在动手制作时,要保持严谨的科学态度,一丝不苟,精确地进行制作。对于制作过程中出现的问题要科学地解决。这个研发过程一定要避免急功近利,要做到步步为营,精心制作。如:在开展"做一顶帽子"这一教学环节时,首先各小组根据老师的要求设计草图并不断改进,然后根据设计需要搜集塑料、纸张、铁丝、胶水、彩笔等制作材料。制作过程中,做到精准测量与裁剪,不断调试。在制作完成后,还要求其他同学为自己的作品提意见,进行二次改进。这样,经过严谨的设计与制作,学生们制作了很多形式各异的帽子。在展示环节,学生们个个积极踊跃,思维能力和科学素养都得到了很好的锻炼。

5.1.3 教具的研发要体现简约性

简约性是指在自制教具时,教具的材料要方便易得,师生能够利用身边的材料来完成教具的制作,人人均可参与其中。师生自己动手制作的教具,材料首选废弃物品,以降低制作成本,这就要求科学教师要注意平时收集废旧材料以备不时之需。同时,还要善于引导学生关注生活,去发现、收集和利用生活中随处可见的学习资源。如:利用旧相框可以用来制作植物标本;用废弃的透明塑料板可以制作蚯蚓观盒;用废木板可以制作"小鸟餐厅";用废旧小电机制作小风扇;用饮料罐可以制作做听诊器,等等。实际上,我们生活中的很多废旧物品都可以利用起来,做出精彩的科学实验教具。

5.1.4 教具的研发要体现参与性

参与性是指教具的研发不只是我们教师自己的任务，而是师生共同的责任。教师可以通过自制的教具来辅助教学，完成教学任务。而学生研发学具的益处要远远大于教师。在研发过程中，学生们不仅激发了学习兴趣，而且锻炼了思维能力、设计能力、动手能力、语言表达能力、科学态度等。因此，教师一定要注重引导学生设计制作各种学具。孩子的创造力是无限的，他们的聪明才智不可低估。在学习制作的过程中，小学生也往往会有精妙的创意出现，让人耳目一新。我们在教学中可以有意识地让孩子们表达自己的想法，他们的想法往往就是我们开发制作教具的思路源泉。如：在教授完《做大自然的孩子》这一课后，我要求学生回家制作一个"小鸟餐厅"。孩子们回家后设计图纸、选取材料，动手制作。第二天，很多学生和我分享了自己的制作成果。有的孩子发现课本中的"小鸟餐厅"存在食物不易选取，严重浪费的缺点，于是将自己的"小鸟餐厅"进行了改进，将1个储物盒变成了4个，用来分别储存不同的食物，方便小鸟选取。由此可见，只要让学生们参与到教具的研发中来，他们的这些创意一定会得到无限发挥。

5.2 自制教具在小学低年级科学课程教学中发挥了重要的作用，有效地提升了小学低年级学生思维能力与科学素养

5.2.1 自制教具的应用有利于学生思维能力的提高

（1）自制教具可以提高小学低年级学生的抽象与概括的能力。小学低年级学生的认知能力还处于初级阶段，他们对事物的认知还处于由形象思维到抽象思维的过渡时期，对事物规律的概括还比较肤浅，抽象概念的形成必须建立在具体事物的基础之上。因此，我们在没有适当教具应用的基础下开展教学，仅仅凭借教师的空洞讲解往往让学生一头雾水，知识不但没有学会，甚至还会让学生丧失学习的兴趣。而根据课程的需要，制作必要的教具就可以很好地为学生搭建形象的学习平台，直观有效地进行观察或实验，在直观的基础上理解抽象的知识点，更容易被低年级学生所接受。如在教授二年级上册《太阳的位置和方向》这一课内容时，我发现学生对于东南西北4个方位很难弄清，更谈不上与太阳的位置建立联系。因此，为了方便学生弄清二者之间的联系，我特意制作了方向指示盘。在白色塑料

板上划出表示方向的 8 个基本方位,加装可以旋转的太阳位置指示针。根据每天清晨、中午、傍晚太阳位置的不同,调整太阳位置指示针,从而确定基本方位。由于实际的操作平台形象直观地演示了太阳位置与方向的关系,使本来抽象的知识变得生动起来。在体验活动中,逐步厘清了方向与太阳位置的关系,学生的印象非常深刻。

(2)自制教具可以加强小学低年级学生的比较与分类的能力。比较与分类的能力是小学低年级学生必备的思维能力与科学技能,它是得出结论的前提条件,是揭示自然规律的必要基础。小学低年级的学生虽然具备了一些比较与分类的技能,但还不够完善与准确,往往也只是凭借自己的感觉进行分类与比较。具体的分类、比较原则也不够清晰。因此,在课堂教学中要经常对学生的比较与分类能力进行锻炼。科学课本中往往会给学生提供一些比较与分类的图片,但这些是远远不够的,我们要尽可能多地为学生提供丰富的比较与分类的素材,让学生在大量的比较中发现事物的不同之处,根据规律进行比较与分类。如在小学一年级上册《观察叶》这一课中,教材中为学生提供了 10 种不同植物的叶子供学生观察,虽然可以达到基本的观察需求,但教学效果不够理想。针对这一情况,我特意制作了"植物的叶子"标本资源包,共收录了不同形状与颜色的几十种叶子。在课堂中,利用这些标本开展教学,当这些真实的标本拿到学生面前时,学生的学习兴趣陡然升高。通过对各种叶子的细微观察与比较,学生提出了很多有趣的问题。最后,学生们从颜色、大小、形状等诸多方面对叶子进行了分类,在开阔眼界的同时,学生的比较与分类的能力得到了进一步的提高。

(3)自制教具可以锻炼小学低年级学生的分析与综合的能力。科学结论的得出需要学生对实验现象进行正确的分析,证实自己的猜测,论证自己的观点,最终得出正确的科学结论。这一过程中,分析与综合能力发挥着重要的作用。当学生形成认知冲突后,需要借助实验现象来分析原因,发现规律。而好的教具恰恰可以使实验现象变得明显,学生的思维此时会更加活跃。在形象与思维的碰撞中,学生对实验现象可以进行有效地分析与综合,实验结论也能够更容易、准确地得出。如在教授《磁极间的相互作用》时,我特意为学生制作了便于观察的磁性演示装置,让学生亲眼看到两个环形磁铁同极相对时可以悬浮的现象。学生们马上通过实验现象联想到两块磁铁间一定存在着某种力量。同时,借助条形磁铁、蹄形磁铁的排斥现象加以引导,学生们很容易得出"同极相斥,异极相吸"这一结论。

(4)自制教具可以培养小学低年级学生的批判性思维。批判性思维是学生必备的思维习惯。对于已有的成果与结论,学生要敢于批判,敢于质疑,发表自己的见解,这对于学生的未来成长是非常有好处的。在科学教学中,我们要鼓励学生的批判性思维,为他们提供批判的平台。在制作教具的过程中,学生的批判性思维就得到了很好的锻炼。课后活动中,学生往往要以小组为单位进行教具的设计,选择适当的材料进行教具的制作。在整个过程中,学生之间的意见与想法经常会出现分歧,他们对别人的想法经常进行质疑与批判。通过交流每个人的想法,推出设计制作学具的最好方案。制作学具的过程实际上也是质疑的过程,表达的过程,改进的过程,合作的过程。在整个过程中,学生的批判性思维非常活跃,这也是学生不断进步的源泉。

5.2.2 自制教具的应用有利于学生科学素养的全面养成

《义务教育小学科学课程标准》提出:小学科学课程的总目标是培养学生的科学素养,并为他们继续学习、成为合法公民和终身发展奠定良好的基础[2]。自制教具的使用对于培养学生的科学习惯、科学方法、科学能力、科学态度及科学精神等方面具有很好的促进作用。

(1)自制教具是提高学生科学习惯与科学方法的重要手段。小学低年级学生的学习习惯尚未养成,学习方法更是无从谈起。对于学习,更多依赖于教师的指导。在教学中,大量使用自制教具开展教学,让学生体验观察—质疑—探究—结论—反思的学习过程。如此反复,学生渐渐在各个学习过程中逐渐养成观察、讨论、实验、记录、总结的学习习惯与方法。如果失去恰当教具的支撑,学生的认知就如同纸上谈兵,失去了根基。如在学习"分类"这一知识点时,通过大量的图片集和视频集让学生进行大量的观察活动,发现各种物品的特点,根据共性进行分类,做好记录,开展讨论活动。通过一系列的活动,学生逐渐熟悉了学习的流程,形成了固定的学习习惯和方法。渐渐地,学生在没有教师的指导时,也可以独立完成科学分类活动。

(2)自制教具是提高学生科学能力的重要方法。科学能力的提高离不开丰富的观察与实验。为学生提供恰当的教具,无疑为学生的观察与实验搭建了良好的平台。观察素材丰富了,学生的观察能力必然得到提升;实验器材充足了,学生的参与度必然提高;实验仪器恰当了,实验现象必然明显,学生的思维必然活跃。在课堂中,学生的动手操作能力、语言表达能力,小组合作能力等科学素养也将逐步得到提高。

(3)自制教具是提高学生科学态度与科学精神的重要途径。培养严谨的科学态度与执着的科学精神是小学科学教学的重要任务。科学态度与科学精神的培养需要在长期的学习中进行纠正与培养。在观察与实验中,教师结合自制教具开展教学,可以使教学内容变得直观、有效。学生在观察与实验活动中,往往也会表现出专注与严谨的科学态度,对于实验现象与自然规律的揭示会更加客观与严谨。自制教具的使用不仅丰富了教材中的学习素材,而且增加了实验的机会。由于观察素材与实验器材的丰富,学生更容易参与到学习中来,形成浓厚的学习兴趣。对于探索未知领域也会更积极、更执着,良好的科学态度逐渐形成。

小学低年级科学自制教具的研发刚刚起步,对于促进小学低年级学生思维能力与科学素养的作用认知还比较肤浅。在未来的研究中,我们将致力于提高自制教具的研发水平,培养学生参与研发制作科学教具的兴趣,开展现行科学教材与自制开发的教具资源的结合使用策略探索。

参考文献

[1]黄武君.开发研究自制教具在农村教育的重要性[J].中学物理,2014,32(22):17-18.

[2]中华人民共和国教育部.义务教育小学科学课程标准[S].北京:北京师范大学出版社,2017.

小学科学思维型探究课中培养学生
工程设计能力的研究

天津市河西区珠江道小学　　程鹏

摘　要: 教育部 2017 版《义务教育小学科学课程标准》里教学内容除了原有的物质科学、生命科学、地球与宇宙科学的课程内容外,还增设了技术与工程这一新领域的教学内容,并明确指出工程的关键是设计,因此,提高学生工程设计能力是落实技术与工程领域教学的首要任务。学生在根据具体任务进行设计时,不仅要综合运用到前面所学的知识,同时要综合考虑可利用的条件和制约的因素。所做的设计要用口述、画图等方法表达出来,并能够将自己简单的创意转化为模型或实物,在不断完善的过程中,完成相关任务。因此,工程设计对于小学生而言具有一定的挑战性,需要长时间循序渐进地学习与练习,才能掌握其中的原理与方法。对低年级学生问卷调查后,我们发现学生独立完成工程设计还存在一定的困难,需要教师给予有针对性的指导。通过本课题研究,我们筛选出教材中设计类课程内容,依托此类课堂教学实践,我们提炼出 6 条教师指导策略,并灵活运用于课堂教学实践,帮助学生真正了解、掌握了工程设计的步骤与方法,提升了他们的科学思维能力及动手实践能力。

关键词: 技术与工程　工程设计　教学策略　科学思维

1 绪论

1.1 研究背景

美国 2013 年公布的新一代科学教育标准从 3 个维度重新描述了中小学科学教育的学习目标,强调了科学课程构建的 3 个维度:科学与工程实践、跨学科概念以及学科核心概念。这个新标准,成为指导全美科学教育的新纲领。

我国的学者与教育者也意识到工程教育的重要性,2017 年 6 月,中国教育科学院发表了《中国 STEM 教育白皮书》。教育部 2017 年发布的《义务教育小学科学课程标准》里,小学科学教学内容除了原有的物质科学、生命科学、地球与宇宙科学的课程内容外,还增加了技术与工程这一新领域的教学内容。这一领域的学习,重在培养学生综合应用所学知识与生活经验,对发现的问题通过动手实践探寻解决问题的途径,感受科学技术的魅力。在这一过程中逐步提升他们的科学素养,发展学生的综合实践和思维型探究能力。

1.2 研究意义

2017 版《义务教育小学科学课程标准》明确指出:工程是运用科学和技术进行设计、制造产品并解决实际问题的活动,工程的关键在于设计。因此,培养学生科学思维方法,提高学生工程设计能力是落实技术与工程领域教学的首要任务。

设计是工程活动的前提和灵魂,具有目标性、制约性、复杂性及不确定性等特点。学生在根据具体任务进行设计时,不仅要综合运用到前面所学的知识,同时要综合考虑可利用的条件和制约的因素。所做的设计要用口述、画图等方法表达出来,并能够将自己简单的创意转化为模型或实物,在不断完善的过程中,完成相关任务。因此,工程设计对于小学阶段的学生而言具有一定的挑战性,需要长时间循序渐进地学习与练习,才能掌握其中的原理与方法。在这个过程中,学生的科学思维能力、实践能力均会得到提升。这一领域的教学对于绝大部分一线的科学教师同样是比较新的挑战,需要教师不断深入研究,运用多种教学策略培养学生科学思维方法,提高学生工程设计的能力。

1.3 研究目的

我们希望通过本课题的研究能够找到指导中、低年级的学生进行工程设计的有效教学策略,提高此类课程的教学效率及教学质量。通过教师的有效指导,帮助学生掌握工程设计的步骤与方法,提高中、低年龄阶段学生不同水平的设计能力。低年级学生能够通过口头表达和简笔画的形式,将自己设计的产品画出来;中年级学生能够制定方案,解决问题,对制作的产品实行分析和改善。在这个过程中,提高学生综合运用所学知识的能力,同时培养他们科学思维能力、创新能力和实践能力。

通过本课题的研究,帮助科学教师进一步掌握《小学科学课程标准》中"技术与工程领域"的内涵,深化理解"科学实践"的重大意义,将理论研究与教学实践相结合,提高科学的理论研究能力,及指导学生进行科学实践的教学能力。

1.4 理论依据

1.4.1 2017版《义务教育小学科学课程标准》

技术与工程领域的核心概念。新课程标准中明确要求,科学教师在技术与工程领域教学中应帮助学生形成以下3个主要概念:16.人们为了使生产和生活更加便利、快捷、舒适,创造了丰富多彩的人工世界。17.技术的核心是发明,是人们对自然的利用和改造。18.工程的关键是设计,工程是运用科学和技术进行设计、解决实际问题和制造产品的活动[1]。

1.4.2 工程设计

"工程"是实际改造世界的实践活动和建造实施过程。而"工程设计"则是人们运用科技知识和方法,有目标地创造工程产品构思和计划的过程,几乎涉及人类活动的全部领域。针对小学阶段科学课程"技术与工程领域"中的工程设计,是综合运用前面所学的各方面知识,设计和制作一件产品,解决实际问题,并了解设计制作作品的基本流程。

1.4.3 教学策略

(1)教学策略的定义。教学策略是指在教学过程中,为完成特定的目标,依据教学的主客观条件,特别是学生的实际,对所选用的教学顺序、教学活动程序、教学组织形式、教学方法和教学媒体等的总体考虑。也就是说在教学策略是在教学的过程中,各个环节中使用的指导思想和方法。

(2)教学策略主要特点包括:①对教学行为的指向性;②结构功能的整合性。教;③策略制订的可操作性;④应用实施的灵活性;⑤教学策略的调控性[2]。

1.4.4 思维的品质

(1)思维的深刻性:是指思维的深度,它集中地表现在是否善于深入地思考问题,抓住事物的规律和本质,遇见事物的发展和进程。

(2)思维的广阔性:是指以丰富的知识经验为依据,从事物各个方面的联系上看问题。

(3)思维的敏捷性:是指思维过程的速度或迅速程度,即人们在短时间内当机立断地根据具体情况做出决定、迅速解决问题的思维品质。

(4)思维的灵活性:是指思考问题解决问题的随机应变程度。

(5)思维的独创性:是否善于独立地分析问题和解决问题。

(6)思维的批判性:是指思维活动中独立发现和批判的程度[3]。

2 研究方法

2.1 文献法

从报刊、网络及相关文献中收集有关资料,进行整理、阅读,通过了解、分析学科相关信息,获得启发。

2.2 教育调查法

在教育理论指导下,与相关教师、学生进行访谈、问卷,全面了解课题实施情况及实施效果,并分析其因果关系,从而推进课题研究的进程,揭示教育规律。

2.3 行动研究法

课题研究小组成员共同设计探究活动,在教学实践中,不断调整教学策略,从而达到提高学生工程设计能力的研究目的。

2.4 案例分析法

课题研究小组成员共同研究分析教学案例,提炼总结行之有效的教学指导策略。

3 研究过程

3.1 项目研究内容

3.1.1 "工程与技术领域"设计类课程学生学习现状调查与分析

通过访谈、问卷调查的方式对学生设计类课程学习状况进行了解,分析课程学习学生存在问题。

3.1.2 梳理小学科学教学中"工程与技术领域"关于工程设计类课程

反复研读《义务教育小学科学课程标准》《义务教育小学科学课程标准解读》及一至三年级新编教材《教师指导用书》,梳理出一至三年级教材中"工程与技术领域"关于工程设计类的课程目录,在此基础上开展课题研究。

3.1.3 针对不同课型和学生年龄特点总结行之有效的教师指导策略

依托筛选出的相关课程,通过行动研究法、案例分析法开展课题研究,在教学实践中不断摸索,提炼出指导学生进行工程设计的教学策略,提高中低年级学生工程设计能力。

3.2 项目研究过程

3.2.1 低年级工程设计类课程学习现状调查与分析

我们选取了区内一所学校二年级学生进行了抽样问卷调查,此问卷主要从科学课基本信息、科学能力及素养的调查来了解学生学情,考察了低年级学生工程设计类科学课程的现状。通过数据统计、分析、了解低年级学生工程设计类科学课程学习存在问题的原因。

3.2.2 梳理小学《科学》新版教材中"工程与技术领域"工程设计类课程

我们反复研读 2017 版《义务教育小学科学课程标准》《义务教育小学科学课程标准解读》、一至四年级上册教科版新编《科学》教材及《教师指导用书》基础上，梳理出了一至四年级教材中"工程与技术领域"关于工程设计类的课程目录，依托学生此类课程的学习情况推进了课题的深入研究。

3.2.3 案例分析，提炼"技术与工程领域"设计类课程教师指导策略

课题组老师学习了大量设计思维的相关理论知识，依托筛选出的课程内容，根据中低年级学生的思维发展规律，整合、简化了中低年级教学流程。课题组成员每人上 1~2 节教学研究课，在教学实践基础上采用案例分析法，提炼出教师指导学生工程设计的有效教学策略，并再次通过实践检验教学策略的教学效果。

3.3 项目研究分析

设计是工程活动的前提和灵魂，具有目标性、制约性、复杂性及不确定性等特点。学生在根据具体任务进行设计时，不仅要综合运用到前面所学的知识，同时要综合考虑可利用的条件和制约的因素。所做的设计要用口述、画图等方法表达出来。工程是运用科学和技术进行设计、解决实际问题和制造产品的活动。也就要求学生能够将自己简单的创意转化为模型或实物，在不断完善的过程中，完成相关任务。

因此，工程设计对于小学阶段的中、低年级学生而言更具有一定的挑战性，需要长时间地、循序渐进地学习与练习，才能掌握其中的原理与方法。在这样的过程中，学生科学思维能力、实践能力均会得到提升与发展。为此，我们在教学过程中应依据设计类课程的教学流程，依据学科特点、课程内容及学生的身心发展阶段的不同特点，选择不同的教学方法，灵活运用一系列教学策略帮助学生们逐渐提高工程设计能力，同时提升科学思维能力与思维品质。

4 结论

4.1 低年级学生工程设计类课程学习现状与分析

本次问卷调查随机抽取某校二年级 3 个班级的学生进行,回收有效问卷共计 130 份,其中男生 66 人,女生 64 人。

4.1.1 科学课基本信息调查

新课标提出:技术与工程实践活动可以使学生体会到"梦想成真"的喜悦,并养成通过"动手做"解决问题的习惯。课堂上教师应该给学生充分的"动手"时间,让每个学生都有机会参与到工程设计制作活动中。本次调查显示在科学课上 81 人认为自己偶尔动手设计制作,58 人认为自己经常动手设计制作,1 人认为自己从不动手设计制作(见表 4-4-1)。有 7 人觉得设计制作类课程对自己的能力提高没有帮助,69 人认为有一点帮助,54 人认为有很多帮助(见表 4-4-2)。有 3 人表示不喜欢像《做一顶帽子》这样的科学课,25 人表示一般,102 人表示喜欢这类科学课(见表 4-4-3)。

表 4-4-1 学生在科学课上动手设计制作的次数调查统计结果

选项	从不	偶尔	经常
人数	1	81	58
百分比	0.8%	62.3%	36.9%

表 4-4-2 学生对于设计制作类课程对自己能力提高是否有帮助的看法调查统计结果

选项	没有	有一点	有很多
人数	7	69	54
百分比	5.4%	53.1%	41.5%

表 4-4-3　学生是否喜欢像《做一顶帽子》这类课程的调查统计结果

选项	不喜欢	一般	喜欢
人数	3	25	102
百分比	2.3%	19.2%	78.5%

通过对于上述问题的调查,不难发现大多数学生喜欢像《做一顶帽子》这样的工程设计类科学课,表现出极大的兴趣,但是参与程度不高,能力提升程度不高。

4.1.2 在科学能力及素养的调查

在《做一顶帽子》一课中,体现了综合运用本单元前几课所学材料的相关知识进行实际应用。仅51.5%的学生关注了设计要点的全面性,认为选择的材料、帽子的用途以及美观都是设计时要考量的要点,其余学生都是仅关注了某一方面,没有做到全面思考(见表4-4-4)。

表 4-4-4　学生认为在设计帽子过程中关注的要点调查统计结果

选项	选择的材料	帽子的用途	美观	以上都是
人数	24	19	20	67
百分比	18.5%	14.6%	15.4%	51.5%

设计环节是工程设计类课程中十分重要的一个环节,学生只有明确要解决的问题,才能通过适当的方式把想法呈现出来,低年级经常采用画图方式将自己的设计进行呈现。调查发现55.4%的学生能顺利完成设计,18.5%的学生属于完全没有想法,不知道要设计什么样的帽子,还有23%的学生不知道怎么把想法用画图方式呈现出来(见表4-4-5),还有学生认为自己画得不好看或者不知道用什么材料,等等。

表 4-4-5　学生在设计帽子图纸时会出现的情况调查统计结果

选项	没有想法,不知道要设计什么样子的帽子	不知道怎么把想法画出来	很顺利地完成	其他
人数	24	30	72	4
百分比	18.5%	23%	55.4%	3.1%

在工程设计类课程中往往需要小组合作完成一项任务,合作程度高低直接影响课程效果。很多学生在小组合作时以自我为中心不考虑其他同学或者没有自己的见解,很容易就放弃自己的想法。调查显示,当自己的设计方案与小组同学存在分歧时,19.2%的学生不予理睬,不管怎样都坚持自己的方案;20%的学生尊重大家的意见,放弃自己的方案;59.2%的学生会和小组同学交流,说明自己的设计优势(见表4-4-6)。还有学生提到:"把大家的方案结合在一起。"

小组合作制作时,学生是如何评价本组合作情况的呢?10%的学生认为大家都不知道该做什么;9.2%的学生没有分工,大家想做什么就做;11.5%的学生认为组内有的同学知道怎么做,其他同学只是旁观;65.4%的学生认为大家都有分工,按照步骤很顺利地完成(见表4-4-7)。还有学生提到大家都不想按别人的做,或者自己被组员放弃。

在小组合作制作时,学生又是如何评价自己在小组的合作情况的呢?8.5%的学生没有想法,不知道该做什么也不想参与;11.5%的学生不会做,看别的同学制作;9.2%的学生认为都是自己完成的,其他同学不知道怎么做;69.2%的学生认为自己能和同学分工,按照步骤很顺利地完成(见表4-4-8)。还有学生提到自己是没有想法,不知道做什么但是想参与或者有想法也不知道怎么做。

表4-4-6　学生在设计方案与小组同学存在分歧时出现的情况调查统计结果

选项	不予理睬,不管怎样都坚持自己的方案	尊重大家的意见,放弃自己的方案	和小组同学交流说明自己的设计优势	其他
人数	25	26	77	2
百分比	19.2%	20%	59.2%	1.5%

表4-4-7　小组学生制作时出现的情况调查统计结果

选项	大家都不知道该做什么	没有分工,大家想做什么就做	有的同学知道怎么做,其他同学旁观	大家都有分工,按照步骤很顺利地完成	其他
人数	13	12	15	85	5
百分比	10%	9.2%	11.5%	65.4%	3.8%

表4-4-8　学生在小组制作帽子时出现的情况调查统计结果

选项	没有想法,不知道该做什么也不想参与	不会做,看别的同学制作	和同学分工,按照步骤很顺利地完成	都是我自己完成的,其他同学不知道怎么做	其他
人数	11	15	90	12	2
百分比	8.5%	11.5%	69.2%	9.2%	1.5%

在工程设计类课程中,设计和产品之间应该很大程度的契合,制作应该围绕设计来完成。调查结果显示43.1%的学生认为自己小组制作的帽子和设计图存在差异(见表4-4-9);35.7%的学生认为这种差异的产生因为设计的不够完善,在制作过程中不断改进;19.6%的学生认为设计中用到的材料,现实中没有找到;39.3%的学生认为设计的过于复杂,制作起来有困难(见表4-4-10)。还有同学认为制作的帽子和设计有差异的原因是组内男女生想法不同,不能达成一致。

表4-4-9　小组制作的帽子和设计图是否存在差异调查统计结果

选项	是	否
人数	56	74
百分比	43.1%	56.9%

表4-4-10　小组制作的帽子和设计图存在差异的原因调查统计结果

选项	设计的不够完善,在制作过程中不断改进	设计中用到的材料,现实中没有找到	设计的过于复杂,制作起来有困难	其他
人数	20	11	22	3
百分比	35.7%	19.6%	39.3%	5.4%

课程标准中提到:工程设计需要考虑可利用的条件和制约因素,并不断改进和完善。工程设计类课程还应该培养学生在实践中反复修改调整,达到最优结果。调查显示,小组在制作帽子过程中及完成后,12.3%的学生发现问题也不做修改调整,差不多就可以;15.4%的学生完全按照图纸制作,不做调整;69.2%的学生发现问题会修改调整达到最好(见表4-4-11)。还有学生提到自己组制作的帽子不够好或者太简单,缺乏创意。

表 4-4-11　小组在制作帽子过程中及完成后会出现的情况调查统计结果

选项	发现问题也不做修改调整,差不多就可以	发现问题会修改调整达到最好	完全按照图纸制作,不做调整	其他
人数	16	90	20	4
百分比	12.3%	69.2%	15.4%	3.1%

　　小组制作帽子情况如何？15.4%的学生没有完成;30%的学生不符合要求,存在很多要改进的地方;30%的学生认为自己组的制作大多数同学和老师觉得很好,有一点问题需改进;23.8%得到其他同学和老师的认可(见表 4-4-12)。

表 4-4-12　小组制作帽子的情况调查统计结果

选项	没完成	不符合要求，存在很多要改进的地方	大多数同学和老师觉得很好，有一点问题需改进	得到其他同学和老师的认可	其他
人数	20	39	39	31	1
百分比	15.4%	30%	30%	23.8%	0.8%

　　课程标准 18-3 关于一至二年级学生学习目标中还提到:对自己和他人的作品提出改进建议。问卷从学生对其他同学的设计制作发表意见时出现的情况和其他同学评价自己组作品时会出现的情况分别进行调查。结果显示 18.5%的学生从不发表意见;22.3%的学生能发现别人设计的优点并说明理由;6.9%的学生能发现别人设计的缺点并说明理由;52.3%的学生能从优点和缺点两方面给出同学建议(见表 4-4-13)。当其他同学评价自己小组作品时,7.7%的学生觉得他们说的都不对,没必要修改;19.2%的学生觉得同学说的有道理,但是也没改进帽子;70.8%的学生觉得同学说的有道理,及时改进帽子(见表 4-4-14)。还有同学提到其他小组未给出评价。

表 4-4-13　在对其他同学的设计制作发表意见时学生会出现的情况调查统计结果

选项	从不发表意见	能发现别人设计的优点并说明理由	能发现别人设计的缺点并说明理由	能从优点和缺点两方面给出同学建议
人数	24	29	9	68
百分比	18.5%	22.3%	6.9%	52.3%

表 4-4-14　在其他同学评价自己组作品时学生会出现的情况调查统计结果

选项	觉得他们说的都不对,没必要修改	觉得同学说的有道理,但是也没改进帽子	觉得同学说的有道理,及时改进帽子	其他
人数	10	25	92	3
百分比	7.7%	19.2%	70.8%	2.3%

4.1.3　问题原因分析

经过对小学二年级工程设计类课程较为全面地调查,看到目前某校二年级学生参与工程设计类科学课的基本情况,从中也发现一些不能忽视的问题,现概括为以下几方面。

(1)有兴趣但动手能力差。调查显示,大部分学生是很喜欢工程设计类课程的,这是由于低年级学生更加喜爱可以动手设计制作的课程内容,凡是形象、生动、具体的事物,形式新颖、色彩鲜艳的对象都比较容易引起他们的兴趣和吸引他们的注意力,而且完成一个简单的任务能增强他们自身的成就感。这恰恰反映了工程设计类课程的特点。但是调查中我们也发现学生动手能力较差,表现在几个方面:①不会熟练使用简单工具。②不会剪、粘贴、拼接等制作技巧。③不会按照制作步骤进行制作。究其原因,第一可能与小学生肌肉的运动能力及神经系统对细小肌群运动的控制能力有关,第二与小学生的学习经历有关,第三与平时学校教学要求相关。有研究表明儿童肌肉的生长速度总是落后于骨骼的生长,而且儿童身体各部分肌肉的发展是不平衡的,一般情况下身体深层一些的细小肌群,如手部肌肉,发育得较晚。有的低年级学生手部的细小肌肉还不能做准确的动作,在整个小学阶段,儿童的骨骼、大小肌群都处于生长发育之中,其发展速度又决定了动手操作的精巧性。因此对于二年级学生来说,他们的运动知觉的灵活性和协调性还处在发展过程中,对于一些相对精细、复杂的制作环节,操作起来还存在困难,这就需要教师具有足够的耐心,给予他们充足的时间,让他们有机会参与完整的设计制作。学生动手能力差除了自身生理条件制约以外,还反映出目前的学校教学工作中出于学生安全考虑,平时给学生使用工具的机会较少这样的现状,类似剪刀、小刀一类的工具禁止带到学校以免发生危险。此外,教师出于安全考虑也没有给学生充足的动手实验时间,一些有危险的实验仅是教师演示,学生观看,学生缺乏动手锻炼机会。在家庭中,很多家长不允许学生接触危险物品和工具,学生也缺乏各类动手制作的课外活动。久而久之,学生动手能力逐步退化,导致很多学生连基本的工具都使用不好。

(2)有积极性但不会合作。皮亚杰的儿童认知发展理论很重视社会交往对儿童认知发展的作用。他认为,儿童间合作的重要性丝毫不亚于成人。从智力角度看,这种合作最能够促进思想的真正交流,引发带有批判性、客观性及含有推论和反思的讨论。他认为与同伴一起学习,相互讨论,对儿童去自我中心化具有重要意义。我们的科学课也强调培养学生的合作能力,鼓励小组学习,让学生有相互交流和相互学习的机会。低年级儿童通过合作完成任务,对于培养合作能力具有积极的意义。但是调查显示,相当一部分学生在小组合作中以自我为中心,在别人提出建议时不能接受反对意见,受挫能力不强。还有一部分学生在群体中缺乏主见,即使自己的意见合理也不会主动申辩,甚至是当别人稍加质疑就全盘否定自己的想法,这两种情况都不能很好地适应集体合作活动。除去学生自身原因,还有教师经验不足,缺乏适当引导的原因。合作探究是科学课主要方式,合作的人数、时间、分工、分组形式等因素都是小组合作成功与否的关键,人数过多容易造成有的学生无事可做;分工不明会造成大家没有目标,盲目完成任务;合作时间过短没有达到合作目的。教师应该大致了解学生情况后再有目的性地进行合理分组,考虑动手能力强弱的搭配、男女生比例的搭配等因素。其次要从低年级的科学小组活动开始就明确每一个组员的分工,每个学生各司其职,分工做到定期轮换,让每个学生都能体验组内不同的责任担当,形成互相配合、团结协作的小组合作氛围。还有就是在学生操作起来还存在困难的课程中,教师要具有足够的耐心,给予学生充足的合作探究时间,避免以一概全,要让全体学生都有机会参与到完整的设计制作活动当中。

(3)有想法但不会表达。小学阶段是学生语言表达能力训练的发展阶段,不论是口语交际能力,还是文字表达能力,小学阶段的培养都是极为重要的。低年级学生积累词汇不多,语言表达条理性不强,表达欠缺规范、流畅、具体,往往是有想法说不出、道不明或者根本不愿说、不敢说、不会。科学课上的表达十分重要,通过表达将自己头脑中的想法呈现出来,这需要教师平时教学中有意识地培养学生的表达能力。但是很多教师没有重视学生表达能力的培养,平时教学由于课堂时间限制,没能给学生充分表达的时间。课堂上总是出现教师代替学生说的情况,认为低年级学生表达能力差,没有认识到语言表达的重要性,很多教师没有帮助学生组织好语言,鼓励他们把想法说清楚。还有一种情况是学生说的不对就换一个学生再说,直到得到教师想得到的"满意答案"为止。这些做法根本没有从学生发展角度出发,一味的"代替包办"只会扼杀学生语言表达能力的发展。在科学课堂上,每个科学教师都应该深刻反思如何引导学生有序地说、准确地说、具体地说。

(4)有问题但不做调整。大部分学生缺乏反思意识,即使意识到自己的制作有问题也没有继续改进,这多半是由于教师缺乏再次改进的深入引导。有一些情况是受每节课时长所限,在让学生经历了整个设计制作展示环节后,往往没有时间再让学生改进了,课程最后会给学生布置再次改进完善的课后任务,多数只是充当最后的教学流程,缺乏教师的后续跟踪评价,学生参与度不高,积极性不强,改进完善也就成了空谈。还有一些情况是教师根本没有意识到对于产品不断改进调整的重要性,没有向学生强调改进的必要性,导致学生认为做出一个成品就好,不需要进一步改进调整。工程设计类课程不仅仅是让学生体验一种动手操作的过程,更主要的是让学生经历一种理性的思考。对于工程设计类课程,应该让学生明确人类对产品不断改进以适应自己不断增加的需求这一理念。学生在设计制作的过程中只有明确了这样的目的才会不断改进自己的设计。忽略了这一点,学生进行的就只是简单的技能操作训练,从而失去了工程设计本身的价值。

4.2 新教材一至四年级"技术与工程"领域设计类的课程目录

2017 年版《义务教育小学科学课程标准》增设了"技术与工程"领域的教学内容,这是我国首次将"技术与工程"纳入小学科学课程标准,以 3 个主概念及细化的 9 个学习内容清晰地呈现,比原课标增加了 2 个主核心概念的内容:"工程技术人员依据科学原理设计和制造物品、解决技术应用的难题,创造了丰富多彩的人工世界"和"工程技术的核心是设计,创新是设计的灵魂,每一项设计都需要不断完善"。因此,在其指导下的新版科学教材在编排内容与形式上也有所调整。在反复研读《义务教育小学科学课程标准》《义务教育小学科学课程标准解读》及一至四年级新编教材《教师指导用书》基础上,我们梳理出了一至四年级教材中"工程与技术领域"关于工程设计类的课程目录。

新教材一至四年级"技术与工程"领域设计类的课程目录

编号	年级	单元	课题	对应课标
1	一上	比较与测量	6.做一个测量纸带	18.3 工程设计需要考虑可利用的条件和制约因素,并不断改进和完善。 ·利用提供的材料和工具,通过口述、图示等方式表达自己的设计与想法,并完成任务。 ·对自己和他人的作品提出改进建议。
2	二上	材料	6.做一顶帽子	18.3 工程设计需要考虑可利用的条件和制约因素,并不断改进和完善。 ·利用提供的材料和工具,通过口述、图示等方式表达自己的设计与想法,并完成任务。 ·对自己和他人的作品提出改进建议。
3	二下	磁铁	5.做一个指南针	17.3 工具是一种物化的技术。 ·使用和制作简易的古代的测量仪器模型,如日晷、沙漏等。(三至四年级) 18.3 工程设计需要考虑可利用的条件和制约因素,并不断改进和完善。 ·对自己或他人设计的想法、草图、模型等提出改进建议,并说明理由。 ·在制作过程中及完成后进行相应的测试和调整。
4	三下	物体的运动	7.我们的"过山车"	18.1 工程是以科学和技术为基础的系统性工作。 ·举例说出,一项工程运用到的科学技术和原理,如汽车刹车系统的设计中运用到的科学与技术。 18.2 工程的关键是设计。 ·知道工程设计的基本步骤包括明确问题、确定方案、设计制作、改进完善等。 ·针对一个具体的任务,按照设计的基本步骤来设计一个产品或完成指定的任务。

编号	年级	单元	课题	对应课标
5			8.测试"过山车"	18.3 工程设计需要考虑可利用的条件和制约因素,并不断改进和完善。 ·对自己或他人设计的想法、草图、模型等提出改进建议,并说明理由。 ·在制作过程中及完成后进行相应的测试和调整。
6	四上	声音	8.制作我的小乐器	18.1 工程是以科学和技术为基础的系统性工作。 ·举例说出,一项工程运用到的科学技术和原理,如汽车刹车系统的设计中运用到的科学与技术。 18.2 工程的关键是设计。 ·知道工程设计的基本步骤包括明确问题、确定方案、设计制作、改进完善等。 ·针对一个具体的任务,按照设计的基本步骤来设计一个产品或完成指定的任务。 18.3 工程设计需要考虑可利用的条件和制约因素,并不断改进和完善。 ·对自己或他人设计的想法、草图、模型等提出改进建议,并说明理由。 ·在制作过程中及完成后进行相应的测试和调整。
7		运动和力	7.设计制作小车(一)	18.1 工程是以科学和技术为基础的系统性工作。 ·举例说出,一项工程运用到的科学技术和原理,如汽车刹车系统的设计中运用到的科学与技术。 18.2 工程的关键是设计。 ·知道工程设计的基本步骤包括明确问题、确定方案、设计制作、改进完善等。 ·针对一个具体的任务,按照设计的基本步骤来设计一个产品或完成指定的任务。

编号	年级	单元	课题	对应课标
8			8.设计制作小车(二)	18.3 工程设计需要考虑可利用的条件和制约因素,并不断改进和完善。 ·对自己或他人设计的想法、草图、模型等提出改进建议,并说明理由。 ·在制作过程中及完成后进行相应的测试和调整。

4.3 中低年级工程设计类课程教学流程

"技术与工程领域"课程设置的目的是帮助学生了解工程师职业特点,认识科学家是探索世界以发现科学原理,而工程师是根据科学原理设计实际应用的产品,这些产品给我们的生活带来方便和舒适;同时指导学生通过亲身设计和制作作品或产品,来了解设计作品、完成项目的基本过程。意识到科技产品给我们的生活带来方便和舒适,意识到创意设计能够改善生活质量,同时也要意识到技术进步会带来某些不良的影响,如环境污染问题等。

4.3.1 美国科学教育标准中,对工程设计要素的定义

(1)提出问题和明确需解决的难题。工程师的基本实践是不断提出问题来搞清楚需要解决的难题,确定成功的解决方案的标准,并明确限制条件。

(2)建立和使用模型。工程师设计和使用各类模型去测试提出的系统,发现设计中的优点和局限。

(3)设计和实施调查研究。工程研究的开展,是为了获得特定标准或参数而收集重要数据,以及检测提出的设计。工程师必须明确相关变量,考虑如何测量变量,并收集数据进行分析。调查研究可以让他们确定设计在不同条件下的有效性、效率和持久性。

(4)分析和解释数据。工程研究包括分析对设计进行测试时收集的数据,从而可以比较不同的解决方案并确认各自在多大程度上满足了特定的设计标准。

(5)利用数学和计算思维。工程师需要对设计进行数学分析,计算其是否能够承受预期的使用压力,以及是否能在一个可以接受的预算范围内完成设计。

(6)建构解释和设计解决方案。工程设计的目标是基于物质世界的科学知识和模型的难题而提出一个系统性的解决方案。

(7)基于证据的论证。在工程领域,推理和论证对于找到问题的最佳解决方案至关重要。在整个设计的过程中,工程师都要与同行合作,并经历一个关键阶段,即从诸多相互竞争的想法中选出一个最有希望的解决方案。

(8)获取、评估和交流信息。工程师的设计的优点,要用口头和书面形式,用表格、图表、绘图或模型,以及长期参与同行讨论的方式来表达他们的想法。此外,他们需要能够从同行的专业文字中引申出意义,评估信息并有效地应用[4]。

4.3.2 设计思维的流程

设计思维的流程与学生探究思维的过程也有相似之处,适用性很广,始终在挖掘学生们的好奇心,鼓励学生去研究、提问、产生想法、创造、测试、完善,直到创造出自己的作品。设计思维包含首尾循环和相互联系的 7 个环节,分别是:观察、倾听、了解;多多发问;理解问题或过程;探寻想法;创造产品原型;确定产品优缺点,改进产品;发布产品[5]。

4.3.3 技术与工程领域课程的流程

技术与工程领域课程的核心特点与科学、技术、工程、数学 4 个学科紧密相连,以整合的教学方式培养学生掌握知识和技能,并能灵活迁移解决真实世界中的问题,所以这个领域的课程具备了跨学科性、趣味性、情境性、设计性、协作性、体验性、技术性、实证性等特点。

针对中低年级,我们将教学流程进行了整合与简化,将设计制作课程的一般分为 4 个环节:①创设情境、明确问题;②头脑风暴、制定方案;③动手实践、实施方案;④展示评估、改进作品。

4.4 工程设计类课程教师指导策略

4.4.1 创设真实情景,明确设计主题,把握思维方向性

所谓真实情景,是指创设的情景要基于学生的身心特征和已有经验,注重联系生活,结合科学学科的特点,形象生动地提出情景,致使学生积极主动地参与其中积极思维,将已有的知识经验进行迁移,解决当下遇到的难题。有价值的真实情景一定是含有真实生活、真实情感存在的问题情景,能够有效地引发学生的思考,

情境中的问题更应结合我们的教学目标进行设定,合理控制难易程度,并且针对低年级学生的年龄特点,还应注重问题描述的新颖性和生动性。

二年级上册《做一顶帽子》教学片段一

师:(出示课件)老师这里有很多顶帽子,我们一起来欣赏一下!

学生对帽子进行观察,知道帽子有不同的功能。

教师组织学生进行汇报,发现不同材料的帽子有不同的功能。

师:你们想不想设计一顶属于自己的帽子呢?

学生开始独自用画图的方式进行设计。

(展示环节中,学生设计的帽子"创意满满",有带风扇的,有的像是机器人戴的头盔,有的帽子上开满了鲜花)

以上教学片段暴露出了很多问题,包括设计主题不明确;操作材料未约定;成功标准未统一。在这样的课程中, 我们提出的问题还要有基于学生的身心特点,并适于学生思维发展起点的特点,从无到有直接进行设计,就容易出现天马行空的设计,往往会偏离研究的主题,缺乏功能的体现,这样的课容易上成美术课、劳技课。

二年级上册《做一顶帽子》教学片段二

师:老师今天带来了两顶帽子,一顶海边的草帽,一顶冬天的棉线帽子,你们说他们有什么不同?

生:他们使用的场景不同,一个在海边是用来遮阳的,一个在寒冷的地方用来保暖的。

师:那是什么决定了他们不同的用处呢?

生:遮阳的草帽很大,而且很轻;保暖的帽子是厚厚的,所以冬天会很暖和。

师:是的,不同功能的帽子有不同的特点,那同学们已经发现了,在海边的帽子所使用材料很轻,冬天雪地里要戴的帽子很厚,正是这些不同的材料决定了帽子的不同功能。你们还知道其他功能的帽子吗? 它们又是由什么材料制作的呢?

生:在工地使用的安全头盔,是用塑料制作的,很硬!

师:说的没错!那我们之前学习过不同的材料,你们能根据这些材料的特点设计出属于自己的帽子吗? 你想设计具有什么功能的帽子呢?

（在大屏幕中出示之前学习过的材料）

学生进行讨论设计。

"工程与技术"领域的课堂，是需要学生基于遇到的问题进行有目的的设计，而并非天马行空，只是为了设计而设计，例如在没有明确设计主题的情况下，孩子们在设计时可能会更加注重自己的喜好，例如是否美观漂亮，等等，更多的是产品外观的与众不同，而忽略产品的功能需求，所以这样的设计对于"工程与技术"活动来讲，意义是不大的。

4.4.2 夯实相关概念，奠定设计基础，拓宽思维广阔性

思维是人脑对客观世界中的事物进行的间接反应，它必须建立在自己已有知识经验基础上，缺少知识经验这一基础，工程设计同样无法进行。改版的科学课教材以大单元的组织形式呈现，体现了科学概念的连贯性和综合性，不断挖掘科学探究中的思维和认知发展过程。技术与工程领域的教学内容是以一定的科学概念为基点，通过技术设计、技术制作从而在教学活动中进一步发展学生综合运用科学概念为目标的教学活动。新科学课教材"工程与技术"领域中设计类课程大多编排在单元学习的最后一课。此类课旨在通过对已学习内容的融会贯通，设置情景，鼓励孩子们小组合作、动手制作，并且能够根据科学原理进行设计制作，形成一定的"产品"。低年级工程设计类课程要避免上成只动手不动脑的手工课。如何体现工程设计思维？学生首先要知道设计的原理，有目的地进行设计，而不是单纯地模仿制作。这就要求教师应站在大单元视角下进行备课，全局把握单元教学目标，夯实必备相关科学概念，这样才能为学生搭建思维脚手架，奠定设计的基础。

如《我们的过山车》是三年级下册"物体的运动"单元中体现工程设计类的课程，由于低年级段学生缺乏或描述不清关于物体运动的相关知识，因此学生在设计前需要对机械运动进行系统学习，如：物体的位置；物体的直线运动、曲线运动、在斜面上的运动；运动速度，等等，只有在具备了大单元的整体知识概念的基础上，学生才能完成本课的工程设计内容，建造"过山车"。

如《做一顶帽子》是教科版二年级《材料》单元的第六课，也是本单元的总结课。本课基于学生对材料的认识，要求他们根据功能和用途选择不同的材料，设计并制作一顶帽子，以深化对材料的认识，进一步体会人工世界是由人设计并制造的。因此，在本单元前几课教学中，教师应指导学生夯实对每种材料特性的认识，

使学生掌握设计具有一定功能帽子的知识基础。根据二年级学生依赖具象思维的特点,教师可以展示几种比较典型而且学生较为熟悉的帽子,引导学生关注不同材料具有的不同特点,还要引导学生思考不同情况、不同场合需要功能不同的帽子,帮助学生建立起帽子、材料和功能之间的联系,为后续学生根据需求选择合适材料搭建思维脚手架。

4.4.3 优化制作材料,提供设计保障,激发思维灵活性

(1)丰富制作材料,激发设计创意。技术与工程内容的教学,材料是一个关键因素。教师要根据教学内容为学生准备的熟悉、易于加工制作、成本低的丰富材料,并以"自助餐"的形式设置材料自选区。这样既给予学生按需选择的余地,又激发了思维的灵活性,制作出各种有创意的作品。

(2)分化制作材料,指引设计方向。学生只有对材料的结构、性能了解透彻,才能发散他们的思维,设计出具有创造性和实用性的产品。因此,教师应根据学生的知识水平和生活经验分化制作材料,保障设计及制作的顺利进行。如一、二年级限定材料范围,给学生提供生活中最常见、特性熟悉、能够操作的材料和工具,鼓励学生利用老师准备的材料进行创新设计,这也有利于低年级学生进行独立思考。基于已知材料的设计,学生也有很大的想象空间,不仅可以最大限度地激发学生进行创新的探索与尝试,更能避免学生设计时"天马行空",制作时"无从下手"。中、高年级学生随着科学知识的丰富和生活经验的积累,教师也要随之拓充材料范围,便于学生根据自己的设计去材料区选择适宜的材料,还可以鼓励学生自己准备补充制作材料。

4.4.4 细化设计图纸,了解设计流程,提升思维严密性

将想法变成设计图纸,引导学生将头脑中的思维模型通过图画模型显现出来是制作产品很重要和关键的一步。对于中年级的学生,教师要指导学生细化设计图纸,明确设计流程,使学生的设计具有更强的指向性和目的性,提升学生思维的严密性,这样就可以避免学生只关注产品外观的样子而忽视细节的构思。不仅要要求学生画出最初的产品外观设计草图,更要配上简单的文字说明,标出每部分选用的制作材料、制作尺寸,最后还要列出整个制作过程中所需材料单、工具单。

四年级上册《设计制作小车(一)》一课,要求只能利用提供的材料设计一辆小车,车身长度不超过25厘米,用橡皮筋或气球作动力。四年级的学生们有低年级

画设计草图的基础,但在详细绘制设计图上还是刚刚起步,容易出现绘制比较粗糙不注重细节的情况。教师将设计图细化,可以帮助学生了解设计流程。首先要求学生分别从上面、正面和侧面绘制三视图,避免学生们专注于绘制某一面,在制作时无法做出没画出来的部分。孩子们并不能画得很科学,但可以让孩子们在脑海中构建立体的小车,也就是车的每一面的样子,这样可以帮助他们思维更加严密,设计得更细致,知道什么位置要设计成什么样子。并且教师还要求学生们标出各部分的名称、所使用的材料以及所使用的连接工具和方式。进行标注可以使小组内同学在制作前明确知道什么结构是用什么材料、如何连接,可以在制作时及时找到自己所需的材料进行组装,节省制作时间。这样细化后的设计图不仅可以使孩子们在制作前有完整的构思,造出的小车与图纸相比还原度很高。还能够及时发现自己的设想中有哪些无法实现的问题及时进行讨论,在这一过程中不断完善设计。

设计制作小车(一)实验记录单

动力方式	气球( )	设计图
	橡皮筋( )	
材料	数量	从正面看
硬纸盒		
气球		
橡皮筋		
轮子		
连接轴		
吸管		从侧面看
胶带		
胶水		
剪刀		
小组分工		
姓名	任务	从上面看

4.4.5 拆分设计步骤,降低设计难度,锻炼思维的深刻性

工程设计对于小学阶段的学生而言具有一定的挑战性,需要长时期循序渐进地学习与练习,才能掌握其中的原理与方法。由于低年级学生动手能力较差,思维发育暂不成熟,科学知识掌握比较少,"技术与工程"活动中如果让学生进行凭空的设计,直接抛给学生一个抽象的概念,使他们进行从无到有的设计,这对中低年级的学生来讲是有一定困难的,无法独立完成从设计到制作的整个流程。教师可以拆分设计步骤,降低设计难度,通过一系列有针对性的问题,引领学生在解决问题过程中完善产品,同时了解、体验设计流程,为今后自主进行工程设计制作奠定基础,并在这一过程中逐渐锻炼学生思维的深刻性。

《做一个测量纸带》是一年级《比较与测量》单元的第 6 课,是让学生利用小立方体这个标准物来测量物体,并且学习解决测量中的实际问题,即把 10 个小立方体粘贴在一起又快又准确地测量较长的物体。本节课导入环节由教师设置真实生活情境:让学生用连接的 10 个小立方体测量杯子一圈的长度。活动中学生发现上节课所使用的测量工具无法完成任务,10 个连接在一起的小立方体是直的,不方便测量弯曲的物体,激发了进一步探究欲望。根据前面几课的学习经验,学生想到用纸带可以绕杯子一圈,做好终点标记,再打开纸带铺平,用小立方体测量。紧接着教师通过一个个的问题引导学生初步构建纸带制作。怎么用纸带直接测量?——学生回答在纸上画出立方体;"每次量都要从 1 重新数是不是有一点麻烦,还能改进一些吗?"——学生总结标数字,"水杯用 1 条纸带够了,那如果是更粗的水桶要怎么办呢?"——学生想到连接多条纸带。这样在一系列问题的引领下,学生思维不断深入,反复对纸带进行改进,一种可弯曲、方便计数又便于携带的测量工具——软尺原型逐渐在学生手里诞生。

4.4.6 多元评价标准,提升设计品质,增强思维批判性

改进是工程技术中非常重要的环节,我们应设计多元化的评价标准,并设计好相应的评价量规,帮助学生了解到自己的设计的优势与不足,从而进行更好的改进,提升设计的品质。同时在自我展示、相互评价过程中学会辩证地看问题,增强批判性思维能力。

(1)在作品展示与交流的过程中,引导学生进行自我反思评价。在产品展示与

交流的过程中,我们要求学生一要介绍作品的科学原理及特色;二要介绍自己在制作过程中遇到了哪些困难,如何修改自己的设计;三要介绍自己作品还有哪些需要提高和改进的地方。在有限的课堂时间内,学生的作品可能不够完美,让学生在交流展示中学会自我反思评价,在反思中促进新的观念的形成,产生新的灵感,这比作品本身的优劣更值得关注,是学习的隐性成果之一。我们既要让学生反思设计中所运用知识的合理性,更要反思制作中解决问题的办法是切实可行,引导学生思考如何着手下一步的解决方案,使产品不断走向"完美"。

如《制作我的小乐器》一课,在展示与交流的过程中,教师要求学生一要介绍乐器使用材料及结构,二要介绍乐器的发声原理,并对照乐器评价量表进行课堂检验,是否达到了预设目标,同时通过学生展示和生生互评,在交流互动中自主发现问题、解决问题并加强学生沟通交流能力。如制作敲击乐器时,把高低音对比非常明显的组和高低音对比不明显的组挑选出来进行对比,在对比中不难发现问题所在,为后面调整乐器奠定基础。

(2)将评价标准前置,用评价工具来导航。在教学中,需要教师根据不同的教学内容,建立和使用相应的评价工具,这些评价工具将帮助学生更好地验证设计、评估设计以及修正设计。我们改变以往先有学生作品后定评价标准的情况,将评价标准前置,用评价工具来导航。评价不仅要关注作品本身,更要关注学习过程中学生的表现。具体评价标准包括:①"分工合作"方面,小组分工是否明确,每个成员是否都能完成自己的任务。②"设计图"方面,学生是否能画出清晰地设计示意图,是否能在示意图上标出部件和部件高度、尺寸大小,需要的材料等。③"制作过程"方面,学生或小组是否能够按照设计过程流程进行制作,并完成原始计划同时注意细节。④"小组和分组互评记录"是否分析准确和评价公平。

设计制作小车评价标准

评价项目	自我评价	小组评价	评价标准		
			1分	2分	3分
小车设计			方案设计不合理,没有设计图	方案较合理,有简单的设计图	方案合理,有严谨、详细的设计图

评价项目	自我评价	小组评价	评价标准		
			1分	2分	3分
小车制作			制作工艺差,对于出现的问题不能解决	制作工艺一般,对于出现的问题部分能解决	各部分连接合理,车架扎实,轮轴稳定,轮子转动灵活,制作时能及时发现问题并解决问题
小车功能			不能行驶	能够行驶,但距离较短,行驶较慢,载重能力差或不能按直线行驶	完全按照要求完成规定任务
团队分工合作			没有分工合作	有简单分工,合作较少	分工合理,团结协作顺畅
展示讲解			展示不清晰,内容不完整,讲解不流利	对设计和制作过程展示较完整,讲解较清晰	对设计和制作过程讲解清晰、思路开阔

通过本课题的研究,课题组教师对小学中低年级"技术与工程领域"设计类课程的教学流程有了更清晰的认识,能够根据学生的认知水平,工程设计的内容及特点以及教学中实际情况,把握工程设计的原则,灵活运用各种教学策略给予学生有针对性的指导,切实有效提高了学生的工程设计能力,促进了学生科学思维的发展。

由于本课题研究依托的是教科版中低年级(一至四年级上册)新编教材,课题研究对象范围还不够全面。教科版五年级科学新教材发行后,应将中高年级"技术与工程领域"设计类课程学习下册纳入研究范围,总结提炼针对高年级学生设计类课程学习教师指导策略。

参考文献

[1]中华人民共和国教育部制定.义务教育小学科学课程标准[M].北京:北京师范大学出版社,2017.

[2]王莹,李晓文.教学策略[M].北京:高等教育出版社,2006.

[3]彭聃龄.普通心理学[M].北京:北京师范大学出版社,2018.

[4]Rodger W. Bybee.在K-12阶段教育中的科学与工程实践——对K-12科学教育框架的解读[J].姜景一,译.中国科技教育,2012(02):41-46.

[5]约翰·斯宾塞,朱利安尼.如何用设计思维创意教学[M].王颀,董洪远,译.北京:中国青年出版社,2018.

第五篇

思维型探究课程资源的开发

小学科学课堂教学中利用创新学教具促进学生思维型探究的实践与研究

天津市河北区教师发展中心　　刘畅

摘　要:近年来,我国小学科学不断进行着新的模式的改革,基于思维型探究教育理念的小学科学课程也在逐渐受到人们的关注。当前,在新课程理念的指导下,小学科学课程教学中,传统的讲授教学逐渐被"做科学,玩科学"的探索性教学所取代。科学教具作为教师在课堂教学活动中直观演示科学现象、激发学生学习兴趣和创新欲望的重要工具,愈发凸显其重要性。本课题的研究主要是在以往研究的基础上,深化操作原理,细化操作过程,明确操作方法,加大操作的针对性,增强操作的可行性,提高操作的实效性;弥补了学校教学资源相对不足、实验器材不断老化、实验设备与教材配套性不尽合理等难题;弥补了低年级学生课堂上的自控力较差,长时间进行实验时教师难以掌握课堂秩序,难以对每个学生的实验操作进行监督指导的不足。通过教师创新教具,确保操作的规范性,也保证数据的准确性,使全班同学做到人人参与、人人记录、人人思考。自主开发和创新教具,不但可以丰富教学资源,提高教学效率,还能促进教学相长,实现教师自身知识素养和专业技能不断提高。

关键词:小学科学　创新学教具　思维型探究

1 绪论

1.1 研究背景

随着现代科学教育技术的飞速发展及教育理念的创新,传统的小学科学课程正经历着变革。科学教具作为教师在课堂教学活动中直观演示科学现象、激发学生学习兴趣和创新欲望的重要工具,愈发凸显其重要性。

《全日制义务教育小学科学课程标准(修改稿)》指出:"在小学科学课程的教学中,必须创造多种机会让学生进行科学探究。"科学教具在课堂中的运用促使了探究这一过程的发生,无论是师生动手研发制作教具,还是教师在课堂上演示教具,学生动手玩教具,都有效调动学生学习的热情,激发学生创新思维的产生。另外,小学科学课程是一门综合性课程,它既涵盖了自然科学,同时也包括了社会科学的知识。学生在科学课堂上,除了掌握教材中的科学知识之外,更重要的要"做科学""玩科学"。

创新型科学教具在教学中的作用是不言而喻的,对于科学教学来说,其开发使用符合新课程改革的理念,符合以学生为主体的课堂教学要求;对于小学科学教师来说,其开发使用优化了传统的传授方式,提高了自身的教研层次,于无形之中提高了自身的专业素养。小学科学教学中,教师将创新贯穿于课堂教学之中,开发创造力,通过使用各种常见的材料,自制创新教具,激发出创造的灵感和火花,灵活运用于课堂教学中,满足学生的好奇心,同时配合学生的能力,使学生接受挑战,启发学生的思维和创造力。教具的开发与妙用,培养了学生的创新精神和实践能力。创新教具的使用,极大地增加了教师的课堂参与度。

课堂教学中,教学模式是在一定的教学思想、教学理论的指导下,围绕教学目标并在一定的环境下形成的具有相对稳定结构的教学范型。它是对复杂教学组织方式的简约表示,体现了教育价值取向,决定了行为规则,整合了教学方法和策略。

教学的核心是思维,学生的学习需要思考。课堂教学是学校教育实施的主要途径,是教师有目的、有计划地组织学生开展学习活动的重要载体。师生活动的核心在于思维,思维是促进学习者全面发展的基础,也是提高课堂学习质量的关键要素。

不同的教学理论决定了不同的教学模式,国内外教育领域对学生思维培育的研究有很长的历史,学习思维理论在长期的教育教学实践中不断得到丰富和完善,并有效指导课堂教学实践。

杜威(John Dewey)提出学习是"反省的思维的分析"他认为学习时当一个含有困惑或疑难的情景出现时,置身于此情景的人便开始反省了。反省包括观察、暗示,事实和观察是反省的重要因素。在此基础上,杜威提出了"做中学"的思维培育理论。布鲁纳(J. S. Bruner)的思维培育思想体现在他所提倡的"发现学习"中。"发现学习"以培养学生的独立思考和探究性思维为目标。发现学习强调,直觉学习是发现学习的前奏,学习情境的结构性是有效学习的必要条件。学习时,应该向学生提供合适的、具有挑战性的机会,促进学生思维的不断发展。加登纳(Harward Gardner)提出了多元智力理论,反映了当代西方教育与发展的新进展。斯滕伯格(Robert J. Sternberg)提出了成功智力理论关注实践创新能力教育。以上学习思维理论都为课堂教学实践提供了重要的理论基础。

我国胡卫平教授基于认知主义理论、建构主义理论以及林崇德的思维理论,经过多年的中小学理论研究和实践研究,提出了思维型课堂学习理论。本研究以建构主义教学理论、思维型课堂学习理论为理论指导,以培养学生的核心素养为教学目标,将动机激发、认知冲突、自我监控、自主建构和应用迁移5个方面的基本原理应用于课堂教学过程,针对学生学习目标形成一套稳定的教学程序、方法、策略系统,定义其为思维型教模式。

1.2 研究意义

1.2.1 理论意义

近年来,我国的科学课程改革吸收了国际上科学教育研究的许多新理论,如建构主义理论、科学本质教育理论及其转变理论等,这些理论指导了科学课程改革。基于这些理论产生的探究教学模式、概念转变教学模式等也为一线教师逐渐接受和熟悉。当下基于核心素养的科学教学对一线教师提出了更高的要求,如何在课堂上利用创新学教具加强对小学生批判性思维、创造性思维、合作和交流能力等科学素养的培养,是需要深入思考和实践的问题。

小学科学教具制作的意义:

教具制作在我国有着悠久的历史。早在宋代,沈括就制作纸人,将其运用在共振实验中。今天,随着新课程理念的深入,使人们以全新的视角来看待教具的制作。教具的制作和使用既能促使教师以研究者的角度去审视教学内容,同时,开发制作教具也是激发学生探究兴趣,培养创新能力的助手。开发制作教具与新课程倡导的探究、研究学习不谋而合,它是素质教育洪流中不可缺少的一股力量。当前,随着因地制宜、变废为宝等思想的深入,小学科学教师也逐渐认识到自己动手设计制作教具已经不再只是经济条件落后地区教师的无奈举措,它亦是自身创造力的体现,教具制作不会在教育改革的潮流中逐渐暗淡,只会越来越发挥无可取代的作用。

1.2.2 实践意义

第一,自 20 世纪 80 年代初确立小学自然课教材教法体系后,小学自然教学实践改革迅速推进,之后小学科学(原自然课)课堂教学实践领域出现了一批优秀的教师,他们注重教学改革,总结了宝贵的教学经验,对课堂教学产生了积极的影响。这些宝贵的教学经验多以课堂教学实录和教学总结的形式出现,经过提炼并最终形成系统模式的相关专业文章较少。本研究借助质性研究方法对这些宝贵的教学经验进行分析和概括,提炼出其中的教学模式,对一线教师具有很高的参考价值。

第二,很多教师在日常教学中存在对教学模式、方法、策略的认识不清晰,注重具体策略和操作技巧的使用,忽略教学模式的思考这个问题。一些教师陷入常年重复性的教学,难以找到提高教学效果的突破口。为此,本研究在详细论述思维型教学模式的结构和使用方法的基础上,针对《义务教育小学科学课程标准》(以下简称《课程标准》)中的主要概念、分解概念和学习内容进行了概念进阶分析的方法说明并提出教学模式建议,为一线教师提供可参考的教学资源。

第三,基于核心素养的课程改革不仅涉及课程设计、课堂教学,同时涉及教学评价。长期以来,小学生科学课学业评价的研究一直未得到足够的重视,还缺乏系统的研究。

1.3 研究价值

小学阶段是基础教育的基础,是科学素养养成的最佳时期,创新教具的使用是养成科学素养的关键,是逐步形成适应个人终身发展和社会发展需要的必备品格与关键能力的有效方式。

现阶段不少学生由于从小所处环境的影响和所受教育的局限性,因而在科学素养方面存在诸多问题,例如:机械性记忆科学知识,缺乏对科学学习的兴趣等。

本课题主要是在以往研究的基础上,深化操作原理,细化操作过程,明确操作方法,加大操作的针对性,增强操作的可行性,提高操作的实效性;弥补了学校教学资源相对不足、实验器材不断老化、实验设备与教材配套性不尽合理等难题;弥补了低年级学生课堂上的自控力较差,长时间进行实验时教师难以掌握课堂秩序,难以对每个学生的实验操作进行监督指导的不足。通过教师创新教具,确保操作的规范性,也保证数据的准确性,使全班同学做到人人参与、人人记录、人人思考。

自主开发和创新学教具,不但可以丰富教学资源,提高教学效率,还能促进教学相长,实现教师自身知识素养和专业技能不断提高。

1.4 研究内容

科学思维是科学观念形成过程中,需要的认识方法、能力和水平。对小学生来讲,是对现象、事实的分析综合、抽象概括、推理论证等,是对基于事实证据和科学推理基础上所产生观点和结论的质疑、批判及提出创造性见解,是科学学科素养的核心。通过教师自制的教具,能发展学生的学习能力、思维能力,结合小学生特点,围绕"新课程标准"的要求,形成新型科学思维型探究教学模式,以达到更好培养学生良好的科学素养的目标。

1.5 研究创新点

自主开发和创新学教具,不但可以丰富教学资源,提高教学效率,还能促进教学相长,实现教师自身知识素养和专业技能不断提高。通过教师创新教具,让学生像科学家一样思考,确保操作的规范性,也保证数据的准确性,使全班同学做到人人参与、人人记录、人人思考。

通过动机激发—认知冲突—自主建构—自我监控—应用迁移等 5 个主要环节,建构科学思维型探究教学模式。

2 研究方法

2.1 本课题研究的主要方法是行动研究法

在《课程标准》及新教育理念指导下,针对学生能力与策略展开研究,制定研究方案,通过课堂观察、问卷调查等方式收集资料;针对收集的错题类型,制定纠错计划,实施纠错策略,分析纠错效果,做到边执行、边评价、边修改,最终将经验总结、记录,形成有价值的文字。进行新的教育教学实践,多次反复,不断推进课堂教学向着自主探究高效教学的理想境界发展,逐步形成符合学生特点,利于学生发展的教学模式。

2.2 本课题研究的其他方法

2.2.1 文献研究法

全面认识与把握,明确思维型探究教学模式的内涵、本质、目的、功能、观点及实践情况。在扎实、细致的文献梳理的基础上掌握第一手的资料,课题组成员学习参考资料及相关研究文章。

2.2.2 经验总结法

撰写案例分析,教学论文等,梳理课题研究成果,整理记录,为结题工作做好准备。

2.2.3 访谈调查法

深入班级,深入学生个体,就学生学习习惯现状进行调查,选取有代表性的典型事例进行缜密分析,找准问题所在,明确研究对象。

2.2.4 比较研究法

运用比较研究法,一方面,通过一些优秀教师的小学科学课程的情况以及创新思维培养方法的比较,了解小学科学教学中创新思维培养的现状和问题;另一方面,通过跨学科比较,了解其他学科中的创新思维培养方法,寻求小学科学课程中培养创新思维的策略。

3 研究过程

3.1 项目研究内容

3.1.1 研究目标

(1)基于课标对教材内容进行梳理、汇总、分析。

(2)基于科学概念和实验内容,整理学生探究型思维实践所需要创新教具的情况。

(3)基于学情和教情归纳提升利用学教具促进科学教学思维型探究教学模式。

3.1.2 研究内容

科学思维是科学观念形成过程中,需要的认识方法、能力和水平。对小学生来讲,是对现象、事实的分析综合、抽象概括、推理论证等,是对基于事实证据和科学推理基础上所产生观点和结论的质疑、批判及提出创造性见解,是科学学科素养的核心。通过教师自制的教具,能发展学生的学习能力,思维能力。

结合小学生特点,围绕"新课程标准"的要求,形成新型科学思维型探究教学模式,以达到更好培养学生良好的科学素养的目标。

3.2 项目研究过程

3.2.1 第一阶段:2019 年 10 月—2019 年 11 月

(1)成立课题组。成员包括区科学教研员、区小学科学学科骨干教师以及全区各小学对此课题有兴趣的科学教师。

(2)制定课题研究方案。

(3)完成课题申报及开题工作。

3.2.2 第二阶段:2019 年 11 月—2019 年 12 月

(1)教具与科学课程有机整合。

(2)梳理分析平时听课中存在思维性教学模式的研究情况,对其进行评估、分析,加以归纳、整理。

3.2.3 第三阶段:2020 年 1 月—2021 年 9 月

开展思维型教学模式的具体研究,重点研究利用创新教具促进学生思维型探究的实践与研究。

3.2.4 第四阶段:2021 年 9 月—2021 年 12 月

撰写结题报告、准备结题材料。

4 结论

近年来,思维型学习理论兴起,学界对依据思维型学习理论建构小学科学思维型教学模式关注度逐渐增强。

思维教学模式即教师提问体现原理的次数多,对于学生的科学实验指导有顺序性、逻辑性,不仅提升学生学习的积极性,还保证了学生学习质量的提高和自主学习能力的养成。同时,教师在 5 大原理的基础上提出创设情境引发学习内容,呈现目标内容,根据学生情况分层次教学,通过课堂随堂练习、生活中解决实际问题等程序的运用使学生养成全面多角度的思维习惯。

一是在实验概念流程中,提问环节的设定,应按照"激趣导入进入目标"和"创设一定的情境引发学生兴趣"的原则,分为"呈现概念例子引发认知冲突""预设概念问题"和"提供具体实物,引导启发学生""引导对获得概念的反思""假设情境鼓励实战演练"5 个环节,循序渐进地进行课堂提问,充分调动学生参与实践的积极性。除此之外,还要遵循概念目标明确、创设一个具有启发性的情境、重视培养学生情感非智力因素的培养、具备一定的归纳概括能力、有一定的反思空间和概念迁移于新的情境中的能力等要求。

二是在实验探究流程中,提问环节设定也是按照 5 个环节依次进行提问。这

5 个环节是"创设探究情境,引发学生探究兴趣""呈现探究的例子引发学生认知冲突""预设探究问题""提供具体实物启发引导""对实验探究过程反思""提供一定的实验探究情境,鼓励多加练习"。除此之外,还要遵循下列要求:探究目标要明确,创设的情境也具有启发性,培养学生热爱实验探究,教师在呈现具体实例时学生有一定的经验,给学生一定的反思空间,将实验探究规律性内容迁移于新情境等。教师按照这个顺序有效保证学生参与实验探究的积极性。

三是在实验问题解决流程中,教师提问可以按照 5 个环节依次进行。这 5 个环节分别是:"创设实验问题解决的情境,引发学生解决问题的兴趣""给学生提供解决的案例引发认知冲突""预设结论,提供实物启发引导""要求对实验问题解决过程进行反思""要提供新的实验问题解决的情境,鼓励学生进行练习"。教师在提问时要按照 5 大环节的顺序提问,还要遵循下列原则:创设的情境有一定的启发性,培养学生情感,提供给学生足够的反思空间,将经验结论可以更广泛地应用于实际问题的解决中,有效提升了学生解决问题的能力。

本研究在取得一定成果的同时还有一些需要改进和完善的地方。首先,本研究只分析了天津市河北区部分教师的个别案例,研究面相对较窄,研究的结果也有一定的局限性,有些课的实验器材也不完善,无法顺利进行。要想使反映的问题更加具有普遍性,还需要进行更大范围的深度调查。

当前我们国家小学科学教具的制作普遍存在数量少、分类少的问题,学校及教师对教具制作不够重视,即使有一部分教师制作了教具,但因其过程烦锁、材料难取、使用效果不佳等问题逐渐淡出小学科学课堂。在问卷调查中我们可以普遍看到,小学科学教师对教具制作存在困惑,存在困难。如何从根源上去改变这些问题,成了我们当前关心的问题之一,拘泥于过去的教具制作,显然已无法从本质上改善所面临的问题,创新是一个民族进步的动力,创新也是将当前小学科学教具从泥潭中拉出来的"救命稻草",全面创新,从教具制作的方法、材料、形式上全方位加以突破,是重中之重。

参考文献

[1]李霞.基于核心素养的小学科学思维型教学模式研究[D].西安:陕西师范大学,2018.

[2]孟洪瑛.基于创新理念的小学科学教具制作探索[D].锦州:渤海大学,2016.

[3]王丽会.小学科学创新实践与反思[D].桂林:广西师范大学,2016.

[4]李越.基于思维型课堂学习理论的小学科学实验教学提问模式研究[D].牡丹江:牡丹江师范学院,2019.

[5]张爽,吴黛舒.教育叙事研究的是与非[J].宁波大学学报(教育科学版),2015,37(03):38-41.

[6]布鲁纳.教育过程[M].邵瑞珍,译.北京:文化教育出版社,1982.

[7]国家教委中小学教材审定委员会.小学自然教学大纲[S].北京:人民教育出版社,1986.

[8]中华人民共和国教育部.全日制义务教育科学(3-6年级)课程标准(实验稿)[Z].2001年.

[9]Gardner,H.Intelligence reframed[M].New York:Basic Books,1999.

[10]罗星凯.实施科学探究性学习必须正视的问题[J].全球教育展望,2004,33(03):43-46.

[11]余文森.有效性是课堂教学的"命脉"[N].中国教育报.2007-5-8(006).

[12]李雁冰.科学探究、科学素养与科学教育[J].全球教育展望,2008,37(12):14-18.

在饲养和种植活动中提高学生科学思维探究能力的案例研究

天津师范大学第三附属小学　刘兴军

摘　要:正确、良好的科学思维探究能力有助于提升学生的科学素养,有效的科学实践探究活动有助于提高学生良好的科学思维探究能力。有关植物种植和小动物饲养等课题的实践探究活动能够让学生把课堂上学到的科学知识运用到实践探究活动中来,让学生能够学科学、用科学、爱科学,从探究活动中提高科学思维探究能力。学生亲历种植和饲养活动能激发他们与生俱来的探索大自然的兴趣,通过探究了解生物体的结构特征、生长规律、生物之间的密切依存关系,从而形成热爱大自然、保护大自然的情感。在原来的应试教育背景下,小学科学教育并没有受到应有的重视,对科学知识的学习可能都无法完全保障,更不要说培养创新能力和提升科学素质了。随着课程改革的深化与推进,科学教育也得到了一定的保障,但是更多的只是完成课堂教学任务,学生的探究活动也只能局限于课堂上,需要一段时间来观察探究的种植和饲养实践活动也就无从谈起了。这就需要为学生搭建种植和饲养的探究平台,让学生栽种盆栽植物,对植物的生命过程进行观察和记录;饲养一种小动物,观察并记录生物体的成长过程。项目组运用观察法、行动研究法、经验总结法及文献法等研究方法探究在种植和饲养类实践探究活动中提高学生的科学思维探究能力。实践证明:在饲养和种植活动中能有效培养学生一丝不苟、坚持不懈、实事求是的科学态度,从本质上提高学生的科学思维探究能力。

关键词:种植　饲养　科学探究　科学思维

1 引言

自 1999 年 6 月《中共中央国务院关于深化教育体制改革全面推进素质教育的决定》颁布以来,课程改革在我国已经进行了 20 多个年头的尝试,这其中取得了一系列有效成果,更为以后的进一步深化发展积累了丰富的实践经验。而当前,我们国家正在大力倡导提升学生的素质教育,以科技教育为核心的各种形式的素拓教育也开展得有声有色,它们都以培养学生从小爱科学、学科学,长大用科学的意识为目的,最大限度地开发学生的想象力和创造力。我们都知道,在人的一生之中求知欲最旺盛的高峰时期就是青少年时期,这也是培养青少年创新思维的最佳时期。但是一些教师在长期的应试教育模式下所形成的部分教育观念在很大程度上限制了对青少年创新思维的发展与培养,造成了学生的高分低能、视野不够开阔、知识面狭窄、普遍缺乏运用科学知识解决实际问题的能力等弊病。而当下,我们的社会建设需要大量的创新人才。创新人才的培养和学生创新思维的形成都不是一朝一夕的事,这就需要我们从教育入手,更新教育观念,为青少年创造力的培养,特别是广大中小学生的创新思维培养创造一个充分发展其个性、有效利用其潜能的良好条件,使他们在学好书本上知识的同时,能更多地积极参加一定的科学探究活动,亲近大自然,热爱大自然,增强科技知识,培养爱科学、学科学、用科学的兴趣,保有一颗好奇心,提升创新意识,并从小树立热爱祖国、热爱科学的思想情操,树立为现代化建设事业努力奋斗的远大理想。

当今社会进步与发展的原动力就是科技的进步与发展,而随着科学技术水平的不断进步所带动的社会的发展,对我们日常生活的影响让我们每个人都有切身体会,也让我们越来越离不开它。科学课作为一门基础课程已经逐渐成为需要重点关注和改革的对象之一,各种改革的观点和办法形成了一定的理论基础。尤其是近些年科学教育在一些发达国家受到重视,得到了飞速发展,同时也取得了一些有实效的成果。他们在课程改革研究中更多地关注学生的创新思维和探究能力的培养,从多动手多动脑的科学探究活动中发展学生的创造性思维,不但让学生有能力去解决问题,更有能力提出问题。而良好的科学思维是探究问题的前提,因此,提高学生良好的科学思维探究能力就成为科学教育的目标之一。

随着课程改革的不断深化和发展,不断地有新的教育观念产生,小学科学教育也逐步占据了一定的位置,它肩负着培养学生好奇心,发展他们的创新思维,提升全面科学素质的重要使命。小学的科学教育就是要让学生去亲身体验提出问题、探究验证、得出结论的科学探究过程,而这些都需要学生具有一定的科学思维。《义务教育小学科学课程标准》提出:"小学科学课程是以培养科学素养为宗旨的科学启蒙课程。"在课堂上的教育教学过程中,必须通过科学探究活动,激发学生的创新意识,发现科学知识,探究科学原理,从而让他们产生热爱学习科学知识,乐于进行科学探索的情感,培养他们的创新思维,从限定时间完成的科学探究活动中培养坚持不懈的工作品质和科学精神,从各种实践探究中提高科学思维探究能力。

小学科学课程教学内容的几个领域中,生命世界占据了相当大的比重部分。活生生的动植物不但能直观地呈现在学生面前,而且那种对生物有着天生的吸引力的小学生们,对广博的大自然更容易产生兴趣,从我们身边的生物入手达到产生探索科学奥秘的浓厚情感。有关植物种植和小动物饲养等课题的探究活动正好能够让学生把在课堂上学到的一些科学知识运用到实践探究活动中来,让学生能够学科学、用科学、爱科学,从长期的科学实践探究活动中逐渐形成良好的科学思维探究能力。而在原来长期的应试教育背景影响之下,小学科学教育并没有受到应有的重视,对科学知识的学习可能都无法完全保障,更不要说培养创新能力和提升科学素质了。让学生们亲身经历植物种植和小动物饲养等实践探究活动能够激发出他们与生俱来的探索大自然的天性,通过这些科学实践探究活动能够让他们了解到大自然中一些生物体的基本结构特征,生物的生长规律,各种生物之间的密切依存关系,从而形成热爱大自然保护大自然的情感。在植物种植和小动物饲养实践探究活动中,指导学生以兴趣小组的形式种植一棵植物或饲养一种小动物,这一活动有别于一般的课堂探究活动,需要一个相对较长时间的对探究对象的照顾与管理,这本身对学生的耐心就是一种考验,他们在亲身经历了这种长期的实践探究活动之后,对科学观察、探究实验会有更深刻的体会,也会逐渐形成一种坚持不懈的工作态度,更能有效提高他们的科学思维探究能力。

近年来,环境问题被越来越多的人所关注,环保理念也融入了很多人的生活之中,社会上一直倡导要建立人与自然的和谐共处、协调发展关系,实现人类与自然界关系的全面、协调发展。为此,我们必须有一个大自然观,然而小学生对大自然的认识和了解又是十分欠缺的,所以需要在小学生与大自然之间有一个很好的媒介能够将它们连接起来。而植物种植和小动物饲养活动既能培养学生爱护大自然,保护动植物,珍惜生命的情感,从小形成环保意识,有利于充分挖掘学生的个性潜能优势,促进学生的个性全面和谐发展。而且作为一项相对时间比较长的科学实践探究活动,有助于学生形成长期专研探索创新的意识品志,提高科学思维能力。如果能通过植物种植和小动物饲养活动为学生营造出浓厚的学科学、用科学、爱科学的科学氛围,并把这种实践探究活动的经验和情感与课堂科学实验探究活动相融合,那么对于学生的科学思维探究能力将会有比较大的提升。而这一实践活动是否能顺利开展,效果又如何?一方面取决于学生是否具有探索未知的欲望,克服困难坚持不懈的科学态度,同时也要求学生们具备一定的科学思维探究能力。为此,贴近学生生活,贴近大自然的植物种植和小动物饲养活动对正处于知识的启蒙阶段,求知欲望强的小学生来说,能让他们体会到从平凡到神奇,从渺小到庞大的自然世界,从简单的科学探究活动中,提高学生的科学学习兴趣,让学生自主、愉快地学习。种植和饲养活动对于培养学生全面发展具有重要意义,对提高学生科学思维探究能力也具有实际价值和意义。

1.1 国外研究情况

我们在日常生活中所用的电子产品更新换代非常快,各种新的产品不断问世,这些日常现象大到一个国家的航天、军事,小到人们的日常生活无不向我们展示了科技水平的迅猛发展,毫无疑问,现在推动社会发展前进的动力就是一次次科学科技的进步。如今一个国家的综合国力、国际竞争力以及国际地位的体现都有着科技水平的身影。然而,一个国家想提高科技水平必须要依赖大量的高科技人才,这些高科技人才的培养就要依托于我们的教育,特别是对青少年的科技教育。因为青少年才是国家的未来,一批批从小就做科学探究活动,对科学感兴趣,具有创新意识的青少年成长起来一定会助力国家的发展建设。一直以来,世界各国之间竞争的就是综合国力,当下尤为突出的其实就是尖端科技水平的竞争,也是高科技人才的竞争,而高科技人才的培养不是一朝一夕所能完成的,尤其是具有创新思维能力的人才培养起来更加困难,这就需要我们将青少年的科技教育重视起来,在青少年这个群体中形成一个良好的科技氛围。美国的教育者极其看重科技教育,认为卓有成效的科学教育能决定国家未来的发展,而且科学教育必须从儿童抓起。英国也提出了要在小学阶段重点建设科学教育项目。针对小学生的科学教育被越来越多的国家重视,并作为课程改革中的重要项目之一,这与当前的国际社会发展形势相结合,看似起点比较低的小学科学教育可能会成为今后促进各国公民科学素质竞争的重要基础保障。

1.2 国内研究情况

近年来,各种科技产品走进千家万户,为人们的生活带来了巨大的便捷,我国在很多科技领域达到世界先进水平,科教兴国已经成为人们的共识。全国各地的中小学都在普遍加强科技教育的投入,青少年创新意识的培养普遍得到重视,但是与国外发达国家相比还是存在着一定的差距。小学科学教育虽然也在基础教育课程设置中,但是对其的重视程度相对不够,而且对于小学科学教育侧重点也有所欠缺:一直以来多以科学理论知识学习为主,缺少动手探究实践活动,这并不利于科学思维的发展和创新意识的培养。随着我国课程改革的开展和深化,针对小学科学教育的课程改革就不断地被尝试,这一门重要的基础课程也逐渐被重视起来了。课堂上出现了越来越多的学生动手实验操作和科学探究活动,这在一定程度上有效提升了学生的科学学习兴趣,不过对于学生科学思维探究能力培养来说还远远不够,还需要从更多的科技探究活动中增强学生的科学思维意识,提高他们科学思维探究能力,培养他们的创新思维。而且不同地区的小学科学教育情况还受制于软硬件条件,有的学校硬件条件不够完善,很难开展有效的科学实践探究活动,有的学校没有专职的科学教师,现有的很多科学教师也都不是专科毕业,知识上具有一定的局限性,在指导学生进行科学实践探究活动时有一定的局限性。

2 研究方法

2.1 观察法

观察法,顾名思义,就是为了弄清事物的本来面目、科学原理而进行的观察实践探究活动。观察法几乎是所有科学探究活动都要运用到的研究方法,通过观察实际过程,加以分析研究,得出某种结论。

2.2 行动研究法

行动研究法是一种基于寻求问题的答案的探究性研究方法,在研究的过程中需要不断地发现新的问题,寻求问题的解决办法。特点是边执行、边评价、边修改。

2.3 经验总结法

经验总结法就是探寻事物发展的一般规律,将事物发展的事实数据、现象不断归纳总结成经验材料,并能将其运用于新的事物发展的研究方法。关键是准确把握一般规律,形成经验,服务于更广阔的研究领域。

2.4 文献法

文献法就是分类阅读有关文献,根据所要检索的内容词条从一些文字、图片、音频、视频等资料中找出所需的材料,以丰富或佐证自己所研究的内容。

3 研究过程

3.1 项目研究内容

(1)用花盆种植一株柑橘类植物(可以增加其他水果类植物的种植),从种子开始对植物的生长过程进行观察和记录,了解该植物的相关知识,探究植物栽培的经验,归纳开展小学生植物种植类探究活动的方案。

(2)用饲养笼饲养柑橘凤蝶幼虫(可以增加其他种类蝴蝶或金鱼的饲养),观察并记录柑橘凤蝶一生的生长变化过程,学习昆虫的相关知识,探究昆虫饲养的经验,归纳开展小学生饲养类探究活动的方案。

(3)通过种植和饲养类课题教学活动中科学实践探究的实施与开展,提高学生科学思维探究能力。

3.2 项目研究过程

3.2.1 准备阶段(2019年10月—2020年1月)

研究课题在学科组里一经提出就受到了老师们的积极响应,即刻就成立了课题项目研究小组,项目组成立之后利用组内教研时间交流课题研究问题,在经过多次研讨中确定从本校三、四年级的各班中分别组建植物种植和小动物饲养兴趣小组若干个,这样便于日常的植物和小动物的照顾管理。种植的植物以柑橘类为主,可以适当增加其他类水果植物的种植。为了让学生能更好地感受大自然的奇妙,所有植物的种植都从种子开始种植或者是扦插,杜绝直接购买现成的植物种苗,种子来源于师生日常食用的柑橘类水果。饲养的小动物以柑橘凤蝶幼虫为主,可以适当增加菜粉蝶、金凤蝶等其他蝴蝶种类,或者是金鱼等鱼类,为了学生安全保障和方便日常管理,避免饲养小猫、小狗、鸽子等小动物和仓鼠等啮齿类小动物。各种蝴蝶幼虫主要是在校园内及学校周边生活区采集。

项目组通过组内多次研讨之后,基本确立了项目开始阶段的各项工作,首先,将所有三、四年级的教学科学课的教师进行集中教研培训,指导项目的前期准备工作。其次,对种植和饲养兴趣小组的所有学生也进行了集中培训,指导学生做好组内分工,如何做好观察记录。最后就是所有的师生一起开始收集各种水果的种子,在学校周边和生活的小区寻找花椒树为后面将要饲养柑橘凤蝶幼虫做准备。

3.2.2 实施阶段(2020年1月—2020年8月)

由于新冠疫情,1至4月这段时间没能到校复课,但是项目的实施开展并没有受太多影响。由于1至3月这段时间正好是地处北方的天津的冬季,外面气温还比较凉,并没有昆虫幼虫可以饲养,而且植物种子发芽也比较缓慢,所以这段时间主要以学习相关知识为主,并继续搜集植物种子,准备饲养笼。而且项目组还通过微信群等形式在完成准备阶段的各项工作之后,多次组织参与项目的老师进行科学探究活动专项指导,并组织兴趣小组的学生进行了《种子发芽了》《小树苗的护理》和《蝴蝶的一生》等有关植物种植和昆虫饲养相关知识的学习,也让学生先在家里将小部分种子催芽,准备尝试种植。

5月到校复课之后,项目得以顺利继续开展,学生们在科学老师的指导下,将植物种子催芽,分别种在教室的花盆中和学校劳动实践区的地里,并定期观察和管理。同时依据之前调查的生活区的花椒树情况,在做好防疫和安全措施之后,由科学教师或者家长放学之后组织部分学生搜寻采集柑橘凤蝶幼虫,将采集到的幼虫放饲养笼中,在教室中饲养,没有采集到柑橘凤蝶幼虫的小组在学校劳动实践区的菜地里采集菜粉蝶的幼虫进行饲养。

6至8月,各兴趣小组的学生以植物生长管理和小动物的饲养管理及做好观察记录为主。植物种植兴趣小组的学生需要每天观察劳动实践区的小树苗生长情况,适时地浇水、施肥,这是一个长期的活动。饲养兴趣小组的学生每天都要采集新鲜的花椒树叶子来喂食柑橘凤蝶幼虫,并不断地继续搜寻采集幼虫饲养。暑假期间,教室内的植物和饲养笼由兴趣小组的学生分配好任务带回家去继续管理,并完成这段时间的观察记录,同时在班级群里及时分享居家观察时拍摄的一些视频、照片和做的记录。

3.2.3 总结阶段(2020 年 8 月—2020 年 12 月)

8至10月,各兴趣小组的学生整理自己手里的资料,先在自己班内做活动交流,然后以班级为单位在年级组进行所有班级的活动交流,并由科学教师代表和部分学生代表分别选出植物种植和小动物饲养各一个兴趣小组代表本年级做整个项目组的学生实践探究活动交流。

11至12月,项目组将项目实施以来的各项数据资料进行整理和分析,对项目整体工作进行全面总结。

3.3 项目研究分析

3.3.1 植物种植

从三、四年级所有班级的兴趣小组的最终成活的植物和生长情况来看,明显较高年级四年级的学生所种植的植物61%的成活率要高于较低年级三年级的学生所种植物43%的成活率。种在学校劳动实践区的树苗明显要比种在教室花盆里的树苗更健壮，而且不易死亡，而教室花盆里的树苗比较容易死亡。从种植的种类来看，各年级都有多个种类植物的种植，尤其较高年级学生5~6个种类的种植多于较低年级2~3个种类。总体上柑橘类、苹果、葡萄、杧果、枇杷、火龙果、榴梿、波罗蜜等常吃的水果都有种植，除了葡萄和榴梿23%的发芽率较低以外，其他水果种子90%的发芽率比较高，不过榴梿、杧果、枇杷、火龙果、波罗蜜等树苗20%的成活率不如柑橘、苹果和葡萄80%的成活率高，尤其是种在劳动实践区的植物，进入冬季时没及时移栽到室内，多数都冻死了，只有苹果和葡萄没有冻死。

从各种数据总体来看，开展植物种植探究活动极大地调动了学生学习积极性，也让他们了解了植物从种子发芽到长大的生长过程，提升了学生的环保意识，让学生有了一个可以动手探究的平台，对所种植植物长期的管理和观察记录以及与其他学生的互相学习交流都有助于良好科学思维探究能力的形成。不足之处是各种小树苗生长都比较缓慢，生长期也比较长，造成本项实践探究活动时间跨度较长。尤其柑橘类植物的种植主要是为了给柑橘凤蝶幼虫提供食物来源，一年的养殖在活动中远远没有达到要求，只能每天从外采集花椒树叶来喂食幼虫。当然，这从另一方面来说更有助于锻炼学生的坚持不懈的意志品质，更好地感悟生命的意义。

3.3.2 小动物饲养

作为指定的饲养对象，在探究活动初期只有少数的班级采集到了柑橘凤蝶幼虫，大多数班级没有在野外采集到柑橘凤蝶幼虫，随着活动深入开展，越来越多的班级采集到了柑橘凤蝶幼虫，而且在科学老师的协调下，采集幼虫比较多的班级分给没采集到的班级，确保了所有班级都有柑橘凤蝶幼虫饲养。从饲养成果来看，三、四年级所有的16个班有14个班能成功将柑橘凤蝶幼虫养大，直到羽化放飞，只有2个班级因为采摘的花椒树叶被喷洒了农药，幼虫误食之后被药死。另外还有1个班饲养的1只幼虫被寄生蜂给寄生了，没有成功羽化。从饲养的种类来看，大多数班级比较单一，种类和数量上都比较少，总体上养蚕的数量最多，其次是柑橘凤蝶，菜粉蝶有11个班饲养，有2个班养了金凤蝶，有1个班养了小红蛱蝶。

柑橘凤蝶幼虫的饲养这一探究活动引起了所有学生的好奇心，让学生们跃跃欲试，给他们搭建了一个亲近大自然探究生命奥秘的机会，而且整个探究过程中学生们的热情不减，很多学生都是下课围着饲养笼观察，放学围着生活区的花椒树找寻,无不体现着探究兴趣。不足之处是柑橘凤蝶幼虫需要野外采集,受到生长规律的限制,对各探究兴趣小组的饲养活动有较大影响。菜粉蝶的幼虫相对来说更容易采集,而且数量比柑橘凤蝶幼虫也多很多,可以选作饲养对象。

4 结论

4.1 通过分析、论述证明的观点和认识,深化主题

科学实践探究活动是一种新的学习方法,小学生本来就有比较强烈的探究欲望,只是受限于他们相对较弱的实践探究能力。玩是儿童的天性,让学生在课堂中玩,目的是让他们异想天开,从玩中求知、求真,让他们保有一颗好奇心,玩出科学的真谛。科学探究就是一个用事实说话的过程,要给学生创设一个实践探究的情境,让学生能亲身经历科学探究活动。教师讲十遍不如让学生动手做一遍,小学科学实践探究活动就是要让学生能亲自动手操作,亲身经历探究活动的设计、操作等过程,以提高他们的科学思维探究能力。有的教师可能觉得学生动手多的课堂显得过于嘈杂,尤其是一次次失败的科学探究更会浪费了大量学习的时间,还不如自己多演示,只要学生多看,或是为学生把一切都设计好,只需要学生配合就行。其实,恰恰相反,学生的科学思维探究能力就是在一次次的探究活动设计中慢慢培养的,学生的动手能力就是在一次次的操作中练成的,经历科学探究从失败到成功,会让学生积累丰富的经验。不断开阔思路,积极主动地去思考、实证,真正体会到科学探究的乐趣。

我们要通过开展植物种植和小动物饲养等科学探究活动, 激发小学生那与生俱来的对新鲜事物的好奇心, 让他们那本来就具有的探索大自然的兴趣逐渐转变为积极去主动的进行科学探究活动。而我们的探究活动必须一定要结合实际情况,选择我们身边比较容易接触到的,学生既喜欢动手去做,又能积极参与探究的课题。并且放手让学生们独立完成探究活动的选题、设计,教师给予适时的指导和修正,一定要让学生们都能亲身经历到整个的科学探究过程,从中体验做事的失败与成功,感受科学探究的艰辛与快乐、付出与收获。这样不断地学习

下去,一定能养成较好的科学思维,提高他们的科学思维探究能力和科学素养。

好奇心是学生的一种天性,也是一个人走向成功的原动力。我们就是要通过科学实践探究活动让学生保持这样的一颗好奇心,而这一实践探究活动是否能顺利开展,效果如何主要取决于学生是否具有探索未知的欲望、克服困难坚持不懈的科学态度和一定的科学思维探究能力。为此,贴近生活,贴近自然的种植和饲养活动对正处于知识的启蒙阶段,求知欲望强的小学生来说,能体会到从平凡到神奇,从渺小到庞大的自然世界,从简单的科学探究活动,提高学生的学习兴趣,让学生自主、愉快地学习。

4.2　通过实验或实践证明的成功经验、规律

本项目通过指导学生开展植物种植和小动物饲养的实践探究活动,成功地引起了学生与生俱来的好奇心,对自然世界的好奇,对科学的好奇,这大大地激发了他们的科学探究兴趣,在种植植物和饲养小动物的过程中无不体现着坚持不懈的科学态度和不断提高的科学思维探究能力,从他们的观察记录中可以看出这个相对较长时间的科学探究活动中他们无比认真仔细地观察记录,从他们认真交流、互相学习的态度中都在打磨着他们那种对待科学一丝不苟、坚持不懈、实事求是的科学态度。

4.3　未来发展方向

正确、良好的科学态度有助于提升科学素养,有效的科学实践活动有助于培养良好的科学态度,今后还要继续挖掘教材中有关种植和饲养类的课题,选择学生身边的可操作性素材,搭建好植物种植和小动物饲养的探究平台,让学生保有一颗好奇心,激发他们对科学的兴趣,乐于学科学、用科学、爱科学,从实践探究活动中感悟大自然的奇妙,培养他们的科学探究能力和科学态度,初步形成对科学的认知,从而有效地培养学生的科学素养。

参考文献

[1]张俊.立足探究实践过程 提升学生科学素养——略谈小学科学教育中实践活动的优化策略[J].教学仪器与实验.2005(X2):7–9.

[2]奚敏.浅谈小学科学探究活动中思维培养的有效性策略[J].天津教育,2019(23):134–135.

运用博物学思想 利用环境教育资源提升小学科学学科学生思维能力的实践与研究

天津市蓟州区第六小学 董春松

摘 要：博物学是人类研究大自然的传统方法，是对植物、动物还有矿物以及生态系统等所做的宏观角度的观察、描述、分类等。博物学内涵丰富、历史悠久，是自然科学研究的基础方法。博物学与"地方性知识"，区域资源的关系很是密切。运用博物学思想，引导学生进行思维型探究，开发区域课程资源这一课题具有极高的研究价值。

蓟州区拥有得天独厚的区域资源优势。北部山区自然风光秀美，有着丰富的岩石矿产资源和生物资源，更有著名地质剖面中上元古界，为科学课探究岩石、矿物、地形、地貌，生物的多样性提供了丰富的区域课程资源。南部平原和青甸洼湿地地区物产丰富，为生命科学领域的科学探究提供了其他区域无法比拟的课程资源，这些都是本课题研究的基础所在。

通过2年的实践研究，运用博物学思想，课题组教师提升了业务水平，丰富了教育教学理论，并且应用于教学实践中；学生运用博物学思想，提升了科学素养。实验学生基于博物学思想，运用思维型探究区域科学资源，在"博物中学"，在"实践中学"，知识与能力皆有提升，思维探究水平得到进一步提高。

关键词：博物 开发 区域 思维探究 课程资源

1 绪 论

1.1 研究背景

1.1.1 问题提出

天津市蓟州区使用的小学科学课程,是天津市统一征订的教育科学出版社科学教材。本套教材在编写原则上是面向全国范围的小学生。教材的编者虽然考虑到了南北地区地理区域上的差异,以及城市与农村、发达地区与发展薄弱地区的差异,但我们的一线科学教师在课程实施的过程中还是存在一定的困难,导致课堂教学内容与区域内自然科学资源不符,造成大量的区域课程资源被闲置,没有得到很好的开发和利用。

1.1.2 发展背景

小学科学课程以培养学生科学素养为宗旨, 是义务教育阶段的一门核心课程,是一门具有科学实践特质的课程。在小学科学课程教育教学中,科学探究活动过程贯穿课堂始终,这样更有利于培养学生创新能力和动手能力的培养。培养学生的科学素养是当代科学教育的重要内容之一,是时代和社会对小学科学教育的需要。小学科学课作为小学阶段科学启蒙教育的一门重要的基础学科,运用区域资源,培养学生的科学态度,创新精神,学习科学、运用科学的实践能力,对学生科学素养的提高和创新能力培养,都有着重要的意义。

1.2 研究基本情况

天津市蓟州区北依燕山山脉,区域资源优势明显,有着丰富的矿产资源和生物资源,地质剖面很多,为科学课探究岩石、矿物、地形、地貌、物种的多样性及动植物都提供了丰富的区域课程资源;南部平原地区物产丰富,为生命科学领域的科学探究提供了其他区域无法比拟的课程资源。课题组成员对运用博物学思想,开发区域课程资源这一课题进行了充分的研究与实践。

1.3　研究依据

本课题的研究基于区域小学科学教育的需求,立足于我区小学科学课程改革需要工作,通过研究区域内课程资源建设的现状,充分发挥区域优势,运用博物学思想,建立一套适合我区实际情况的区域课程资源开发和利用模式,并以此模式为基础构建一个开放、协助、共建、共享的区域课程资源平台,实现区域小学科学教育现代化。

博物学作为研究大自然的一种方法论,指对动物、植物和矿物还有生态系统等所做的宏观角度的观察、描述、分类等。博物学历史悠久,是自然科学研究传统方法之一。博物学与区域资源关系密切。运用博物学思想,开发区域课程资源这一课题具有极高的研究价值。

1.4　研究过程和主要研究成果

通过 2 年的课题实践研究,我们发现,运用博物学思想,构建开发区域课程资源的方式有效可行的,课题组教师提升了业务水平,学到了许多教育教学理论,并成功应用到教学实践中。课题组教师运用博物学理论,组成开发团队,开发利用区域课程资源,对促进区域小学科学教育均衡化发挥了重要的作用,形成了部分有影响力的独具特色的区域课程资源。

2　研究方法

2.1　文献研究法

归纳梳理有关博物学和区域课程资源开发与利用方面的文献资料、研究成果,筛选出可利用的资料,为本课题的研究提供借鉴。

2.2　行动研究法

实验教师和学生运用博物学的方法为解决自己实践中的问题而进行研究,主要包括实验目标、计划、行动、考察和反思等。

2.3　调查研究法

实验人员通过调查、调研、对比等手段,理解区域课程资源的含义,积极寻找实验过程中存在的关键问题,使课题实验研究更具有针对性和实践性。

3　研究过程

3.1　项目研究内容

(1)运用博物学弥补地区科学实践资源,拓展区域课程资源,提升学生思维探究能力。

(2)经过教师博物学方法引领,学生学习的兴趣更加浓厚,学生真正成为学习的主人,培养学生的创新意识,提升学生的创新能力,锻造学生的创新人格。

(3)在科学课堂教学中,学生经历博物方法科学探究活动,切身感受到生活中处处有科学,从小热爱科学、学习科学、运用科学的习惯逐渐养成。

(4)培养学生环保意识,主动、合理地利用身边可用区域资源,拓展学生的创新思维能力。

(5)帮助教师运用博物学理论,合理利用和处理现行教材与区域资源之间的矛盾,成为学生学习的引导者,实验教师通过有针对性地学习相关理论和文献,并在理论中指导下进行研究探索、解决问题,从而提高自身教育教学与科研能力。

3.2　项目研究过程

3.2.1　第一阶段:课题前期准备阶段(2019 年 12 月—2020 年 1 月)

(1)课题申报,填写申报材料。

(2)组建课题研究小组,做好成员分工。

(3)搜集资料,通过查阅文献资料、网络资料、教育杂志等途径,积累、整合资源。课题组实验成员资源共享,经过多次讨论交流、提炼整合,拟定出预设的实验研究方案,提交开题报告。

3.2.2 第二阶段:实施及发展阶段(2020 年 3 月—2020 年 12 月)

(1)2020 年 3 月— 2020 年 5 月:初步实践与反思阶段。

问题和实例收集整理。定期交流研究中的问题,寻求科学合理的解决方案,做到边实验实施、边实验改进、边专项研究,积累收集相关资料,初步实施预设方案,撰写阶段研究报告。

蓟州地区北有燕山山脉,这里山高林密,在这得天独厚的自然环境下,好多学校有着十分丰富的科学资源。诸如优美的自然风光、高大雄伟的山峰、丰富的地质环境……这一切都给运用博物方法开发科学课程资源,提升学生思维探究能力提供了优越的环境。

通过学习课本上已有内容,延伸家乡特产植物,将书上已经学到的观察方法和知识结构应用到身边事物中去。如一位实验老师在引导学生学习一株油菜花的结构后,执教课题研讨课蓟州的果实时,引导学生分析柿子树和梨树的结构,探究盘山柿子和罗庄子镇香酥梨的果实结构,并通过实验解剖的方法了解蓟州特产的果实结构、特征,培养学生运用博物学思想利用开发区域课程资源。实验老师是这样导入的:

师:今天老师给大家带来了许多水果,谁能说出它们的名字?

生:柿子、梨、红果……

师:你们知道它们更具体的名字吗,这是什么柿子,什么梨?

生:磨盘柿、香酥梨……

师:它们的产地在哪?又是哪的特产呢?

生:盘山柿子,罗庄子香酥梨……

师:同学们知道的可真不少,这些都是我们家乡——蓟州的果实。

师:在之前的单元中我们学习了花、果实和种子,知道了一株油菜花各部分的名称,还通过解剖的方法观察了一朵油菜花的结构,我们家乡的这些名果是怎样发育成的,它们的结构又是怎样的?这节课我们就来共同探究我们的家乡——蓟州出产的果实。

这样设计的目的在于通过介绍区域果实, 摸清学生对这些名果的了解程度,并对这些名果进行简单介绍,激发学生兴趣,再将学生思维拉到博物思维,提示学生这节课是用观察手段研究蓟州特有的果实结构。

(2)2020年6月—2020年12月:进一步实施、研究阶段。

组织学生运用博物学理论,搜集与课程相关的区域资源、资料。同时,鼓励学生利用节假日到北部山区、南部平原洼地去搜集更多有意义有价值的课程资源,拓宽学生课程学习的渠道,让学习内容更加丰富多彩。

我们在着力提高科学教师运用博物学思想开发区域课程资源的开发与整合意识的基础上,进行了一些课例的开发与展示。如实验教师执教《各种各样的花》和《多种多样的植物》课堂教学后,再进行这些相关课例研讨,有效引领科学教师运用博物学思想,有效地整合区域课程资源。通过实验教师集体讨论,在区域课程资源的开发与教材整合方面,利用博物学思想,进行交流。使区域课程资源不断应用到科学课堂教学中,促进课题的实施。

在实施本课题实验过程中,让科学教师明白区域课程资源与小学科学教材相比更贴近小学生的生活,从身边事物做起,扩展学生对周围事物的体验。参加课题实验的一名教师工作单位地处农村,学生对村边的池塘非常熟悉,因此该实验教师在执教五年级《生物与环境》单元的教学时,充分利用这些区域资源进行教学,引导孩子观察这个区域的生态系统究竟生存着哪些小生命。经过一番调查研究,学生很容易发现:池塘的周围生长着各种树木花草等植物,还生活着许多诸如蜜蜂、蚂蚱、蚯蚓、蚂蚁等小动物;池塘的水面长有浮萍,还不时地有蜻蜓飞过、水蜘蛛在水面活动,池塘的水面下生长着鱼类、水草,还有各种浮游生物。在此观察基础上,我们实验教师还可以提出这样的问题:这些动植物都是怎样生活的?它们之间存在联系吗?如果将池塘封闭起来,缺少了某种生物,是否会对整个生态系统产生影响?如果池塘里的水体受到了污染,哪些生物会受到伤害?采取什么措施可以保护池塘,使它免受或少受污染?在对这些基本问题进行思考的基础上,还可以进一步将问题发散,这样,一片小池塘作为区域资源,被我们实验教师用来锻炼学生观察能力,不仅锻炼了学生认识动植物,而且还让学生理解了生态系统成员间的相互关系以及环的保重要意义。

在"做中学"理论的指导下,充分利用区域课程资源,引导学生在实践活动中愉快地学知识。在科学课堂教学中,我们实验教师充分利用区域资源势,让学生置身区域科学世界,以区域资源促进科学学习。根据课程内容的需要,实验教师有计划地组织学生,到北部山区去考察山林里的树木,观察岩石,整理蓟州岩石特征,形成小型岩石调研报告。实验教师学期中组织学生到地质博物馆,参观蓟州区的地质特色,为今后的学习打下良好的基础,到南部平原地区去考察分析土壤成分、种类和农作物生长状态;到山区去观察植物的根、茎、叶的性态构造和自然生长环境,并采集制成标本。学生在玩中学习,在学习中成长,不知不觉中既学得了知识,又培养了观察科学事物和现象的能力;在实验课题研究中既体现教师的主导作用,又体现了学生的自主学习的主体地位,同时也激发了学生热爱大自然的思想感情,达到了小学科学课程标准所倡导的德育、知识、兴趣、能力4个方面的教学目的。

课题实验教师讲授《种子发芽了》时,组织学生来到府君山上,让学生亲自到山上去进行采集植物的种子比赛,同时,将学生采到的种子来做"播种希望的种子实验"游戏,在愉快的玩耍中,轻松地揭开了种子发芽的奥秘。

两所山区实验学校四周群山环绕,绿树成荫,而山林里有许多植物可以作为中草药。实验教师老师充分利用这一区域资源,带领学生们跋山涉水,采集中草药植物,搜集相关资料。自2020年课题小组开展研究活动以来,有30多名学生参与到此次科学课程资源开发活动之中,组织学生通过实地考察、社会访谈、网络搜索等,将蓟州地区常见的药用植物资源进行了博物编册,记录了多种常见植物的图录、生长习性、药用价值及典故传说等,为科学课程增添了浓厚乡土气息的探究资源,极大丰富了学生的学习内容,拓宽了学习渠道。

实验教师以"神奇的家乡土壤"为题,集取了我区不同地理环境下的土壤带到课堂,引领孩子们自主观察、主动探索、总结归纳、解决问题,学生动手能力和思维探究能力都得到很大提高。

对于那些对科学课的学习非常感兴趣的学生而言,课本上的有限课程内容和课堂40分钟,远远不能满足他们的学习要求。随着课题实验的开展,有些学生也在家里搞起了力所能及的科学实验,如做一个蓟州区生物瓶;堆一处蓟州岩石小假山;建一个蓟州区岩石地质博物角。这些不仅验证了学生在课本上学到的知识,而且培养了学生的科学思维,更重要的是促进和提高了学生的科学素养。

3.2.3 第三阶段:总结阶段(2021年1月—2021年3月)

在前期实验课题研究的基础上,总结成果,撰写结题报告。

本课题在上级领导和专家的指导下和支持下，已经走过了近 2 年的时间,从 2019 年的申请立项、确定方案、理论学习、前期调查、实验探究,到 2021 年底课题研究成果展现、研究总结等,具体深入地运用博物法开展区域资源开发活动,在一次次研讨、实践、交流、调整、改进等具体实际的工作中,课题组实验教师真实地感受到了成长与进步。实验教师坚持课堂教学和课外实践相结合,紧密联系生活,开发区域课程,通过学习交流及在科学课教学上进行探索和实践,找到区域课程最为和谐的融入点,从而更好地开展新课改,促进科学课堂教学质量的提高。2 年来,"蓟州植物""蓟州岩石与矿产"实验小组进行了深入研究,形成了课程资源库,同时确立了"课前博物—课上汇报—集体探究—开发思维—拓展调查"新的教学模式,其中,博物"岩石和矿物"实验小组以学生实践活动为主,课堂模式引导探究为辅,博物"蓟州植物"以课堂模式探究为主,课外实践活动为辅的 2 两种研究模式。新模式的确立增加了实验老师的任务量,但是学生的兴趣更浓厚了,知识也更丰富了,科学思维和综合素质也极大地提高了。

具体的研究行动

1.在课内外实践活动中,我们围绕运用博物学思维开发区域课程资源,促进和提高学生的科学思维这个课题,采取的措施是让学生多观察、多动手、多实践,而后多思。

(1)观察是学习的基础,任何事物的辨别、理解、应用都应该建立在观察的基础上。实验教师积极带领学生到大自然中去,有目的有序地观察大自然,"多观察"能培养学生用观察法来研究科学的意识,不断提高学生的观察能力和发现问题、解决问题的能力。

在平时课堂教学时,学生遇到了疑问,老师进行演示或者到实验室动手分组实验,让学生看了实验后解除心中的疑惑,使学生认识到动手实验是学习、研究科学重要的手段。教师在实验时指导学生做好实验变化前、变化过程、变化后的观察,要求学生充分发挥自身感觉器官(舌、眼、耳、鼻等)的功能,感觉所有实验现象。对实验中所运用的仪器和具体操作方法、反应条件以及判断是否有新物质的生成等,都要引导学生全面观察。在做实验时,教师适当提示观察点,使学生克服观察的盲目性和随机性,并且要以实验为契机发展学生的思维。教师在实验演示过程中操作要规范,给学生留下科学严谨的印象。

(2)科学实践是学生感知事物的重要手段,"多科学实践"同样也能让学生在实验中锻炼,提高科学综合能力,养成运用理论联系实际的严谨的科学作风,培养学生的思维能力。

我们实验教师精心组织学生上好每次教学课,注意培养学生良好的科学实验习惯,增强学生的环保意识,提高学生的安全意识。教师课前提出预习要求,实验时细致指导学生,严格遵守实验操作规程,细致入微观察实验现象,实事求是地做好实验记录,深入分析实验得到的结果,撰写好实验报告。

2.引导学生开展运用博物学方法,开发区域课程资源的小课题的研究,提高学生实验探究能力和综合素质。

组织学生开展小课题的研究,要注意运用博物学方法。例如引导学生开展《寻找岩石的足迹》《神奇的家乡土壤》和《蓟州植物与地域的关系》的实验探究活动,培养学生的动手能力,提高学生的实验探究能力和思维能力。

3.3 项目研究分析

经过近2年的实践研究,全体课题组成员团结一致,完成了研究任务,基本实现了预定目标,取得了较好的课题实验研究效果,收获了许多课题研究成果。

3.3.1 运用博物学思想,开发区域课程资源,培养科学思维

在课题研究过程中,学生运用博物学思想,参与区域课程资源收集、分类、整理,这一思路激发了学生的学习兴趣,进而转化为一种学习内驱力。学生在学习过程中积极主动,敢于质疑,同时通过多种途径与同学交流,加深了对科学知识的内化,加快了知识的消化过程。实验学生学习积极性显著提高,将对科学学习的外在兴趣转化为内在科学学习动力,促进了自身科学思维水平的不断提高。

3.3.2 因地制宜,博物区域资源,充实课堂教学内容

现行小学科学教材的教学素材的选择,要面对全国各地的小学生,所以具体到某一区域来说,就难免有一定的局限性。南方春光明媚时,北方也许还是春寒未尽,南方油菜花开似锦,北方却很难寻觅这样的景色。教师在课堂教学中充分利用、合理取材,开发区域资源就显得很重要了。实验教师运用博物学思路,根据本地季节特点,改变教科书中相关教学内容的顺序,使教学内容与本地资源,学习内容与学生的实际生活结合得更为紧密。课题组教师在讲授《各种各样的花》时,按

照教材教学进度,本地区很多花都尚未开放,该教师对教学顺序做出了适当调整,将这部分教学内容调整到本地花开之时。教师鼓励学生运用博物学思想,到北部山区,徜徉在花的海洋里,观察各种植物的花,孩子们兴趣盎然地掌握了花的共性,了解到花的内部构造。

实验教师在教授《迎接到来蚕宝宝的》《动物的一生》等课程时,完全不去使用冷冰冰的标本,而是因地制宜,就地取材。学生课前去捕捉一些本区域内,课上要用的小动物。课堂教学中,学生将捕获的小动物带到课堂,进行细致观察、比较,这就给学生认识动物提供了真实材料,激发了学生从小研究科学的兴趣。通过对这些区域内常见小动物的研究,学生认识了动物的基本结构。

蓟州区有着丰富的地质资源,北部山区的地层剖面记录着亿万年的地质演化信息,深受中外地质学家赞誉。在学习《岩石和矿物》这一单元时,实验教师充分利用这一资源,带领学生到府君山地质公园、西井峪村实地考察,辨识岩石的种类,了解各种岩石的特点,同时还带领学生参观了蓟州区地质博物馆,孩子们兴致勃勃,不但开阔了眼界,丰富了知识,更主要的是对自己身边的自然地质资源有了深入的了解,让他们感觉到科学知识不仅仅存在于书本上,身边也是处处有科学。

3.3.3 因地制宜,博物、开发利用适宜的区域实验资源

农村地区资源有其独特性:丰富多样的蔬菜瓜果,各种各样的小动物,所有这些都可以成为科学课堂教学资源。课题实验教师运用博物学思想,根据课程的需要,鼓励学生自带资源或自制学具。如教授《花、果实和种子》这部分内容时,要求学生自带植物的种子,种子类型不限,学生带来了种子各种各样,黄豆、绿豆、黑豆、蚕豆、红小豆等,远比书本所提供的种类丰富。通过亲自观察比较,学生得出这样的结论:不同植物的种子,它们的形状、大小、颜色等各不相同。实验教师在教授《种子的发芽实验》实验时,学生种下自己带来的种子,观察它们的生长变化。不久后教室成了一个绿意盎然的种子萌发园地。学生对这样直观的教学很感兴趣。

实验教师在进行《做一个生态瓶》的教学时,鼓励孩子们从翠屏湖找来了河沙、水草、田螺、小河虾等,利用这些资源做成了自己的"生态瓶",利用这个生态瓶,学生不仅完成了教材中一系列观察实验,还对如何维持生态平衡,科学保护翠

屏湖生态系统提出了自己的见解。他们为能守护这个天津后花园"水缸"感到自豪，充分实现了教材的育人目标。

3.3.4 建立校园区域科学园地，创设学习环境

校园科学园地是学生进行观察、种植、饲养等学习探究科学知识的活动基地。实验教师应尽可能地创造条件，立足当地实际，博物区域资源，让学生直接参与到科学探究实践活动中来，从而真切地感知和学习科学知识。课题实验老师运用博物学方法，发挥地域优势，建立了科学活动基地。种植品种的选择以区域常见植物为主。实验教师充分利用活动基地区域资源，引导学生积极利用课余时间到科学实验基地活动，在科学实践中学知识、增技能。

3.3.5 博物家乡特产，潜移默化地开展爱科学、爱家乡教育

蓟州区物产丰富，是中国首家绿色食品示范区。因此，在科学课堂上，在科学探究活动中，课题实验教师运用博物学思维，有意识地收集整理，用家乡物产代替课本中类似的教学素材，让学生从研究身边的科学入手，学习掌握科学的研究方法，丰富学生科学方面知识，提高学生研究能力及科学素养。实验教师在教授《一天的食物》时，学生畅谈自己了解的家乡美食。桑梓镇的豆片、邦均的"一品烧"火烧等特产都是我们餐桌上常见的美食；盘山磨盘柿、下营板栗、红花峪桑葚、翠屏湖鲤鱼等特色农品都是家乡特色美食，学生在学习科学知识的同时，也潜移默化地接受了爱家乡的教育。

课题实践告诉我们：教师要合理运用博物学思想，利用本地资源优势，激发学生学习探究科学知识的兴趣，这样既有利于帮助学生了解家乡，热爱家乡，又可以让他们受到良好的科学启蒙教育，有利于提高学生的科学素养。

3.3.6 博物学思想更新了教师观念

通过本轮课题实验研究，课题组教师不断加强理论学习，研读相关资料，借鉴优秀教学经验，不断丰富区域教学资源，在科学课堂教学的道路上刻下区域教学印记。

3.3.7 博物思维，初步形成了区域资源库架构

课题组经过近2年的摸索研究，搜集整理，初步完成了"渔阳植物""渔阳物产""渔阳岩石"的学习资源库架构，丰富了学生的学习内容。

4 结论

通过 2 年的实践研究,我们运用博物学思想,提升了课题组成员的业务水平,学到了许多教育教学理论,并应用于教学实践中。今后,我们将继续努力,继续运用博物学思想开发区域课程资源。让学生基于博物思想,在"博物中学",在"实践中学",知识与能力得到提升,核心素养得到升华。"博物学开发区域课程资源"这一研究课题在未来定能焕发全新活力。

附件

成果名单:蓟州区岩石调查报告含蓟州区岩石图片

调查岩石类型:花岗岩

调查人员:天津市蓟州区出头岭镇闻马庄中心小学学生　　指导教师:李小爽
地质年代:距今约 2 亿年

盘山坐落于蓟州城西约 12 千米,挂月峰拔地而起,从这里向北便是绵延几百千米的燕山山脉。盘山虽然整体海拔不高,但山石各具特色。比起蓟州古老的沉积岩和变质岩,盘山上的花岗岩则显得"年轻"了许多。花岗岩是在距今约 2 亿年前的中生代三叠纪,地下岩浆逐渐侵入中新元古代地层中冷却形成,而后经过一系列地质构造运动"拱出"地表。如今的盘山花岗岩散落在盘山各处,被风化剥蚀成为险峻的山岭。

调查岩石类型:麦饭石

调查人员:天津市蓟州区第六小学学生　　指导教师:董春松

蓟州区出产的麦饭石是一种花纹很特别的石头,一般为青色、黄色,属石英二长岩类,除了麦饭石,它还有别的名字,如神仙石、马牙砂、长寿石、健康石、炼山石、豆渣石,等等。

麦饭石的类型属火山岩类,其主要的矿物质是火山岩。大约 5000 万至 7550 万年前,火山喷发出的岩浆埋于地下,经过火山地带高温炎热作用,这些岩浆转变为酸性物质,后来在地壳变动所产生压力的作用下,最终形成了麦饭石。

调查岩石类型：碳酸盐岩

调查人员：天津市蓟州区出头岭镇闻马庄中心小学学生　　指导教师：刘银欢

天津蓟州区地层中遍布碳酸盐岩，这些碳酸盐岩指示了洪荒时代的海陆演变，留下了许多精彩记忆瞬间。右下碳酸盐岩是由方解石、白云石等自生碳酸盐矿物组成的沉积岩。

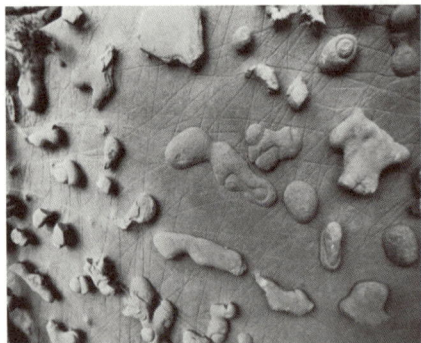

调查岩石类型：虾米石

调查人员：天津市蓟州区邦均镇沿河中心小学学生　　指导教师：姜凌芸

虾米石产自天津蓟州区北部山区，因石体上有色如墨、形如虾的黑亮如玉般的图案而得名，也有人称之为丹青石、墨虾石，属中上元古界奇石之一。具有很高的观赏、科研和收藏价值。距今 8 亿~18 亿年。一般呈灰白色，上有墨色纹理。

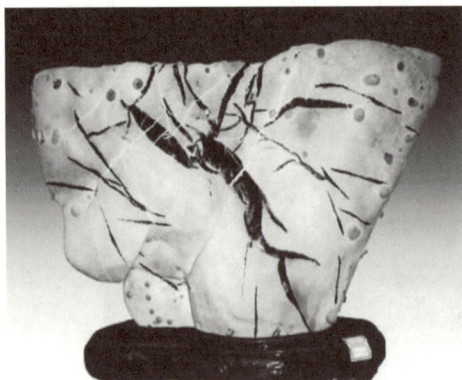

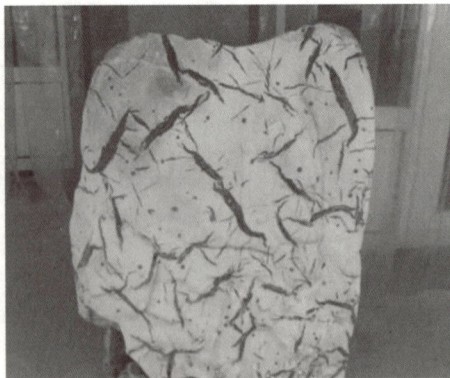

2004年,虾米石被岩石爱好者发掘,正式进入观赏石界。虽不及和田玉那般火爆,但在华北地区乃至全国范围内也有一定的影响,与叠层石、金海石并称为"京东三大名石"。

调查岩石类型：柱状叠层石

调查人员：天津市蓟州区第六小学学生　　指导教师：董春松

蓟州叠层石是解开古老地球秘密的密钥。叠层石是由蓝藻等微生物形成的微生物岩(或称生物沉积构造),是一种"准化石",叠层岩的存在说明附近区域曾经有微生物的生命活动。"蓟州地层剖面"几乎各个时期都有叠层石被发现,数量很多。柱状叠层石的天然纵剖面和横剖面很是美丽,"叠层石柱"之间的缝隙,被海水中的矿物充填。

参考文献

[1]周振铎,李银仙.开发本地课程资源,培养农村学生的科学素养[J].实验教学与仪器,2004 (12):47-48.

[2]陈华彬,梁玲.小学科学教育概论[M].北京:高等教育出版社.2005.

[3]郁波,刘宝辉.STC课程实验:基于课堂教学的案例[M].北京:教育科学出版社.2013.

[4]朱慕菊.走进新课程——与课程实施者对话[M].北京:北京师范大学出版社.2002.

[5]温·哈伦.科学教育的原则与大概念[M].韦钰,译.北京:科学普及出版社.2011.

[6]中华人民共和国教育部.义务教育小学科学课程标准[S].北京:北京师范大学出版社.2017.

第六篇

思维型探究与信息技术融合的研究

VR 技术在小学科学思维型探究教与学中应用的研究报告

天津市和平区岳阳道小学　张硕

1 问题的提出及国内外研究综述

1.1　问题的提出

VR 虚拟现实技术是一种借助计算机进行虚拟环境创建的计算机仿真系统，用户可以沉浸到该环境中并体验虚拟世界。

小学科学课程属于综合性的课程，包含生命科学、物质科学、技术与工程科学、地球和宇宙科学 4 大领域知识，科学课倾向于让小学生建立在自身观察和实验的基础上获取知识，认识自然规律，在教学实际中，其中不乏一些"难教课"，往往难在教学资源限制，学生总有一些难以体验的实验，由于这些特点，往往使得某些科学课课堂效率低下，还会造成学生兴趣不高。例如月相、四季变化等与宇宙空间相关的知识，这些知识相对抽象，教师讲解困难，传统实验难以表现。这类课程在传统课堂上一般采用模拟实验的方式揭示规律，但实际情况是，脱离真实情境学生往往理解困难，这就使得学生对科学课的学习只停留在固定知识概念的获取上。基于对这一事实的深度思考，把 VR 技术和科学课程相结合的想法应运而生。

通过参照科学学科课标,不断钻研教科版小学科学教材,在小学阶段科学课程"地球与宇宙科学"领域中,借助 VR 技术作为载体,搭建为科学课程服务的平台,并尝试将 VR 技术引入科学课堂中,探索利用 VR 技术创建虚拟仿真场景,从而达到突破教学重点、难点的目的,来弥补传统课堂中教学手段力所不及的缺陷。

科学新课程标准在教学媒体建议中提出:借助现代的教学辅助媒体及技术可以使抽象的科学概念直观形象,能帮助学生理解抽象概念,通过创设虚拟的问题情境来支持学生的探究活动,也能充分激发学生的学习热情。课堂作为学生重要的学习环境,它综合了众多的外部条件,对学生学习的效果有重大影响。在传统的地球与宇宙科学领域单元教学中,学生主要依赖于教师的讲授、模拟实验和视频图片资料的补充,但由于脱离真实情境,学生理解起来十分困难,这就会使科学课学习仅仅停留在知识概念的获取上。地球与宇宙领域作为小学科学课中抽象、难理解的内容,利用 VR 技术将其直观化、形象化,符合新课标要求。

1.1.1 皮亚杰的儿童认知发展阶段理论

著名教育学家皮亚杰将儿童整个认知发展阶段可分为:感知运动阶段、前运算阶段、具体运算阶段和形式运算阶段 4 个阶段。每一个发展阶段都有其独特的基础认知结构,几乎所有儿童都遵循这一发展顺序。由此可见,教师对于学习本领域内容的高年级学生要选择适当的教学方法。

对科学课程来说,实践活动可以作为学生学习活动中的一个强有力的杠杆。学生在学习科学知识时,借助 VR 虚拟现实设备完成的活动正是他们发展知觉、智力、试验倾向以及社会本能等心理内容的过程。科学新课标对于教学媒体是这样建议的:现代教学辅助媒体和技术能使抽象的科学概念更加直观形象,有助于学生的理解思考,它通过创设虚拟的问题情境来支持学生的探究活动,有利于激发学生的学习热情。

小学期的儿童处于具体运算阶段,儿童数学水平的提高使得他们对地理、生物等自然科学课程中的概念和规律的理解与探索成为可能。科学教育发展了儿童的科学思维,这其中要求学生必须具备一定的运算水平。小学期间为了让儿童掌握一些必要的抽象概念,要求教师必须从学生能理解的角度去解释。如今,VR 技术逐渐趋于成熟,也在多门课程有所应用,它已经完全可以与课堂相结合。就如苏伯格所说:"教师们努力去感受技术,领会到如何激活技术,将他们的'声音'在技术上表现出来"做一个具有开放心态的专家型学习者,构建宇宙环境下虚拟教学、太阳系等场景,推动虚拟现实技术与科学教育的深度融合,既是真正的探究式科学课堂,又充分利用 VR 技术将难理解的地球与宇宙领域的内容融合到一起。

1.1.2 两种教学方式

(1)开放式教学方式

开放式教学方式是在日常课堂教学中创设问题情境,通过学生的主动探索进行思考和研究,学生在教师的帮助下获取知识和科学结论的一种现代教学方法。

(2)主题式教学方式

主题式教学方式一般是学生进行自主研究性学习结果的汇报课。学生以不同的分组形式接受一定的研究任务,通过小组各个成员的共同学习最终形成小组一致的观点,再通过实物制作来汇报展示。这种方式既锻炼了学生集体分析问题、解决问题的能力,也提高了学生筛选整理信息的能力,达到了自主研究性学习的目的。

现代科学教育观认为:科学教育的使命是传授人类所获得的科学知识和方法,造就适应现代社会的科学人才。这两种教学方式满足教学中个别差异学生的学习,真正把学生从被动的接受者转变为学习的主人,全面促进学生自主学习能力的提高,从而整体提高学生的学习效率和学习水平。

1.2　国内外研究综述

近年来,关于 VR 技术在课堂教学的应用,国内外学者做了一些研究,取得了一定成果,为我们的课题研究提供了宝贵的经验。VR 技术作为新兴的一门综合信息技术,全球教育技术领域正密切关注其发展与教育应用,VR 技术在我国多个学科均有应用。国内外的研究表明,儿童在 VR 世界中的轻松自如与创作热情令人惊叹,对于 VR 技术促进教育现代化水平的提高,推进教育教学改革给予了肯定。围绕 VR 技术引入课堂的可能性,学校面向一至六年级,开展了积极的实践研究,学校调研结果与文献不谋而合。然而本课题探讨的 VR 技术在小学科学教学中的应用, 以及基于课标和教材的 VR 课件对课堂的辅助功效的研究在我国尚属空白,有其研究意义。

2 VR 技术在小学科学课堂应用的背景及意义

2.1 信息化时代下的小学科学课堂新模式

小学科学课程具有基础性、实践性、综合性的特点,科学课堂是培养学生科学素养重要的阵地。科学教育强调在实验中探求事物的自然规律,但课堂上也会面临不容易理解的抽象知识和一些无法通过实验观测的教学内容,而传统的模拟实验又不够形象。例如四季成因、昼夜交替现象、风的成因、呼吸过程,等等,学生在进行这方面内容学习时常感觉过于抽象。加之目前实验室常用的模型难以做到准确建模,导致学生进行相关概念建构时存在偏差,学习起来具有一定的难度。

将 VR 技术融入科学教学中,可以突破传统教学限制,将抽象的科学概念具体化,弥补传统教学的不足,学生的探究活动有信息化技术辅助而更加直观。依托 VR 技术与网络环境的现代课堂学生参与度极高, 很大程度地让学生获得更加直观的感知,可以提高学生的积极性和课堂参与度,保持和发展学生对自然的好奇和探究热情, 培养学生运用基本的科学知识和技能来认识自己和周围世界的能力,使其具备进行科学探究的科学性思维和方法。

2.2 VR 技术在小学科学课堂应用的意义

2.2.1 沉浸式体验增加学生课堂参与度

苏霍姆林斯基认为,"儿童的时间应当尽可能多地安排各种吸引人的活动,做到既能发展学生的思维,丰富学生的知识与能力,同时又不能损害童年时代的兴趣。"我认为理想化的课堂正应和这句话——在 40 分钟的教学时间里,安排既能实现教学目标又让学生感兴趣的学习内容。因此在科学课堂借助 VR 技术手段可以有效增强课堂学习趣味性,提高学生的课堂参与度。

借助 VR 技术可以将真实情境通过相关设备以全景方式展现出来,在 VR 环境中,教师和学生会化身虚拟角色融入学习环境,逼真的场景增强学生学习时的代入感,让学生置身于情境之中去解决问题,激发学生的兴趣,极大程度地增强了课堂学习的趣味性。

2.2.2 情境体验提高学生学习效率

建构主义教学理论认为,学习应以现实生活活动为中心,激发学习者的学习动机。知识是学习者在特定情境下主动构建的,情境是影响学习成绩的重要因素,也是提高学习兴趣和效率的重要因素。学生越多尝试与现实世界互动,越容易将知识运用到日常生活和活动中。在《昼夜交替现象》这一课中,学生根据生活经验知道,除了地球的两极区域,每一个地方都会经历昼夜交替现象,昼夜总是交替出现。但是出现这种现象的原因,学生描述不清。按照以往的教学方式,本课以探究活动过程为主线,经历提出问题—猜想预测—模拟实验—汇报交流—回顾小结—发现新问题这几个过程,那么在模拟实验这个环节中,如何将学生的猜想变成现实,帮助学生真正看到现象就成为难题。在以往的模拟实验中,是用蜡烛、地球仪来演示,由于地球仪较大,蜡烛光亮度不够,现象不够明显。VR技术的出现解决了这个难题,通过观看已经制作好的4种猜想,学生身临其境地观察地球与太阳的位置关系和转动情况,从视觉上给学生前所未有的体验。

教学环节	教师活动	学生活动	
探索交流	利用虚拟现实创建情境、设置探究问题:请你仔细观察VR中4个假说模拟场景,分析这4个假说都有昼夜交替现象吗?每个假说的昼夜交替现象与现在实际情境一致吗?有什么区别? a.地球不动,太阳围着地球转 b.太阳不动,地球围着太阳转 c.地球自转 d.地球围着太阳转,同时也自转 要求学生在观察思考的基础上,将自己归纳总结的内容填画在记录上。教师利用互动平台,观察学生的学习过程,及时反馈并指导学生学习。采取生生评价、师生评价的方式,对学生的成果进行评价	在VR教室利用头戴式一体机仔细观察,依据昼和夜的光亮与阴暗面分析昼夜交替现象,利用希沃等交互平台,提出自己的观点,与同学相互交流	

288

2.2.3 呈现直观实时环境,学生随时随地学习

学生对地球自转现象有一定了解,但是没有直接证据证明地球在自传,学生站在地球上也看不到。《证明地球在自传》一课的教学中展示的就是傅科摆——人类首次通过实验证明地球在自转。但是在实际教学中,模拟实验非常困难。前面学生虽然已经学习了摆的知识,知道摆具有摆动方向保持不变的特点,但是在实际操作中,由于摆锤重量不够、线不够长,摆的方向总是发生变化。学生想要亲自动手做一个傅科摆就很难了。

为此,在简单地进行模拟实验后,不管是成功还是失败,都让学生使用 VR 眼镜观看傅科摆的运动。在 VR 视频介绍到傅科摆时,重点介绍摆锤重量、摆线长度,学生就能认识到实验成功还需要不断改进材料和设备。

2.2.4 呈现情感情境,帮助学生调动情感体验

五年级科学《人类认识地球及其运动的历史》一课主要是让学生回顾了人类认识地球及其运动的历史,教材主要介绍了托勒密的"地心说"和哥白尼的"日心说"。本课重点是科学史的学习,在教学过程中,不仅要让学生理解他们的主要观点和证据,还要让学生建立观点和证据之间的联系,用证据支撑自己的观点,学会有理有据地解释说明,学会科学研究的方法,养成科学研究的态度。

对于小学生来说,"日心说"和"地心说"的观点是晦涩难懂的,不容易马上理解和消化,因此本课略显枯燥。那么激趣引入,结合学生感兴趣的,喜欢什么就要了解什么。情感情境是群体的心理环境,因此,给学生平常看不见的,没有体验过的,他们就会产生极大兴趣。

课堂伊始,教师请学生戴上 VR 眼镜,自行遨游太阳系,并且主要观察地球的运动。学生表现出极大的热情,纷纷感叹,宇宙太美了,地球太漂亮了!然后让学生描述地球的特点,教师顺势提出本课的核心问题:历史上的科学家在没有专业仪器的条件下,是通过哪些证据说明他的观点?学生只有理解了这些科学家的观点才能真正明白他们的论据是否可以说明观点正确。

在课堂上融入虚拟现实技术,学生可以通过 VR 设备创设的学习情境,身临其境地体验实验,感知学习与认知的过程。学生在探究合作的过程中,对知识有了新的见解、感悟和体会。

3 研究的成果

通过研究，研究人员在实践中构建小学科学课程地球与宇宙科学领域体验式课堂，创新地球与宇宙科学领域教学方式，转变了教师与学生在地球与宇宙科学领域的课堂角色，对学生学习地球与宇宙科学领域单元后的学习质量进行评价研究。

3.1 构建小学科学课程地球与宇宙科学领域体验式课堂

3.1.1 教师前期备课阶段

(1)单元教学方案的设计

研究提出 VR 技术在小学科学教学中的应用，以及基于课标和教材的 VR 课件对课堂的辅助功效在我国尚属空白，有其研究意义。

从 2017 版《义务教育小学科学课程标准》出发，地球与宇宙领域的教学建议是通过对太阳和月球等天体的观察，学习实地观察和观测的方法，初步认识一日内太阳在天空中位置变化的规律；通过模拟实验和建构模型等方法，了解由于地球的自转和公转运动产生的昼夜交替、四季变化等自然现象和规律。根据学情，教师构思单元教学的侧重点，将教材中所蕴含的多元教育价值转化为教学的主题，设计本领域教学内容。

例：《昼夜交替现象》教学过程

昼夜交替现象

【教学内容】

本课是五年级下册第四单元第 1 课，主要探究地球是不透明球体，在阳光照射下会产生昼夜交替，提出地球产生昼夜现象的多种假说并进行论证，同时根据实验的情况修正自己的解释。认识到同一现象可能有多种不同的解释，需要用更多的证据来加以判断，培养主动探究，积极合作的态度。

【教学目标】

科学知识目标：

1.认识地球是不透明球体,在阳光照射下会产生昼夜区别。

2.知道昼夜交替现象有多种可能的解释。

3.利用VR初步理解昼夜交替现象与地球和太阳的相对圆周运动有关。

科学探究目标：

1.能提出地球产生昼夜现象的多种假说,并进行论证。

2.做好模拟实验和运用实验收集的证据。

3.根据实验的情况修正自己的解释。

科学态度目标：

1.认识到积极参与讨论,并发表有根据的解释是重要的。

2.认识到同一现象可能有多种不同的解释,需要用更多的证据来加以判断。

3.培养主动探究,积极合作的态度。

科学、技术、社会与环境：

1.宇宙研究人类社会进程。

【教学重点】提出关于昼夜交替现象的不同解释,并通过VR模拟实验进行验证。

【教学难点】通过模拟实验和证据补充排除某些假说的可能性,能发现和概括太阳和地球的相对圆周运动是产生昼夜交替现象的原因。

【教学方法】实验法、探究法

【教具准备】多媒体课件、VR设备

【教学过程】

一、引入

1.谈话导入。

(向学生出示地球仪)地球是我们人类生活的家园。在前面的学习中,我们已经初步了解了地球表面及其变化,从本节开始,我们要对地球做进一步的探究。

2.千百年来,人们日出而作,日落而息。

日出时白天开始了,我们称之为"昼"(教师板书"昼"),日落后夜幕降临,我们称之为"夜"(教师板书"夜")。夜结束,昼就开始了,这就是所谓的昼夜交替现象。

3.出示太阳、地球图。

大家请看,这个是太阳,这个是地球,当太阳光照亮地球的一半时,这一半是白天,没有受到阳光照射的一面就是黑夜。如果像这样,太阳和地球静止不动,那又会怎么样?

想一想:如何才能使地球上同一个地方发生昼夜交替现象呢?(地球和太阳要动起来)

二、提出假说

1.怎么动?

这里老师提示两点:

(1)假说可以用文字来描述,也可以用示意图来表示。

(2)如果你有不同的想法,可用 1、2、3、4 等序号标出。

2.学生在记录单上写出自己的猜想。

3.打开课本第 72 页,学习书中所列举的 4 种假说。

把相同点用相同的序号标出来,把不同点用波浪线划出来。

4.交流汇报。

几分钟的时间里,有的同学提出了一种或两种的假说,有的同学提出了多种假说,有的同学还既用文字描述又用示意图表示。

5.过渡。

同学们提出的假说是否都能产生昼夜交替呢?我们又该用什么方法来验证呢?

三、模拟实验

1.引导实验方法

(1)想实验吗?(想)

(2)怎么实验呢?让我们用 VR 设备进行观看

(3)(提示"VR 设备使用要求")

实验要求：

①在进行实验时，"地球"或"太阳"不能转动得太快。

②恰当调节"地球"和"太阳"之间的距离。

③要认真地观察标记处昼夜会不会发生变化，并及时准确地做好记录。(用示意图做记录)

(4)明确实验要求，让我们再来看一下实验记录单(出示"实验记录单")

①假说部分(前 4 种假说是书中列举的，第 5 种假说是老师提出的假说，在实验时如果时间允许，同学们还可以验证一下与此不同的假说，填在表格后面)

②模拟实验部分(把实验的过程使用示意图表示，为了让示意图更加清楚、明了，便于学生交流，我们可以用这种方法来表示)。(在黑板上画示意图)

③是否能产生交替现象(一定要写清楚这个假说"能"还是"不能")

④最后对本组实验做小结，填在表格下面。

2.进行实验并记录。(师巡视指导，沟通交流)

3.实验活动停止。(请同学们迅速整理好 VR 器材，坐直示意老师实验结束)

4.给大家 2 分钟的时间对各自的实验进行小结，完成实验记录单。

四、汇报展示

1.下面请同学们来汇报一下实验的结果。(使用实物投影)

(1)(出示假说一)地球不动，太阳围绕地球转动。(能不能产生昼夜交替现象呢？)(都同意过)

(2)(出示假说二)太阳不动，地球围绕太阳转动。(找两组同学上台来演示)如果转对，说明假说成立。如果转错，引导学生发现原因。(①没按照假说演示，实验错误。②另一种假说"太阳不动，地球每绕太阳转一圈，同时自转一圈。"这一假说不成立)

(3)(出示假说三)地球自转。(交流实验)

(4)(出示假说四)太阳不转动，地球围绕太阳转，同时地球发生自转。

(5)(出示假说五)太阳和地球都转,同时地球发生自转。

2.我们一起来演示并交流为什么同一种假说会出现两个不同的结果。

3.点评学生的汇报结果。(得到这样的结论是有一定道理的)

五、总结

本节课,同学们围绕"昼夜交替现象是如何产生的"这个问题展开了一系列讨论,先是提出了多种假说,然后又借助模拟实验,验证了"地球上产生昼夜交替现象有很多种可能",同时明白了"不是所有的地球和太阳运动都可以产生昼夜交替的现象"。虽然这节课结束了,但我们关于地球与太阳的研究才刚刚开始,在以后的学习中,我们还需要不断寻找更多的证据,排除、修正我们的这些假说。

昼夜交替现象

VR 资料截图

(2)VR 沉浸式体验课堂教学方案的有效实施

教学中始终围绕探究—搜集证据—整理—得出结论而展开,各环节的目的集中、重点突出,彰显本课的探究中心,引导学生自主参与学习活动。教学中有效促进学生多方面感知和经验的融合,使学生的经验形成环环相扣的链条,结合各种模拟环境体验真实的宇宙,使学生的生活经验与阅读的经验、语言经验与各领域经验相互融合。

1)教学资源

VR技术实现了教学资源的变革。借助VR技术环境下的课堂,教学资源不再是简单的平面呈现。例如:同样是宇宙环境,运用虚拟现实技术制作出来,能够还原整个太阳系,学生在虚拟场景中站在太阳旁边,更加真实地进行观察,参与到课堂学习中,能够更加专注地完成学习。同时教学软件的开发补充了教学资源,为教师教授本领域内容提供了便利。

2)教学情境

VR通过人为设置的程序和头戴式一体机可以产生虚拟的学习环境,能够根据课堂教学需要及时展现动态的学习情境。它在实验教学环节中提供一个学习者视觉环境并及时反馈,从而使学习者获得临场感。与传统教学中仅由图片、视频等简单呈现的场景相比较,学生借助VR设备,可以沉浸在虚拟的教学情境中,更加高效快速地获取知识。

3)教学过程

以往教学中,针对地球与宇宙领域的教学,教师往往靠语言讲解或截取部分涉及知识点的视频资料,这样的方式很难让学生建立模型,理解知识点。借助VR技术能调动多感官还原现实情境,以提高学生对较难知识的掌握,达到事半功倍的目的。例如,在昼夜交替原因的4个假说中,学生仅仅依赖大脑想象或者学生模拟表演,利用VR技术创设4个假说场景,引导学生思考问题,这4个假说都有昼夜交替现象吗?每个假说的昼夜交替现象与现在实际情境一致吗?有什么区别?配以场景中的昼和夜的光亮与阴暗面,学生迅速理解,提高学习效果。

教学环节	教师活动	学生活动	设计意图
探索交流	利用虚拟现实创建情境、设置探究问题：请你仔细观察VR中4个假说模拟场景,分析这4个假说都有昼夜交替现象吗？每个假说的昼夜交替现象与现在实际情境一致吗？有什么区别？ a.地球不动,太阳围着地球转 b.太阳不动,地球围着太阳转 c.地球自转 d.地球围着太阳转,同时也自转 要求学生在观察思考的基础上,将自己归纳总结的内容填画在记录上。教师利用互动平台,观察学生的学习过程,及时反馈并指导学生学习。采取游戏加分的方式,对学生的学习成果进行评价	在VR教室利用头戴式一体机仔细观察,依据昼和夜的光亮与阴暗面分析昼夜交替现象,利用交互平台,提交自己观察的现象与得出的结论	在VR技术环境下,将观察、实践操作、探究活动、自主学习等不同学习方式整合,促进学生学习方式的变革；充分利用教学环境和资源促进学生核心素养形成与发展

3.2　创新地球与宇宙科学领域教学方式

传统的教学方式是教师设置课堂环节,大多是线性的。借助VR技术环境下的课堂打破了教学形式中的固有顺序,学习者可以随时随地在虚拟现实系统中无序的获取知识信息,不受环境和时空的限制,而教师也可以这样做。在整个虚拟现实系统中,教师主要使用情景探究式的教学方式帮助学生通过虚拟环境参与学习过程。

情景探究式教学方式是基于开放式教学方式和主题式教学方式基础上构建起来的。在日常教学中进行"创设情境—聚焦问题—提出疑问—合理推测—实践操作—解答疑问—拓展提高"的教学流程。

根据不同类型的课,教师也可以采用主题探究式的教学方式,如《北极星不动的秘密》。学生接受研究任务,通过小组各个成员自由进行模拟实验,再观看VR资料共同学习,最终形成小组一致的观点,最后通过实物制作来汇报展示。这种方式既锻炼了学生集体分析问题、解决问题的能力,也营造出"可体验、可交互"的教学环境。

3.3 地球与宇宙科学领域教学方式改革的必要性和可行性

3.3.1 VR 技术在中小学课堂应用中教师角色的转向

借助 VR 技术环境下打造的课堂,为学生提供逼真的虚拟教学情境、非线性的教学模式以及生动的动态立体教学资源。不论是传统课堂,还是 VR 技术环境下的课堂,教师在整个教学活动中都占据重要地位。根据皮亚杰的儿童认知发展阶段理论,教师对于学习本领域内容的高年级学生要选择适当的教学方法。学生有一定的自学能力,教师就多放手,因此,教师角色的转变对虚拟现实技术在科学课堂中充分发挥作用具有重要影响。

3.3.2 学生学习专注度提升

课堂教学是非常重要的一种信息传递方式,需要依靠学生专注度来维系信息传递的有效性,非常高的专注度将对学生学习效率的提升带来正面积极的影响。注意力具有选择性的特点,VR 技术为课堂带来的沉浸感体验能够将学生与现实世界暂时性隔开,完全符合选择性的特点,避免了现实世界的干扰元素,加强学生对所呈现内容的关注。

3.4 学生学习地球与宇宙科学领域单元后的学习质量评价体系研究

课堂教学评价可以帮助教师了解 VR 课堂教学中存在的问题,进而能够促使教师提高自己的教学水平,更有利于开展教育教学工作。

3.4.1 明确课堂教学评价标准

在教师对 VR 科学课堂进行教学评价的过程中,如果想要确保评价结果的有效性,就必须要构建完善的课堂评价体系,在构建教学评价体系过程中,首先要做的就是明确课堂评价标准。

3.4.2 注重学生科学素养评价

在科学课堂日常教学中,教师必须要对学生的科学素养进行充分培养,这是小学阶段校园开展科学课堂教学的重要目标之一。所以,在课堂评价过程中需要重点培养学生的科学素养,在对教师进行课堂评价的时候,需要关注教师是否采取了有效的措施开展教学工作,还要关注教师的教学态度和最终取得的教学结果。

4 信息时代背景下 VR 技术应用于在小学科学课堂的利弊分析

在"互联网+"的时代下,小学科学课程的教学也应跟随时代的脚步,课堂不再仅仅是一块黑板一支粉笔,从交互式电子白板技术,到 pad 进课堂,再到 VR 技术融合教学,科技进步带给学生更丰富、有趣的课程体验,科学课由被动转变为主动,由传统的枯燥无味的教学转变为寓教于乐的课堂。让学生真正成为学习的主人,促进学生学习能力、创造力、思维能力、合作交流能力的提升。

4.1 在科学教师为指导的教学中的影响

地球与宇宙领域单元内容相对比较抽象,各种视频、图片资料丰富,但是 VR 技术给学生更强的身临其境感。它帮助学生在感觉与思维之间架起一座桥梁,解决学生由直观思维到形象思维以及形象思维到抽象思维的过渡问题。经过前期软件设计,VR 技术在较短时间内,为学生交互大量信息。学生更好地理解教材内容,课堂教学效果得到有效提升。

4.2 在学生探究为主导的教学中的影响

VR 技术实现了学生与学习资源的交互性,不仅学生可以现场操作,教师也可以现场指导。VR 技术充分调动了学生学习的积极性,主动参与到地球与宇宙领域的知识学习中。学生在 VR 课堂中交互学习,生生之间主动相互评价,教师仅作为一个引领者,真正实现了个性化学习,促进了学生的认知过程。与传统教学方式相比,节约了时间,提高了学习效率。

参考文献

[1]杨绍雷.浅析版小学科学课程标准[J].文理导航·教育研究与实践,2018(07):206.

[2]马君艳.从皮亚杰的活动教学观看幼儿园的游戏活动[J].课程教育研究,2013(25):40.

[3]聂晶,肖奕博.新课标·新挑战:新小学科学课程的重构与落实[J].中小学管理,2017(09):30–32.

[4]盘革先.优化学生探究活动,构建有效科学课堂[J].小学科学(教师版),2017(02):53.

[5]林素琴.张扬学生个性,培养学生能力[J].考试周刊,2017(09):37.